BARNIM UND UCKERMARK

Zwischen Bernau, Templin, Angermünde, Prenzlau und Schwedt

Mit Chorin, Schorfheide und Werbellinsee

Kristine Jaath

TRESCHER VERLAG

3., aktualisierte und erweiterte Auflage 2022

Trescher Verlag
Reinhardtstr. 9
10117 Berlin
www.trescher-verlag.de

ISBN 978-3-89794-592-0

Herausgegeben von Bernd Schwenkros und
Detlev von Oppeln

Reihenentwurf und Gesamtgestaltung:
Bernd Chill
Gestaltung, Satz, Bildbearbeitung: Ulla Nickl
Lektorat: Sabine Fach
Stadtpläne und Karten: Johann Maria Just,
Martin Kapp, Dorit Hahnewald, Ulla Nickl

Gedruckt auf chlorfrei gebleichtem Papier

Printed in Germany

Alle Angaben in diesem Reiseführer wurden sorgfältig recherchiert und überprüft. Dennoch können Entwicklungen vor Ort dazu führen, dass einzelne Informationen nicht mehr aktuell sind. Gerne nehmen wir dazu Ihre Hinweise und Anregungen entgegen. Bitte schreiben Sie an **post@trescher-verlag.de**

Titelbild: Kloster Chorin (→ S. 107)
vordere Umschlagklappe: Lychen (→ S. 143)
hintere Umschlagklappe: Störche bei Pinnow (→ S. 163)

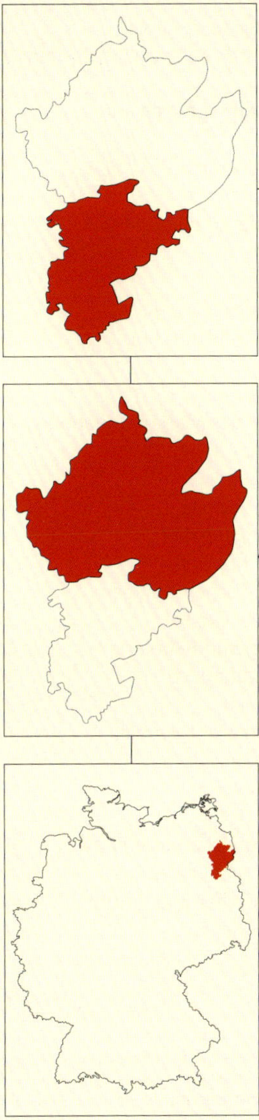

Stützkow
Schwedt/O.
Criewen
Hohensaaten
Alt-Galow

Ländliche Idylle findet man allenthalben im Barnim und in der Uckermark

Vorwort

»Willst du immer weiter schweifen? Sieh, das Gute liegt so nah. Lerne nur das Glück ergreifen, denn das Glück ist immer da.« – Goethes berühmter Vierzeiler bekommt im Barnimer Land und in der Uckermark noch einmal einen ganz besonderen Klang. Quasi vor den Toren der Millionenmetropole Berlin, maximal eine Fahrstunde entfernt, zählen die beiden Regionen im Nordosten Brandenburgs zu den schönsten Naturlandschaften, mit denen die deutsche Landkarte aufwarten kann. Von Nord nach Süd, von Ost nach West sind Wasser und Wald die gestaltenden Elemente. Dazu gesellen sich stille Flussauen, Wiesen, Felder und jede Menge Sand, die dem Land seinen ganz eigentümlichen, herben Liebreiz verleihen.

Kleine Dörfer, Alleen mit uralten Bäumen und gemächlich dahinziehende Gewässer, auf denen die Boote schaukeln, laden dazu ein, einen Gang runterzuschalten und die Stille rundum zu genießen. Seen in Hülle und Fülle, über Flüsse und Kanäle miteinander verbunden, außerdem ein über Tausend Kilometer langes Radwegenetz und noch mehr Kilometer Wanderwege machen das Barnimer Land und die Uckermark zu einer einzigartigen Wanderregion – sei es auf Schusters Rappen, sei es mit dem Rad oder dem Boot. Dies ganz im Zeichen des sanften Tourismus in einer Region, in der im Naturpark Barnim, im Naturpark Uckermärkische Seen, im Biosphärenreservat Schorfheide-Chorin und im Nationalpark Unteres Odertal ein Großteil der gesamten Fläche unter Naturschutz steht.

Vom mittelalterlichen Thermalbadestädtchen Templin zum verschwiegenen Land an der Oder, vom Berliner ›Speckgürtel‹ über die grüne Schorfheide zur Flößerstadt Lychen, von der Barnimer Kreisstadt Eberswalde mit langer industriegeschichtlichen Tradition zu den backsteingotischen Hinterlassenschaften in der uckermärkischen Hauptstadt Prenzlau – das nordöstliche Brandenburg hat mannigfaltige Gesichter. Schlösser und Herrenhäuser, mittelalterliche Feldsteinkirchen und Klosterruinen, Orte mit historischen Stadtkernen ebenso wie spannende industriegeschichtliche Denkmale zählen zum reichen kulturellen Erbe.

Wer also meint, die Region bestünde nur aus Wald, Wiesen und Wasser, wird umso überraschter vom vielfältigen, oft auch hochkarätigen kulturellen Angebot auf dem Lande sein. Alte Scheunen, Kirchen, Klosterruinen und Gutshäuser bilden die malerische Kulisse für Konzerte, Lesungen, Aufführungen, Ausstellungen. Allen voran seien der Musiksommer im Kloster Chorin oder das Bebersee Kammermusik-Festival in der Schorfheide genannt.

Und die Sache mit dem Glück? Mag sein, dass es alles umfasst, was das Barnimer Land und die Uckermark an natürlichem Reichtum schenken können: eine unendliche Stille in den Oderauen, einen intensiven würzigen Duft in der Kiefernheide, das Vergnügen, in der Sommerhitze in einen glasklaren kühlen See zu springen oder im Winter in der Einsamkeit den Schnee unter den Füßen knirschen zu hören.

Der alte Wandersmann Fontane hat dazu Folgendes vermerkt: »Ich bin die Mark durchzogen und habe sie reicher gefunden, als ich zu hoffen gewagt hatte. (…) Ein Reichtum ist mir entgegengetreten, dem gegenüber ich das bestimmte Gefühl habe, seiner niemals auch nur annähernd Herr werden zu können.«

Dem gibt es nichts weiter hinzuzufügen.

Das Wichtigste in Kürze

Allgemeine Informationen

In fast jeder größeren Ortschaft befindet sich eine Touristeninformation, die von allgemeinen Informationen zu Stadt und Region über Ausflugs- und Unterkunftstipps bis hin zu Adressen zahlreicher lokaler Anbieter eine umfassende Servicepalette bietet.

Oberste Informationsstelle in Brandenburg ist die **Tourismus Marketing Brandenburg GmbH** (TMB) mit einer Fülle von Broschüren und Prospektmaterialien:

TMB, Babelsberger Str. 26, 14473 Potsdam, Tel. 0331/2004747.
www.reiseland-brandenburg.de

Anreise mit dem Auto

Weite Teile der Region sind über die Autobahn schnell erreicht. Die A 11 Berlin–Stettin führt durch das Barnimer Land und die Uckermark; von Norden her stößt die Ostseeautobahn A 20 bei Prenzlau auf die A 11. Die westlichen Landesteile werden in Nord-Süd-Richtung über die B 96 und die B 109 erschlossen, während in West-Ost-Richtung die B 167 vom Havelland bis zur Oder zahlreiche Orte im Barnimer Land miteinander verbindet. Eine entsprechend schnelle West-Ost-Querung in der Uckermark gibt es nicht. Hier verknüpfen Landstraßen, schmale Asphaltbänder und gelegentlich sogar holpriges Kopfsteinpflaster die Ortschaften.

Anreise mit der Bahn

Züge der Deutschen Bahn sowie privater Regionalbahnen fahren im Stundentakt den Nordosten Brandenburgs an. Meist heißt es dafür jedoch in Berlin umsteigen. Von den Berliner Fernbahnhöfen aus gehen die Züge im Liniennetz des Verkehrsverbunds Berlin-Brandenburg (VBB) in die Region: die ›Heidekrautbahn‹ **RB 27** (NEB) von Berlin-Gesundbrunnen über das Wandlitzer Seengebiet in die Schorfheide nach Groß Schönebeck; der **RB 66** von Berlin-Gesundbrunnen über Bernau, Eberswalde und Angermünde nach Stettin; der **RE 3** Berlin–Stralsund ab Berlin HBF über Bernau, Angermünde, Wilmersdorf, Warnitz, Seehausen, Prenzlau; der **RE 3** Berlin–Schwedt ab Berlin HBF über Bernau, Angermünde und Pinnow; der **RB 12** von Berlin-Ostkreuz nach Templin; der **RB 25** ab Berlin-Ostkreuz nach Werneuchen.

Die **Fahrradmitnahme** ist in allen Zügen des Regionalverkehrs in gekennzeichneten Wagen möglich.

Schöne Aussicht vom Stettiner Berg bei Mescherin an der Oder

An Unterkünften ist kein Mangel

Tickets und Fahrplaninformationen erhält man unter der Rufnummer des VBB, Tel. 030/25414141 und im Netz unter www.vbb.de. Auskunft zu den Fernzügen der Deutschen Bahn bekommt man unter Tel. 030/2970 und www.bahn.de.

Anreise mit dem Boot

In den Nordosten des wasserreichsten deutschen Bundeslands kann man selbstverständlich auch mit dem Boot reisen. Über Havel, Oder, Elbe und die Mecklenburgische Seenplatte sind via Oder-Havel-Kanal Anfahrten mit dem Motorboot möglich. Paddler dürfen auch die kleineren Gewässer befahren.

Informationen zu den aktuellen Pegelständen finden sich unter www.pegelonline.wsv.de, zu Schleusenzeiten unter www.elwis.de. Infos zu Marinas und Wasserwanderrastplätzen in der Uckermark gibt es unter: www.tourismus-uckermark.de/aktiv/wasser/wasserwanderrastplaetze-gastliegeplaetze-und-marinas.html. Die schönsten Ankerplätze haben wir außerdem in den Infoanhängen der einzelnen Reisekapitel aufgeführt.

Anreise mit dem Rad

Der **Radfernweg Berlin–Usedom** führt vom Berliner Zentrum über Bernau und Biesenthal durch den Naturpark Barnim und die Schorfheide in die Uckermark, dort am Ober- und Unteruckersee entlang bis Prenzlau und weiter nach Usedom.

Der **Oder-Neiße-Radweg** führt an der Oder entlang durch den Nationalpark Unteres Odertal über Schwedt und Gartz ebenfalls zur Insel Usedom.

Als Ost-West-Verbindung startet der **Oder-Havel-Radweg** am Oderdeich bei Hohensaaten, verläuft überwiegend am historischen Finowkanal entlang bis Liebenwalde und verknüpft so den Oder-Neiße-Radweg mit westlich dem Havelradweg.

Der **Uckermärkische Radrundweg** ab Stolpe verbindet die sehenswertesten uckermärkischen Orte miteinander, über Angermünde, Joachimsthal, Templin, Lychen und die Uckerseen bis Prenzlau und durch den Nationalpark Unteres Odertal.

Informationen zu allen ausgewiesen Radwegen in Brandenburg gibt es bei der TMB (s.o.). Ein bewährter Ansprechpartner ist außerdem der **ADFC Landesverband Brandenburg**, Gutenbergstraße 76, 14467 Potsdam, Tel. 0331/2800595. https://brandenburg.adfc.de.

Anreise auf dem Wasser

Herausragende Sehenswürdigkeiten

Schorfheide ▼
Das einstige Jagdrevier von Kaisern und Königen gehört zu den größten zusammenhängenden Waldgebieten Deutschlands und ist heute Teil des Biosphärenreservats Schorfheide-Chorin. Am schönsten lässt es sich auf ausgedehnten Wanderungen oder Radtouren erkunden. (→ S. 118)

Kloster Chorin ▶
Eingebettet in die grüne Natur erklingen in Brandenburgs romantischster Klosterruine im Sommer Opern und klassische Konzerte. (→ S. 107)

Eberswalde
Die Stadt am historischen Finowkanal blickt auf ein reiches industrielles Erbe zurück. Auf den Spuren von Metallhammerwerken des 17. Jahrhunderts bis hin zur Messingwerksiedlung, einem Kleinod der industriellen Moderne, gibt es viel zu entdecken. (→ S. 88)

Schiffshebewerk Niederfinow
Der gigantische Schiffsfahrstuhl am Oder-Havel-Kanal ist ein Meisterwerk der Ingenieurbaukunst. Von der Besucherplattform reicht der Blick weit ins Oderbruch. (→ S. 97)

Werbellinsee ▼
Einen ›Märchenplatz‹ hat ihn Theodor Fontane genannt. Ob Baden, Wassersport oder eine Fahrt mit dem Ausflugsdampfer – der vielbesungene Werbellinsee zieht seit der Erfindung der Sommerfrische die Besucher in seinen Bann. (→ S. 113)

Wildpark Schorfheide
Bei Groß Schönebeck lassen sich auf einem weitläufigen Gelände in Freigehegen heimische Wildtierarten wie Wisente, Luchse, Elche und Wölfe beobachten. (→ S. 126)

Fachwerkperle Angermünde
Hübsche Ackerbürger- und Fachwerkhäuser des 18. und 19. Jahrhunderts schmücken die Altstadt, die mit Pflastersteingassen, Gasthäusern und Cafés, Blumenkübeln und Linden am Straßenrand zum Verweilen einlädt. (→ S. 155)

Weltnaturerbe Grumsin
2011 wurde der alte Buchenwald Grumsin in der Schorfheide zum Weltnaturerbe erklärt. Vom Flecken Altkünkendorf gehen die Wanderungen in den naturgeschützten Wald hinein. (→ S. 159)

Nationalpark Unteres Odertal ▶
Zwischen Stolpe im Süden und nördlich Mescherin gehören die Polderlandschaften der Oder wohl zu den stillsten Regionen in ganz Europa. Mit dem Paddelboot lässt sich das Wasser-Land-Labyrinth am schönsten entdecken. (→ S. 169)

Prenzlau ▼
Die Hauptstadt der Uckermark besticht mit einer der ersten bedeutenden backsteingotischen Kirchen östlich der Elbe und einem Dominikanerkloster, das heute neben Sammlungen mittelalterlicher Sakralplastiken den ›Schatz von Seehausen‹ zeigt. (→ S. 195)

Templin ▶
Am Kreuzpunkt von sechs Seen ist die ›Perle der Uckermark‹ von einer komplett erhaltenen mittelalterlichen Feldsteinmauer umgeben. Das zeitgenössische Templin steht für Badegenuss in warmer Thermalsole. (→ S. 132)

Oberuckersee
Das ›Uckermärkische Meer‹ zählt zum Schönsten, das die Uckermark bietet. Hügelauf und hinab führt ein Rad- und Wanderweg rund um den See – entlang an kleinen Dörfern, herrlichen Aussichtspunkten und erfrischenden Badestellen. (→ S. 184)

Schwedt
Die Industriestadt in idyllischer Lage bietet interessante Kontraste zwischen historischem Ortskern und sozialistischer Architektur. (→ S. 174)

Boitzenburg
Ein kleines Dorf mit großen Sehenswürdigkeiten: Renaissanceschloss und Lenné-Park, Marstall, Klosterruine und Museumsmühle sind mehr als einen Ausflug wert. (→ S. 147)

Das nordöstliche Brandenburg bietet viel Platz und Raum für Mensch und Natur. In den Dörfern herrscht Ruhe und Ursprünglichkeit, in den kleinen städtischen Zentren findet sich alles, was man zum Leben braucht. Tradition und Moderne geben sich ein Stelldichein. Ein reiches Kulturangebot findet seine Ergänzung im hohen Freizeitwert. Wer das Ländliche liebt, ist im Barnimer Land und in der Uckermark goldrichtig.

Hussitenfest in Bernau

LAND UND LEUTE

Zahlen und Fakten

Barnim

Fläche: 1480 Quadratkilometer
Kreisstadt: Eberswalde
Einwohner: 189 000
Größte Städte: Bernau (43 500), Eberswalde (42 800) und Wandlitz (24 000) sowie Panketal (22 000)
Kleinste Gemeinde: Ziethen im Amt Joachimsthal (Schorfheide) (460)
Bevölkerungsdichte: 127 Einwohner pro Quadratkilometer
Erwerbsarbeitslose: 5,7 Prozent (2021)
Höchste Erhebung: Werbelliner Berge am Werbellinsee (127 Meter), Sassenberge zwischen Althüttendorf und Chorin (120 Meter), Pimpinellenberg bei Oderberg (117 Meter), Kleiner Rummelsberg (81 Meter) beim Ökodorf Brodowin
Landwirtschaftsflächen: 36 Prozent
Waldanteil: 46 Prozent
Wasseranteil: 5 Prozent
Größte Seen: Parsteiner See (10,9 Quadratkilometer), Grimnitzsee (7,8 Quadratkilometer), Werbellinsee (7,65 Quadratkilometer)

Uckermark

Fläche: 3077 Quadratkilometer
Kreisstadt: Prenzlau
Einwohner: 118 000
Größte Städte: Schwedt (30 000), Prenzlau (19 000), Templin (16 000), Angermünde (8500)
Kleinste Gemeinde: Mittenwalde (355) im Amt Gerswalde
Bevölkerungsdichte: 39 Einwohner pro Quadratkilometer
Erwerbsarbeitslose: 10,7 Prozent (2021)
Höchste Erhebungen: Blocksberg (139 Meter) und Telegraphenberg (138 Meter), beide liegen südwestlich von Angermünde; auf immer noch stattliche 111 Meter kommt der Weinberg südlich von Groß Fredenwalde im Amt Gerswalde.
Landwirtschaftsflächen: 58 Prozent
Waldanteil: 24,5 Prozent
Wasseranteil: 5 Prozent
Größte Seen: Unteruckersee (10,4 Quadratkilometer), Oberuckersee (6,85 Quadratkilometer), Wolletzsee (5,05 Quadratkilometer)

Wappen des Landkreises Barnim

Wappen des Landkreises Uckermark

Annäherung an die Region

Die Regionen Barnim und Uckermark bilden die beiden nordöstlichen Landkreise im Bundesland Brandenburg. Der Landkreis Barnim ist mit knapp 1500 Quadratkilometern etwa halb so groß wie die Uckermark, an die er im Norden grenzt. Seine östliche Grenze teilt er sich mit Polen und Märkisch-Oderland. Im Westen stößt er an den Landkreis Oberhavel und im Süden an die Bundeshauptstadt Berlin. Die Bezeichnung ›Barnim‹ erinnert an die slawische Siedlungsepoche zwischen dem 6. und 12. Jahrhundert. Zahlreiche pommersche Herzöge trugen den stolzen Namen. Barnim rührt von altslawisch borniti (kämpfen) und mir (Friede) her und bedeutet übersetzt ›Einer, der für den Frieden kämpft‹.

Verwaltungstechnisch gliedert sich der Landkreis in sieben amtsfreie Städte und Gemeinden sowie drei Ämter mit deren zugehörigen Gemeinden. 46 Prozent seiner Fläche sind von Wald bedeckt; genau 1762 Seen ab 100 Quadratmeter Größe werden gezählt, so dass man mit Fug und Recht sagen kann, die vorherrschenden Farben im Barnimer Land sind Grün und Blau. Ein bisschen Rot von den Ziegeldächern kommt noch dazu. Wobei sich die meisten der rund 189 000 Barnimer im Berliner ›Speckgürtel‹ rund um Bernau und Wandlitz drängeln. Ein weiteres städtisches Konglomerat erstreckt sich zwischen Finowfurt und der Kreisstadt Eberswalde am Finowkanal. Das übrige Land zeigt sich mit zunehmender Entfernung von Berlin umso menschenleerer.

Durchschnittlich keine 39 Einwohner leben auf einem Quadratkilometer im Landkreis Uckermark. Zum Vergleich: In der am dichtesten bevölkerten deutschen Stadt München sind es fast 4500 pro Quadratkilometer. Deutschlandweit ist nur noch Mecklenburg-Vorpommern dünner besiedelt; in absoluten Zahlen gehört die Uckermark mit rund 118 000 Einwohnern sogar zu den einsamsten deutschen Landstrichen.

Eine von zahlreichen Alleen im nordöstlichen Brandenburg

Sonnenblumenfelder schmücken das Land

Ihr Name geht auf den westslawischen Stamm der Ukranen zurück, der sich im im 6./7. Jahrhundert in der Region niederließ. ›Terra Ukera‹ wurde sie im Mittelalter nach den Ukranen genannt, während der Begriff ›Mark‹ die Grenzgebiete des Heiligen Römischen Reichs beschrieb.

Seine heutigen Grenzen teilt der Landkreis Uckermark im Osten mit Polen, im Norden und Westen mit Mecklenburg-Vorpommern, im Südwesten dem Landkreis Oberhavel und im Süden dem Landkreis Barnim. Zwischen westlich der Havel und östlich der Oder, der nördlichsten Gemeinde Uckerland und der südlichsten Stadt Angermünde werden 3077 Quadratkilometer gemessen. Womit der Landkreis Uckermark zu den größten in ganz Deutschland gehört. Auf fast 60 Prozent seiner Fläche wird vorwiegend intensiv Landwirtschaft getrieben, auf knapp 25 Prozent dehnen sich Wälder aus und immerhin fünf Prozent sind Gewässer. Der Landkreis besteht aus acht amtsfreien Städten und Gemeinden sowie fünf Ämtern mit deren amtsangehörigen Gemeinden. Sitz der Kreisverwaltung ist Prenzlau, das zugleich die nördliche ›Metropole‹ der Uckermark darstellt.

Naturraum

Tausende Seen und Abertausende Kilometer Flüsse, Bäche und Kanäle zieren die Region vom nördlichen Unteruckersee bis südlich zu Berliner Stadtgrenze. Hinzu kommen Niederungsmoore und jede Menge Sand, mit Kiefernheide und gelegentlich auch Laubmischwäldern geschmückt, mal flach, mal sanft gewellt und mit einer höchsten Erhebung versehen, die gerade soeben auf 140 Meter über dem Meeresspiegel aufsteigt. So präsentieren sich die ›üblichen Requisiten märkischer Landschaften‹, wie sie der märkische Wandersmann Theodor Fontane in einem Satz auf den Punkt bringt: ›weite Flächen, Hügelzüge am Horizont, ein See, verstreute Ackerfelder, hier ein Stück Sumpfland, durch das sich Erlenbüsche, und dort ein Stück Sandland, durch das sich Kiefern ziehen.‹ Das ist die Landschaft im nordöstlichen Brandenburg.

In Brandenburg liegen Tausende Seen

Sie ist weitgehend ein Resultat der letzten Eiszeit. Von ungefähr 115 000 bis etwa 8000 Jahre vor unserer Zeitrechnung dehnte sich die Weichsel-Eiszeit mit mehreren Perioden massiver Vergletscherungen von Skandinavien bis gut 50 Kilometer südlich von Berlin aus. Mehrfach überzogen die riesigen Eismassen das Land und schoben dabei wie Planierraupen gewaltige Mengen an Geröll, Kies, Schluff und Sand vor sich her. Alles, was ihnen im Weg stand, wurde in den drei großen Vorstoßphasen der Gletscher zermalmt.

Jeweils bei ihren Rückzügen hinterließen sie an den Eisrandlagen über 100 Meter hohe Schutthaufen-Staffeln, die man Endmoränen nennt: Hügel mit teils steilen Abhängen, wie sie z.B. mit dem Choriner Endmoränenbogen abrupt zur Oderniederung abfallen. Davor breiten sich, normalerweise von einem Gletschertor ausgehend, Sandergebiete aus, auf deren tischebenen weiten Sandflächen am liebsten Kiefern gedeihen und das Heidekraut blüht. Unter dem Eis setzte sich Geschiebemergel in Form von Grundmoränen ab: relativ ebene bis sanft gewellte, vergleichsweise fruchtbare Landschaften, wie sie in der Uckermark gelegentlich sogar die Gestalt munterer kleiner Kuppen annehmen können. Dazwischen blinken die zahllosen Seen auf, die sich in Gletscherschrammen, Schmelzwasserrinnen, Zungenbecken und Toteismulden gegen Ende der Weichsel-Eiszeit füllten.

Neben Moränen, Sandern und Seen hinterließen die eiszeitlichen Gletscher mit ihren Schmelzwassern außerdem großflächige Urstromtäler. Vier sind es in Brandenburg, in denen sich vor Jahrtzehntausenden die Wassermassen sammelten und sich von der Weichsel über die Oder bis zur Elbe ihren Weg von Ost nach West in die Nordsee bahnten.

Zwei davon modellierten den Norden des Bundeslands Brandenburg: nördlich das Eberswalder Urstromtal, gefolgt vom Berliner Urstromtal. Meist nur wenige Meter über Normalnull, absolut flach und aus Kies und mächtigen Sanden bestehend, reichen oft einige Schaufeln Bodenaushub, damit dort das Grundwasser steht.

Typischer Kiefernwald

Barnimplatte

Zwischen dem Berliner und dem Eberswalder Urstromtal erhebt sich die Barnimhochfläche. Der östliche **Oberbarnim** zwischen Bernau, Werneuchen und Hohenfinow besteht vorwiegend aus Grundmoränen mit fruchtbarem Ackerland. So ist die **Barnimer Feldmark**, die den Süden des Oberbarnim einnimmt, denn auch vorwiegend landwirtschaftlich geprägt. Den Oberbarnim mit Höhen von 70 bis über 100 Meter durchschneidet der Gamengrund, eine eiszeitliche Rinne, die von Hohenfinow im Norden bis südlich Berlin eine lange Kette schmaler Seen ausbildet.

Vom Eberswalder Urstromtal aus trug der Wind in grauen Vorzeiten viel sandiges Material an den Nordrand der Barnimplatte, so dass in der Barnimer Heide oder im Biesenthaler Becken ausgedehnte, bis zu zehn Meter hohe Dünenfelder entstanden. Von besonderem landschaftlichen Reiz zeigt sich das **Biesenthaler Becken**. In der letzten Eiszeit durch eine Gletscherzunge ausgeschürft, ist es mit seinen Laubmischwäldern, wachsenden Mooren und Trockenstandorten, Feuchtwiesen und Kames (steile runde Hügel, aus Ablagerung des eiszeitlichen Schmelzwassers am Eisrand gegen ein Widerstand aufgestaut) ein Juwel unter den Brandenburger Naturschutzgebieten.

Am Parsteiner See bei Brodowin

Das Bild des westlichen **Niederbarnim** bestimmen waldbestandene Sanderflächen und im Herzen das Wandlitzer Seengebiet. Hier werden nur noch Höhen zwischen 50 und 60 Meter erreicht, die nach Westen zur Havelniederung hin allmählich auslaufen.

Odertal

Die steilen Oderhänge und grünen Deichvorländer, verzweigte Flussaltarme und Polderlandschaften prägen zwischen Stromoder, Hohensaaten-Friedrichsthaler-Wasserstraße und Westoder die weite Oderniederung. Regelmäßige Überschwemmungen haben dem flunderflachen Land fruchtbare Lehmböden geschenkt, aber den Kolonisten, die sich hier ab der zweiten Hälfte des 17. Jahrhunderts ansiedelten, auch große Probleme beschert. Von 1745 an wurde daher zwischen Güstebieser Loose und Hohensaaten für die Oder ein neues, gerade verlaufendes Flussbett gegraben und wurde das Niederoderbruch trockengelegt. Von der Neiße-Einmündung bei Eisenhüttenstadt im südlichen Brandenburg bildet die Oder den Grenzfluss zwischen Deutschland und Polen.

Nordbrandenburgisches Wald- und Seengebiet

Große unfruchtbare Sanderflächen wie der Schorfheide-Sander nehmen das nordwestliche Barnimer Land und den Südwesten der Uckermark ein. Geologisch betrachtet gehören sie zum Vorland der Pommerschen Eisrandlage. In touristischer Hinsicht zählen die riesigen Waldgebiete der Schorfheide und des Naturparks Uckermärkische Seen mit ihren zahllosen Gewässern zwischen Groß Schönebeck, Templin und Lychen, Werbellinsee und Uckermärkischem Hügelland zum landschaftlich schönsten, mit dem der Nordosten Brandenburgs aufwarten kann.

Uckermark

Naturräumlich wie kulturhistorisch ist der Nordosten des Landkreises Barnim vom Grimnitzsee über den Parsteiner See bis zur Oder bereits Teil der Uckermark. Auf den fetten Lehmböden der hügeligen Grundmoränenlandschaft dehnen sich zwischen Angermünde, Prenzlau und dem Odertal Weideland und weite Felder aus. Es werden Getreide, Ölsaaten, Zuckerrüben und im Raum Schwedt auch Tabak angebaut. Nicht umsonst wird die Uckermark die ›Kornkammer Brandenburgs‹ genannt. Nur noch vereinzelt finden sich kleinere Waldgebiete. Im Osten durchzieht die Randow-Welse-Niederung, ein Durchströmungsmoor, die Region. Im Zentrum fließt die Ucker von Süd nach Nord. Dabei passiert sie den Oberuckersee und kurz danach den Unteruckersee, das größte Gewässer der Uckermark, vor gut 20 000 Jahren von vorstoßenden Gletscherzungen modelliert. Die Region um die Uckerseen ist landwirtschaftlich geprägt.

Klima

Das Barnimer Land und die Uckermark liegen in der Übergangszone zwischen ozeanischem und kontinentalem Klima. Die Temperaturen sind gemäßigt, mit leichten Schwankungen in den westlichen Landesteilen und stärkeren Schwankungen in den östlichen. Niederschläge fallen im Winter etwas weniger als im

Sommer und sind im Bundesvergleich eher gering. So gewässerreich die beiden Regionen auch sind, sind sie trotzdem wasserarm. Die durchschnittlichen Niederschlagsmengen liegen um 600 Millimeter, in manchen Gegenden wie dem Odertal sogar darunter – womit der Nordosten Brandenburgs zu den niederschlagsärmsten Gebieten ganz Deutschlands zählt.

In Bezug auf die mittlere jährliche Sonnenscheindauer gehören das Barnimer Land und die Uckermark dank ihrer nordöstlichen Lage dagegen zu den deutschen Spitzenreitern. 1805 Sonnenstunden werden gezählt, im Bundesdurchschnitt sind es 1723. Im Juli/August klettert das Thermometer auf eine durchschnittliche Höchsttemperatur von 23 Grad Celsius, was eine Reihe von heißen, sehr trockenen Sommertagen mit über 30 Grad einschließt.

Insgesamt hat sich über die vergangenen Jahrzehnte ein Anstieg der Sommertemperaturen von 3,5 °C vollzogen. In den kältesten Monaten Dezember und Januar werden durchschnittliche Höchsttemperaturen von 2 bis 3 Grad erreicht.

Tier- und Pflanzenwelt

Flora

Die Pflanzenwelt im nordöstlichen Brandenburg ist charakteristisch für die Laub- und Mischwaldzone Mitteleuropas. Fast die Hälfte der Fläche im Barnimer Land ist mit Wald bedeckt, in der Uckermark gut ein Viertel. Auf den lehmigen, nährstoffreichen Böden der Grund- und Endmoränen herrschen Eichen-Buchenwälder vor, auf den kargen Sandern der Schorfheide überwiegen Kiefern-Eichenwälder. Ursprünglich bedeckten diese Wälder einmal das ganze Land, unterbrochen nur von Seen und Mooren. Durch Rodungen seit dem 12. Jahrhundert und eine intensive Siedlung wurden die fruchtbaren Böden zunehmend zu Ackerland umgewidmet, weshalb sich der Wald heute vor allem auf ärmeren Standorten als Kiefern-Eichenwald ausdehnt. Die Buche, die reichhaltigere Erde liebt, kommt nur noch auf einem Zehntel ihrer angestammten Flächen vor. So im Grumsiner Forst zwischen Joachimsthal und Angermünde, der als einzigartiger Tieflandbuchenwald seit 2011 zum UNESCO-Weltnaturerbe zählt.

Seerosen bei Mescherin an der Oder

Die Uckermark ist Spitze bei den jährlichen Sonnenstunden

Die überwiegende Mehrheit der Wälder besteht indes aus Kiefern. Und wird der immergrüne Nadelbaum nicht in Plantagen gezwängt, sondern darf sich entfalten, kann er 600 Jahre alt werden. Der anspruchslose Überlebenskünstler schlägt sowohl in sandigen als auch in sauren, vermoorten Böden Wurzeln und teilt dort den Lebensraum mit Sumpfporst, Moosbeere und Wollgräsern.

Wo das Moor nährstoffreicher ist, gedeihen Erlenbruchwälder in Gemeinschaft mit Sumpffarn und Seggen; wo das Wasser nicht steht, sondern fließt, gesellen sich Eschen, Pappeln und Silberweiden dazu. Die Uferbereiche der Fließgewässer und die Feuchtwiesen schmücken sich mit Sumpfdotterblumen und Orchideenarten, und auch der fleischfressende Rundblättrige Sonnentau breitet da und dort seine Tentakeln aus.

Hätte der Mensch nicht eingegriffen, würden die Flussufer mit schöner Regelmäßigkeit überschwemmt und sich weite Auwälder ausdehnen. Tatsächlich sind die durch einen ständigen Wechsel zwischen Trockenheit und Überflutung geprägten Flusswälder aber kaum noch vorhanden. Urwüchsige Auwaldreste sind noch in den weiten Oder-Flussauen zu finden, wo sich – mehr noch auf der polnischen als auf der deutschen Seite – zwischen Torfinseln und Nasswiesen ein Geflecht von Flutrinnen, Gräben und Altwassern ausdehnt. Schilfgürtel und Teichrosen zieren die stillen Altwasserarme, und landeinwärts blühen Kreuzenzian, Federgras und Adonisröschen auf den Trockenrasen der Oderhänge.

Dichte Schilfgürtel umgeben auch die Ufer der unzähligen Seen. Besonders kontrastreich erscheint der Wasserreichtum dort, wo die Gewässer im sandigen Urstromtal liegen oder große Sanderflächen durchziehen. Auf den trockenen kargen Böden und durch Sandverwehungen entstandenen Binnendünen gelingt es einmal mehr der Kiefer, Wurzeln zu schlagen. Zusammen mit Silbergras, Ginster, Wacholder und Blaubeeren sowie weiten Teppichen von zartrosa über tiefrot bis dunkelviolett blühendem Heidekraut hält sie den flüchtigen Sand.

Fauna

Vor gar nicht allzu langer Zeit durchstreiften noch Wisente und Bären die Wälder im Barnimer Land und der Uckermark. Das Wisent war um 1800 in der Mark ausgestorben; der letzte Bär wurde bereits Mitte des 18. Jahrhunderts erlegt. Wildschweine, Rot-, Dam- und Muffelwild, Füchse, Dachse und Marder tummeln sich dagegen noch heute in großen Scharen im Wald- und Wiesenland. Bedrohte Tierarten wie der Feldhase, der putzige kleine Siebenschläfer und eine Reihe von

Fledermausarten fühlen sich wohl, und auch Wölfe durchwandern seit einigen Jahren wieder die freie Wildbahn.

Dass Deutschland ein Einwanderungsland ist, haben nicht zuletzt Elche unter Beweis gestellt. Exemplare dieser nordischen, größten Hirschart der Welt wurden 2006 erstmals im Nationalpark Unteres Odertal gesehen.

Hirschkühe in der Schönower Heide

In den klaren, fischreichen Gewässern gehen Fischotter auf Beutefang. An kleinen Flüssen, Bächen und Altwasserarmen bauen Biber ihre Burgen und brütet der bunte Eisvogel. An stillen Seeufern, Teichen und Gräben findet die seltene Europäische Sumpfschildkröte ein Refugium, während die ebenfalls gefährdete Rotbauchunke Tümpeln, Söllen und Flussauen den Vorzug gibt. Dank ihrer zahllosen Gewässer sind das Barnimer Land und die Uckermark vor allem ein Wasservogelparadies. Ausgedehnte Feuchtwiesen, von dichten Schilfgürteln umgebene flache Seen und Teichlandschaften bilden den Lebensraum für die weltweit vom Aussterben bedrohte Wachtelkönige und Seggenrohrsänger, für Rohrdommeln, Bekassinen und Kampfläufer. Unzählige Kraniche und nordische Gänse legen auf ihren langen Zügen im Frühjahr und Herbst einen Zwischenstopp an den nahrungsreichen Rastplätzen im nordöstlichen Brandenburg ein.

Streng geschützt sind die äußerst seltenen Schwarzstörche, die ihre Horste in dichten Wäldern bauen, sowie die Schreiadler, die ihre Beutetiere an der Grenze zwischen Wald und Offenland schlagen. See- und Fischadler, Kranich und Schwarzmilan stehen dank strenger Schutzprogramme seit 2009 nicht mehr auf der Roten Liste bedrohter Tierarten. Auch der Wanderfalke, der seit den 1970er Jahren nicht mehr gesehen wurde, brütet mittlerweile wieder in der Region, ebenso Steinkauz und Wiedehopf, die in Baumhöhlen, auf Streuobstwiesen, in stillgelegten Steinbrüchen, Ruinen und verlassenen Scheunen nisten. Mäusebussard und Schleiereule suchen auf Wiesen, Äckern oder im Heideland Nahrung. Und der Weißstorch ist als Begleiter der Menschen über die schöne Jahreszeit allerorten in der Region zu Hause.

Fischotter fühlen sich in den zahlreichen Gewässern wohl

Weiße Flieger auf roten Socken

Vom Frühling bis zum Spätsommer begleitet uns der Storch durch die schöne Jahreszeit. Sein volkstümlicher Name ›Adebar‹ bedeutet ›Glücksbringer‹ (germanisch ›auda‹ = Glück , ›bera‹ = tragen, gebären). Und tatsächlich: Wenn Störche ihre Horste auf Masten und Dachfirsten bauen, freut sich der Mensch, denn dies heißt, dass das Haus nicht vom Blitz getroffen wird und das Glück darin wohnt. Niemals lässt sich Adebar an Orten nieder, wo sich unterirdische Wasserläufe kreuzen und deshalb dort der Blitz einschlagen könnte. Darüber hinaus ist er ein treuer Geselle. Nach seinem Winteraufenthalt in Afrika kehrt er Ende März, Anfang April in seinen angestammten Sommerheimatort zurück, und bezieht er dort wieder denselben Horst, ist das ein Zeichen dafür, dass die Welt noch in Ordnung ist. Anschließend legt die Storchendame drei bis vier Eier, selten auch bis zu sieben, die sie mit ihrem Gefährten die nächsten 30 bis 35 Tage arbeitsteilig bebrütet.

Vor allem zur Paarungs- und Nistzeit ist die Luft von Schnabelgeklapper erfüllt. Es wird zur Begrüßung des Partners geklappert, zur Balz und zur Verteidigung gegen Futter- und Nestkonkurrenten - weshalb man sie ja auch ›Klapperstörche‹ nennt. Zwitschern oder singen kann der Weißstorch nicht, er hat keine Stimme. Umso umfangreicher erklingt dafür das Repertoire an Rufen und Gesängen, die sein kleinerer schwarzer, äußerst seltener Verwandter von sich gibt. Und während der Weißstorch die weiten Felder und offenen Feuchtgebiete bevorzugt, scheut der Schwarzstorch die Menschen, fühlt sich in tiefen Waldlandschaften wohl und nistet dort in den Baumkronen. Auf der Speisekarte aller Störche stehen Fische, Reptilien und Amphibien. Gut 200 Hektar Jagdrevier benötigen Herr und Frau Adebar, um ihre Nesthocker-Brut großzuziehen. Täglich gut 360 Gramm Futter pro Schnabel - das sind 15 kleine Mäuse oder 60 Regenwürmer - müssen für den hungrigen Nachwuchs herangeschafft werden, bis er nach etwa zwei Monaten flügge wird.

In den letzten Augusttagen neigt sich der Storchensommer dem Ende entgegen. Die Jungstörche beginnen sich in Trupps auf den just abgeernteten Feldern zu sammeln. Hunderte weißschwarze Gesellen staksen dann über die Stoppeln, um hier oder da noch einen Happen als Wegzehrung für die lange Reise zu schnappen. Rund acht Tage nach den Jungen ziehen die Alttiere los. Vor ihnen liegt eine 10 000 bis 12 000 Kilometer lange Strecke, um zu den afrikanischen Winterquartieren zu gelangen.

Anders als ihre westeuropäischen Familienangehörigen, die eine Flugroute über Gibraltar wählen, ziehen die brandenburgischen Störche mit den mittel- und osteuropäischen Storchenverbänden über den Bosporus, Kleinasien und das Rote Meer bis nach Südafrika. Von dort kehren sie im nächsten Frühling wieder in ihre Sommerheimat zurück.

Störche sind gern gesehene Sommergäste in brandenburgischen Dörfern

EXTRA

Umwelt und Naturschutz

Vom Berliner Urstromtal steigt die Barnim-Hochfläche an, die weitgehend der Naturpark Barnim einnimmt. Knapp 750 Quadratkilometer groß ist der herrliche Flickenteppich aus Wasser und Land, an den sich im Norden im Biosphärenreservat Schorfheide-Chorin eines der größten zusammenhängenden Waldgebiete Deutschlands anschließt. Der Grumsiner Forst, ein alter Tieflandbuchenwald mitten im Biosphärenreservat, wurde 2011 von der UNESCO zum Weltnaturerbe erklärt. Das Reservat geht im Nordwesten in den Naturpark Uckermärkische Seen über und mündet östlich an der deutsch-polnischen Grenze in den Nationalpark Unteres Odertal – weshalb die Brandenburger mit Stolz von sich sagen können, dass sie im Nordosten ihres Bundeslands eines der ausgedehntesten Großschutzgebiete in Deutschland besitzen.

Biosphärenreservat Schorfheide-Chorin

Zwischen dem Naturpark Uckermärkische Seen im Nordwesten, dem Naturpark Barnim im Südwesten und östlich dem Nationalpark Unteres Odertal dehnt sich das UNESCO-geschützte Biosphärenreservat Schorfheide-Chorin aus. Mit seinen knapp 1300 Quadratkilometern ist es eines der größten Groß-

Naturschutzgebiete im Barnim und der Uckermark

Wanderwegweiser in der Schorfheide

schutzgebiete der Bundesrepublik. Von Oderberg am Alten Oderstrom bis zum uckermärkischen Oberuckersee hinauf, von Eberswalde über Joachimsthal bis vor die Tore Templins hat die letzte Eiszeit dieses an Seen, Mooren und Söllen reiche Land hinterlassen. Während sich östlich der Linie, die etwa die Autobahn A 11 beschreibt, im sanft gewellten bis kuppigen Grundmoränenland kleine Laubmischwälder mit Weide- und Feld-wirtschaft abwechseln, dominieren westlich auf den unfruchtbaren Sanderflächen die weiträumigen Waldgebiete der Schorfheide.

Rund um die Seen im Biosphärenreservat fühlen sich Biber und Fischotter wohl. Die selten gewordenen Laubfrösche und Kreuzottern, die bedrohte Europäische Sumpfschildkröte und Rotbauchunke sind in den zahlreichen Mooren, Feldsöllen und Feuchtwiesen zu Hause. In den Wäldern brüten See-, Fisch- und Schreiadler. Sogar der extrem seltene, scheue Schwarzstorch hat hier ein Refugium.

Nicht weniger reich ist der Wildbestand, dem lange Zeit vornehme Herrschaften nachsetzten. Brandenburgische Markgrafen und Kurfürsten, preußische Könige und deutsche Kaiser, Nazi-Größen und DDR-Politprominenz gingen in der eigens dafür abgeriegelten Schorfheide auf die Pirsch. Zusammen mit zahlreichen weiteren schützenswerten Naturgebieten stellte die DDR-Volkskammer diese einzigartige Landschaft noch schnell vor der Wiedervereinigung im Herbst 1990 unter Schutz. Ebenfalls noch 1990 wurde die Region Schorfheide-Chorin von der UNESCO als Biosphärenreservat anerkannt. 17 Jahre danach entdeckte man in der Schorfheide erstmals wieder Spuren freilebender Wölfe.

So zeigen Biosphärenreservate, für die die Organisation für Erziehung, Wissenschaft und Kultur (UNESCO) der Vereinten Nationen zuständig ist, dass Mensch und Natur nicht zwingend im Widerstreit stehen müssen. Weltweit stehen in Biosphärenreservaten über 500 typische natürliche Landschaftsformen und ihre spezifischen Ökosysteme ebenso unter Schutz wie das dort vom Menschen geschaffene Kulturland. Modellhaft sollen die ausgewählten Biosphären zur weitergehenden Entwicklung kulturell, sozial und ökologisch nachhaltiger Wirtschaftsregionen beitragen.

Dazu gliedert sich das Biosphärenreservat in drei unterschiedliche Schutzzonen: In der Kernzone (Schutzzone I) bleibt die Natur sich selbst überlassen und das Betreten ist nicht erlaubt. In der Pflegezone (Schutzzone II) – in Deutschland meist als Naturschutzgebiet ausgewiesen – genießen Tiere und Pflanzen den Vorrang; die gekennzeichneten Wege dürfen nicht verlassen werden. Die Entwicklungszone (Schutzzone III) dient der naturverträglichen Landschafts-

Landschaft bei Criewen an der Oder

nutzung beispielsweise in Form der ökologischen, extensiven Landwirtschaft – hier sei exemplarisch nur das bekannte Ökodorf Brodowin am Parsteiner See genannt – und eines sanften Tourismus. 2013 wurde die Uckermark als Sieger im Bundeswettbewerb ›Nachhaltige Tourismusregionen‹ ausgezeichnet. 2018 wurde ihr als erster Brandenburger Reiseregion das TourCert-Gütesiegel ›Nachhaltiges Reiseziel‹ verliehen.

Nationalpark Unteres Odertal

Ein den Biosphärenreservaten entsprechender Schutz gilt auch für Nationalparks. Mit dem Ziel des Erhalts wertvoller Ökosysteme für Mensch und Natur sind sie ebenso in Kernzone, Pflege- und Entwicklungszone eingeteilt. Anders als in der Bundesrepublik, wo 1970 mit dem Nationalpark Bayerischer Wald der erste Nationalpark eröffnet wurde, gab es diese Großschutzgebiete in der DDR nicht. Etwa ein Sechstel der Landesfläche war jedoch für die Öffentlichkeit gesperrt, entweder weil die Herrschenden ein Waldgebiet für sich zur Jagd nutzten, oder, und dies war überwiegend der Fall, weil sich dort die Westgruppe der Truppen der Sowjetarmee einquartiert hatte und riesige Gelände für Manöver beanspruchte.

Jenseits solcher zwar massiven, aber doch lediglich zeitweiligen Eingriffe blieb die Natur in diesen Gebieten weitgehend unberührt, und eine hoch spezialisierte Fauna und Flora entwickelte sich. Schnell noch vor der Wiedervereinigung wurden von der ersten und gleichzeitig letzten frei gewählten Volkskammer fünf der schönsten Landschaften der DDR zu Nationalparks erklärt. Brandenburgs einziger Nationalpark ›Unteres Odertal‹ ist allerdings erst eine Gründung von 1995.

Auf 105 Quadratkilometern schützt er die Oder-Flussauen von Hohensaaten im Süden bis Mescherin und – im polnischen Teil Landschaftspark – bis vor die Tore Stettins, wo die Oder das letzte noch in großen Teilen intakte Mündungsdelta Mitteleuropas ausbildet. Zwischen den steilen Oderhängen mit blütenreichen Trockenrasen von Adonisröschen, Grasnelken-Fluren oder Blauschillergras dehnt sich die drei bis fünf Kilometer breite Oderniederung mit ihrem Geflecht von Altoderarmen, Gräben und Kanälen zwischen der Hohensaaten-Friedrichsthaler-Wasserstraße bzw. Westoder und der Stromoder aus. Anders als mancher erwarten würde, nehmen die Gewässer im Nationalpark aber nicht mehr als ein Fünftel der Fläche ein – wobei diese Angabe je nach Wasserstand der Oder und in den Poldern schwankt. Breite Röhrichtgürtel schmücken die Wasser ebenso wie das Auengrünland der Nasspolder, wo seltene Arten wie das Stumpfblättriges Laichkraut oder der Schwimmfarn ideale Bedingungen finden.

Die regelmäßigen Überflutungen der Polder und Flussauen machen das Untere Odertal darüber hinaus zu einem Paradies für Wasservögel. Rund 200 000 Zugvögel rasten im Frühjahr und Herbst in der Oderniederung. Heerscharen von Blässgänsen, Saatgänsen und im Oktober Zehntausende Kraniche erfüllen dann mit ihrem Schnattern, Rufen und Trompeten die Stille. Zwischen den Überschwemmungsflächen und Torfinseln gehen Seeadler, Fischadler und Steinadler, Mäusebussard und Wasserralle auf Beutefang. Insgesamt werden fast 300 Vogelarten gezählt, von denen etwa die Hälfte im Nationalpark brüten, darunter Wachtelkönige und Seggenrohrsänger. Letztere bauen nur noch im Oder-Reservat und sonst nirgends mehr in Deutschland ihre Nester.

Und noch ein bisschen mehr tierische Statistik: 50 Säugetierarten, 11 Amphibien-, 6 Reptilien- und 49 Fischarten haben im Nationalpark Unteres Odertal zu Wasser und zu Land ihr Zuhause. Fischotter durchpflügen die stehenden Gewässern und Biber betätigen sich als Wasserbaumeister. Zur Pflege des Weidelands setzt die Nationalparkverwaltung seit einigen Jahren Wasserbüffel ein, da sie mit ihren weit auseinander gespreizten Hufen kein Problem mit der Trittfestigkeit im sumpfigen Lebensraum haben.

Naturpark Barnim

Mit gut 750 Quadratkilometern nimmt der Naturpark Barnim etwa die Hälfte des gesamten Landkreises Barnim ein. Naturparks unterliegen weniger strengen Schutzkriterien als Nationalparks und Biosphärenreservate. Sie dienen dem Schutz und Erhalt der Naturlandschaften – insbesondere durch die Ausweisung von Landschafts- und Naturschutzgebieten –, aber ebenso der Erholung des Menschen und in diesem Sinne einem natur- und umweltverträglichen sanften Tourismus.

Bis auf die Barnimer Feldmark umfasst der Naturpark Barnim quasi die gesamte Barnim-Hochfläche, weit über die Hälfte ist Wald. Im Norden grenzt er ans Eberswalder Urstromtal, im Westen an die Havelniederung und im

Moorlandschaft in der Nähe von Bernau

Osten an die Barnimer Feldmark. Im Süden liegen 5,4 Prozent seiner Fläche in den Berliner Bezirken Pankow und Reinickendorf, was ihn zu einem länderübergreifenden Naturpark macht.

Wasser in allen möglichen Erscheinungen – ob als See, Fluss, Fließ oder Kanal –, Kiefernheide und an manchen Standorten auch Buchenwald prägen die Landschaft. In den Söllen, eiszeitlichen runden Kleinstgewässern, überdauert die vom Aussterben bedrohte Rotbauchunke, das Wappentier des Naturparks. Ein besonderes Kleinod stellt das Biesenthaler Becken dar, ein eiszeitliches Gletscherzungenbecken mit wachsenden Mooren, artenreichen Feuchtwiesen, Wasser- und Waldökosystemen.

Paddler auf der Oder bei Schwedt

Naturpark Uckermärkische Seen

Rund 900 Quadratkilometer Wasser, Wiesen und Wälder zwischen Lychen, Templin und Fürstenwerder machen den Naturpark Uckermärkische Seen aus. Eigentlich müsste er ›Uckermärkische Wälder‹ heißen, denn er besteht zu mehr als der Hälfte aus Wald. Im dunklen Grün funkeln über 230 Seen im Sonnenlicht, 50 von ihnen sind Klarwasserseen, d.h. dass die Sicht im See im Sommer in über 2,5 Meter Tiefe hinabreicht. Das kommt dem Beutefang des Fischadlers zupass, der nirgends sonst in Mitteleuropa so dicht beieinander seine Horste baut wie im Naturpark Uckermärkische Seen. So nimmt es nicht Wunder, dass der Fischadler zum Wappentier des Naturparks avanciert ist.

Daneben bevölkern Kraniche, Rohrdommeln und Seeadler die feuchten Gefilde, während sich Wiedehopf, Heidelerche oder auch die Rotflüglige Ödlandschrecke (eine in sandigen, steinigen, felsigen Habitaten lebende Heuschrecke) die trockenen Sandheiden und Binnendünen bevorzugen. Ebenfalls ein trockener Geselle ist das rot geflügelte Thymian-Widderchen, ein Schmetterling, der am liebsten in mediterraner Wärme vorkommt.

Über 1200 teils gefährdete Pflanzenarten machen sich im uckermärkischen Naturpark breit: in den Mooren Wollgras, Sumpfporst und Strohgelbes Knabenkraut oder auch der fleischfressende Sonnentau. Auf den Trockenrasen und Sanddünen – oft ehemalige Truppenübungsplätze – gedeihen dagegen die bedürfnislose Kiefer, Heidekraut oder die filigranen Sandnelken.

Über 150 Kilometer Wasserwanderwege und noch mehr Wanderwege trockenen Fußes führen durch den Naturpark. Das Betreten der Naturschutzgebiete ist selbstverständlich nicht möglich. Zusätzlich dürfen große Teile der ehemaligen sowjetischen Truppenübungsplätze noch nicht begangen werden. Die Räumung von Munition und anderen militärischen Altlasten hält immer noch an. Während die Natur die Gelände schon längst zurückerobert hat.

Waldbrandgefahr in trockenen Sommern

Märkische Kiefernheide auf märkischen Sandböden kann in den regenarmen, manchmal recht heißen märkischen Sommern wie Zunder brennen. Infolge des hohen Anteils an Kiefernreinbeständen zählt Brandenburg sogar zu den am meisten gefährdeten Regionen in Deutschland. Gut ein Drittel aller Waldbrände lodern hier auf, davon sind über 90 Prozent von Menschen verursacht – meistens nicht absichtlich, sondern durch Unachtsamkeit. Deshalb hier einige Verhaltensregeln zu ihrer Vermeidung:

Werfen Sie niemals Zigarettenkippen und Streichhölzer, auch keine abgebrannten, in die Gegend. Ohnehin sind Rauchen und offenes Feuer im Wald, und dort auch in Wassernähe am Badestrand, streng verboten. Leere Flaschen, auch Plastikflaschen, können mit ein paar winzigen Tautropfen wie Brenngläser wirken. Sammeln sie diese bitte ein, auch die von anderen Leuten. Parken Sie nicht auf ausgedörrtem Boden. Der heiße Auspuff auf strohtrockenem Gras könnte wie eine Initialzündung wirken.

In trockenen Sommern sieht man in den Strandbädern, in Ausflugslokalen und an anderen öffentlichen Orten Tafeln mit Angaben zu den verschiedenen Stufen der Waldbrandgefahr von I bis V, die jeweils mit bestimmten Verboten verknüpft sind:

- Keine Angabe heißt ›keine Waldbrandgefahr‹.
- Stufe I bedeutet ›sehr geringe Waldbrandgefahr‹, d.h. für das Betreten des Walds bestehen keine Einschränkungen.
- Stufe II zeigt ›geringe Waldbrandgefahr‹ an. Um Zündquellen zu vermeiden, ist erhöhte Vorsicht geboten. Fahrzeuge sollte man nicht auf Parkplätzen mit trockener Bodenvegetation abstellen!
- Bei Stufe III, ›erhöhte Waldbrandgefahr‹, sollten öffentliche Feuerstellen und Grillplätze im Wald und am Waldrand nicht mehr genutzt werden.
- Stufe IV warnt vor ›hoher Waldbrandgefahr‹. In diesem Fall dürfen Spaziergänger die gekennzeichneten Waldwege nicht mehr verlassen, Parkplätze und andere touristische Einrichtungen im Wald können gesperrt werden. Kleinere und größere Feuer auch in den umliegenden Ortschaften, beispielsweise um im Garten Reisig zu verbrennen, oder auch ein Osterfeuer, sind nicht mehr gestattet.
- Stufe V zeigt ›höchste Waldbrandgefahr‹ an. Dann ist das Betreten des Walds strikt verboten, und auf den Straßen und Parkplätzen nicht nur im Wald, sondern auch am Waldrand herrscht Parkverbot.

Sollte man auf einen entstehenden Brandherd stoßen, heißt es löschen, mit allen zur Verfügung stehenden Mitteln und Möglichkeiten – allerdings ohne sich selbst zu gefährden. Auf jeden Fall muss sofort die Feuerwehr unter 112 alarmiert werden.

Erste-Hilfe-Set gegen Waldbrände

Denkmal für Albrecht den Bären in der Zitadelle Spandau in Berlin

Geschichte

Vergleichsweise spät im Zeitalter der Völkerwanderung, im 6./7. Jahrhundert, erreichen westslawische Stämme den Raum zwischen Oder und Elbe und besiedeln die nahezu menschenleere Region, die im Jahrhundert zuvor germanische Stämme verlassen hatten. Man weiß wenig über sie, da sie keine schriftlichen Aufzeichnungen hinterlassen haben. Es ist lediglich gesichert, dass sie in losen Sippenverbänden lebten, Viehzucht, Fischfang, Jagd und eine spärliche Ackerwirtschaft betrieben und zu einem Pantheon voller Gottheiten beteten. Sie führten Kriege untereinander und Kriege gegen das Heilige Römische Reich, das mit der Kaiserkrönung Karls des Großen im Jahr 800 als ›Renovatio Imperii Romanorum‹ (Erneuerung des römischen Imperiums) aus der Taufe gehoben worden war.

In der ersten Hälfte des 12. Jahrhunderts existieren im westlichen Brandenburger Land die hevellischen Fürstentümer Havelberg und Brandenburg, die in lockerer Verbindung zum Reich stehen. Östlich der Flüsse Havel und Nuthe herrscht der Sprewanenfürst Jaczo (oder auch Jaxa) über das Land. Zum Gau der Sprewanen gehören das spätere Berlin und auch der barnimsche Kreis. Nördlich davon siedeln in der Uckermark die Ukranen, die der Region ihren Namen gaben. Ab Lychen westwärts leben Retschanen.

Die Geburt der Mark Brandenburg

Albrecht der Bär (um 1100–1170) aus dem Haus der Askanier, einem führend an der deutschen Ostkolonisation beteiligten Fürstengeschlecht, erhält 1134 von Kaiser Lothar III. die Nordmark (die heutige Altmark in Sachsen-Anhalt) verliehen. Er gewinnt 1136 die Prignitz und tritt 1150 nach dem Tod des letzten slawischen Fürsten Pribislaw-Heinrich auf der Burg Brandenburg dessen Erbe im westlichen Brandenburg an. Nun steht ihm, um sich zum Herrscher über die gesamte Grenzmark aufzuschwingen, nur noch Fürst Jaczo feindlich entgegen, den er 1157 in einer blutigen Schlacht bezwingt. Fortan nennt sich Albrecht Markgraf von Brandenburg – womit 1157 die Geschichte der Mark Brandenburg beginnt.

Noch unter Albrecht dem Bären setzt die planmäßige Kolonisierung ein. Siedler aus Sachsen, Schwaben, Westfalen ebenso wie Thüringer, Friesen, Holländer und Flamen wandern ein. Dörfer und befestigte Städte mit Marktrecht entstehen und Klöster werden gegründet. Schätzungsweise 200 000 Einwanderer lassen sich nieder und verschmelzen allmählich mit der slawischen Bevölkerung.

Terra Ukera

1147 zieht Albrecht der Bär auf dem ›Wendenkreuzzug‹ mit einem Kreuzfahrerheer gegen Stettin. Die unterlegenen pommerschen Herzöge, selbst christlichen Glaubens, sichern die Missionierung ihrer heidnischen slawischen Untertanen zu. Missionsklöster entstehen: auf Usedom, an der Peene und 1177/78 schließlich im Land der Ukranen in Gramzow. 1230 kaufen die Urenkel Albrechts, die gemeinsam regierenden Brüder Johann I. (um 1213–1266) und Otto III. (1215–1267) die Terra Ukera‹, das Land der Ukranen, südlich der Welse dem pommerschen

Herzog Barnim I. (1210/18–1278) ab. Zwanzig Jahre später kommt es zwischen den drei Herrschern 1250 zum ›Vertrag von Landin‹, in dem auch der nördliche Teil der Uckermark an die brandenburgischen Markgrafen geht. Damit dehnen sie ihren Einflussbereich bis zur Oder hin aus. Im Gegenzug bekommt Barnim I. das Land Wolgast, wodurch er die Brandenburger von der Ostsee fernhält. Der ›Vertrag von Landin‹ gilt heute als die Geburtsstunde der Uckermark.

Sowohl die Markgrafen-Brüder Johann I. und Otto III. aus dem Haus der Askanier als auch der pommersche Landesfürst Barnim I. aus dem slawischen Greifengeschlecht gehen als Städtegründer und Landgewinner in die Geschichte ein. Unter den Askaniern wird Berlin erstmals genannt, ebenso Bernau und Angermünde.1258 rufen sie die Zisterziensermönche ins Land, die ihre Abtei zunächst auf dem Pehlitzwerder im Parsteiner See, ab 1273 dann am Amtssee bei Chorin errichten. Gründungen Barnims I. sind Stettin, Anklam oder Gartz an der Oder. 1234 bekommt Prenzlau von Barnim I. die Stadtrechte verliehen.

Unruhige Zeiten

Bereits im Teltow-Krieg 1239–1245 können die Askanier den Barnim gegen konkurrierende deutsche Häuser gewinnen. Seit 1245 gehört die Region im Nordosten Berlins zu Brandenburg. Nach dem Aussterben der Askanier fällt die Mark 1319 ans Reich zurück. Unruhige Zeiten mit wechselnden Herrschaften brechen an, zunächst unter den bayerischen Wittelsbachern, ab 1373 dann unter den Luxemburgern als Markgrafen.

Eine Gründung der Askanier: Lychen in der Uckermark

In jener mehr oder weniger führungslosen Zeit blüht das Raubrittertum auf. Wegelagereien, Schutzzollerpressungen, Überfälle und Plünderungen von Handelskarawanen, Märkten und Städten sind an der Tagesordnung. Das Land steht vor dem Kollaps, als 1411 Kaiser Sigismund den Burggrafen Friedrich VI. (um 1371–1440) von Nürnberg aus dem Hohenzollern-Geschlecht als obersten Hauptmann und Verweser in der unruhigen Region einsetzt. Sechs Jahre später folgt dessen feierliche Belehnung mit der Kurmark Brandenburg. Fortan nennt sich der Hohenzoller Kurfürst Friedrich I. von Brandenburg und wird Urahn aller brandenburgischen, preußischen und deutschen Kurfürsten, Könige und Kaiser bis 1918.

Kurfürst Friedrich der Zweite, genannt ›Eisenzahn‹

Mühsamer Aufbau

Friedrich II. (reg. 1440–1470), ›Eisenzahn‹ genannt, drängt den mächtigen Landadel zurück, schränkt die in der Raubritterzeit erlangte Selbstständigkeit der Städte wieder ein und gewinnt zahlreiche verlorene Lande zurück. Nur gegen die pommerschen Herzöge vermag er nichts auszurichten. Vom Pommersch-Brandenburgischen Krieg 1329–1333 bis Ende des 15. Jahrhunderts halten die zermürbender Grenzkriege an.

1539 führt Kurfürst Joachim II. Hektor (reg. 1535–1571) die Reformation in Brandenburg ein. 1601 gründet Kurfürst Joachim Friedrich (reg. 1598–1608) in Grimnitz die erste Glashütte in Brandenburg. Zwei Jahre später ergeht die Order zum Bau des Finowkanals zwischen Oder und Havel, der 1620 auf knapp 40 Kilometer Länge mit 11 Schleusen seinen Betrieb aufnimmt.

Bei allen Bemühungen ist die Mark Anfang des 17. Jahrhunderts dennoch ein rückständiges und verschuldetes Land. Es nährt seine Menschen mehr schlecht als recht durch den Ackerbau, während der Adel zugleich seine Grundherrschaft ausdehnt, indem er Bauernstellen, Gemeindeland, ja ganze Dörfer besetzt (Bauernlegen) und in die Erbuntertänigkeit zwingt.

Dreißigjähriger Krieg

Trotz Neutralität im Dreißigjährigen Krieg (1618–1648), die Kurfürst Georg Wilhelm (reg. 1619–1640) zu wahren versucht, wird das geopolitisch zwischen allen Konfliktparteien liegende Brandenburg zum Tummelplatz der Kontrahenten. Ab 1626 überrollt die Kriegswalze das Land. Kaiserliche, Dänen, Schweden ziehen hindurch, plündern, brandschatzen, morden. Dazu kommen Missernten

Der Finowkanal entstand ab dem Jahr 1603

und ab 1630 die Pest. Kaum ein anderes Land leidet so stark unter den Kriegswirren. Die Hälfte der Dörfer wird dem Erdboden gleichgemacht, fast 50 Prozent der Bevölkerung verlieren ihr Leben, im Barnim sind es 60 Prozent, und für die Uckermark gilt eine Wüstungsquote von etwa 90 Prozent.

Als 1640 Kurfürst Friedrich Wilhelm die Regentschaft antritt, ist die Residenzstadt Berlin von vormals 12 000 auf 6000 Einwohner geschrumpft, Eberswalde zählt statt früher 216 nur noch 33 bewohnte Häuser, Prenzlau 136 statt einst 764, Angermünde 40 statt 284, Lychen 17 statt 184. Brandenburg ist ein verwüstetes, entvölkertes Land, und die Staatsschatullen sind leer. Bis zum Westfälischen Frieden 1648 bleibt es von schwedischen Truppen besetzt.

Der Große Kurfürst

Nie wieder soll die Mark zum Spielball europäischer Mächte werden! So könnte man den Leitsatz bezeichnen, unter dem Kurfürst Friedrich Wilhelm (reg. 1640–1688) sein großes Aufbauwerk beginnt. Der im calvinistischen Holland erzogene Herrscher stellt – erstmals in Brandenburg – ein stehendes Heer auf und wechselt mehrmals zu seinem Vorteil die politisch-militärischen Bündnisse. Im Westfälischen Frieden, mit dem 1648 der Dreißigjährige Krieg endet, fällt Hinterpommern an Brandenburg. Im Zweiten Nordischen Krieg (1656–1660) kann sich der Kurfürst die Souveränität über Preußen sichern. Militärische Siege werden außerdem im Schwedisch-Brandenburgischen Krieg (1674–1679) errungen, und spätestens seit der siegreichen Schlacht von Fehrbellin 1675 gegen die Schweden wird Friedrich Wilhelm der ›Große Kurfürst‹ genannt.

Innenpolitisch treibt er den Aufbau von Wirtschaft und Verwaltung voran. Infrastrukturmaßnahmen wie der Bau von Chausseen werden in Angriff genommen, Glashütten, Eisen- und Kupferhämmer gebaut und Manufakturen gegründet. Für die Uckermark bringen die Kriege ab 1656 indes neues Leid. Abermals gibt es Einquartierungen und zieht eine Soldateska plündernd durchs Land. Der Wiederaufbau wird um Jahrzehnte zurückgeworfen.

So ist ersten Wiederbesiedlungen, etwa von Holländern in Chorin, Gramzow oder Seehausen am Oberuckersee, auch nur mäßiger Erfolg beschieden. Erst infolge des ›Edikts von Potsdam‹ 1685, in dem der Große Kurfürst protestantischen Glaubensflüchtlingen »eine sichere und freye retraite in alle(n) unsere(n) Lande(n) und Provincien« garantiert, strömen Hugenotten aus Frankreich, Reformierte aus den Niederlanden, der Schweiz und der Pfalz, Böhmen und lutherische Salzburger in Land. Sie bringen Fachkenntnisse, Wissen und Kapital, Arbeits- und Steuerkraft mit. Böhmische Einwanderer wirken als Glasarbeiter und Aschbrenner, Holländer verstehen sich auf die Kunst des Deichbaus und der Bodenentwässerung, Hugenotten führen zahlreiche neue Gemüsesorten und in der Uckermark den Tabakbau ein. 1699 ist die französische ›Colonie‹ in Prenzlau nach Berlin, Magdeburg, Halle und Wesel die fünftgrößte in ganz Brandenburg-Preußen.

Unter preußischen Königen

Bei seinem Tod 1688 hinterlässt Friedrich Wilhelm seinem Sohn Friedrich ein geordnetes Kurfürstentum. 13 Jahre später setzt dieser sich 1701 in Königsberg eigenhändig die Krone aufs Haupt und nennt sich fortan Friedrich I., König in Preußen.

Sein Nachfolger auf dem preußischen Thron, Friedrich Wilhelm I. (reg. 1713–1740), räumt mit einem Federstrich den höfischen Luxus seines Vorgängers ab und verordnet dem Land ein rigides Sparprogramm. Pünktlichkeit, Fleiß und Gehorsam avancieren zu ersten Tugenden. Die allgemeine Schulpflicht wird eingeführt und das Auswandern verboten. Große Sumpflandschaften werden entwässert, an der Oder Deiche gebaut und allerorts die Einwohnerschaft mit Glaubensflüchtlingen vermehrt. In der Uckermark entstehen am Nordrand der Großen Werbellinischen Heide (Schorfheide) am wiederhergestellten Wildzaun reihenweise neue Zaunsetzerstellen. Wälder werden gerodet und kleinere Bauernstellen zu effizienten neuen Vorwerken zusammengelegt. Kalköfen und Ziegeleien

Hugenotten brachten den Tabak nach Brandenburg

Der zweite Finowkanal wurde im 18. Jahrhundert erbaut

nehmen die Arbeit auf, und dank eines schier unerschöpflichen Holzreichtums brummt die Glasproduktion. An seinem Lebensabend blickt Friedrich Wilhelm I. auf ein finanziell konsolidiertes, wirtschaftlich blühendes, zugleich hochgerüstetes Königreich. Die preußische Armee ist mittlerweile die viertgrößte Europas, und der Mann, der nur ein einziges Mal kurz und erfolgreich ins Feld gezogen ist, wird von aller Welt ›Soldatenkönig‹ genannt.

Friedrich der Große

Unter seinem Sohn Friedrich II. (reg. 1740–1786) steigt Preußen endgültig zur europäischen Militärmacht auf. Als ›erster Diener seines Staates‹ widmet sich der König darüber hinaus intensiv dem Aufbau des Landes. Mit dem ›Kartoffel-Befehl‹ setzt er den Anbau der nahrhaften Knolle durch; in der Herrschaft Schwedt klauben die Bauern ›Tartuffeln‹ sogar schon im Jahr seines Regierungsantritts aus dem Boden.

Neue Straßen und Schifffahrtswege werden gebaut. Am 1746 eingeweihten zweiten Finowkanal gehen zahlreiche metallverarbeitende Werke in Betrieb. Eberswalde avanciert zur ›Wiege der brandenburgisch-preußischen Industrie‹. 1766 folgt mit der Eröffnung des Werbellinkanals die Anbindung des Werbellinsees an den Finowkanal. Dörfer werden gegründet, Bauern und Handwerker angesiedelt, Sümpfe trockengelegt und urbar gemacht. Allein im Oderbruch finden 50 000 Kolonisten ein neues Zuhause. Denn Friedrich weiß, Menschen sind das größte Kapital in seinem dünn besiedelten Land. Und während sich das Oderbruch mit seinen fruchtbaren Böden zum Gemüsegarten Preußens entwickelt, nennt man die Uckermark bald die ›Kornkammer Berlins‹.

Am Abend der langen Regentschaft Friedrichs des Großen präsentiert sich Preußen für seine Zeit unvergleichbar modern: Todesstrafe und Folter sind abgeschafft, es herrschen religiöse Toleranz und in Ansätzen Rechtsstaatlichkeit. Auf der anderen Seite bleiben die überkommenen Privilegien des preußischen Adels weiterhin unangetastet. Bauernlegen, Frondienste, de facto Leibeigenschaft zählen zu den Auswüchsen jenes gleichzeitig merkwürdig altertümlichen friderizianischen Staats.

Niedergang und Befreiung

Die Jahre ab 1789 stehen politisch ganz im Zeichen der Französischen Revolution. Die Koalitionskriege gegen Frankreich schließen sich an, an deren Ende 1806, nach der Niederlage der preußisch-sächsischen Truppen bei Jena und Auerstedt, der Untergang des alten preußischen Staatswesens steht. Napoleonische Soldaten besetzen Berlin. König Friedrich Wilhelm III. (reg. 1797–1840) muss samt Familie und Hofstaat nach Ostpreußen fliehen.

Währenddessen leiten Freiherr vom und zum Stein sowie Fürst von Hardenberg in Preußen Reformen ein. 1809 wählen die Bürger in den Städten erstmalig Stadtverordnete. 1810 wird die Leibeigenschaft aufgehoben. ›Mit dem Martinitag 1810 hört alle Gutsuntertänigkeit in unseren sämtlichen Staaten auf‹, lautet der befreiende Satz, der eine massive Landflucht zur Folge hat. Freie Berufswahl, Gewerbefreiheit, die Möglichkeit des Landerwerbs auch für Bürger und Bauern, die Judenemanzipation, eine Bildungs- und eine Heeresreform zählen zu den weiteren Maßnahmen, die bis 1813 auf den Weg gebracht werden. 1817 folgt eine neue Kreiseinteilung. In der Uckermark bilden sich die Kreise Angermünde, Prenzlau und Templin, während der Nordosten mit Löcknitz, Tantow und weiteren Orten an den Randow-Kreis in Pommern geht. Bereits 1810 hatte der Kreis Niederbarnim die Ortschaften Moabit, Wedding, Gesundbrunnen, Boxhagen, Rummelsburg und Stralau an den Regierungsbezirk Berlin abgetreten.

Napoleons Einzug in Berlin 1806, Gemälde von Charles Meynier (1763–1832)

Im 19. Jahrhundert

Die Völkerschlacht bei Leipzig 1813 bringt für Napoleons Grande Armée die vernichtende Niederlage; auf dem Wiener Kongress 1814/15 wird die europäische Landkarte neu gezeichnet. Die Mark Brandenburg geht mit der Niederlausitz sowie der Neumark östlich der Oder in der neu geschaffenen Provinz Brandenburg auf. Von insgesamt zehn preußischen Provinzen ist die brandenburgische mit fast 40 000 Quadratkilometern die zweitgrößte Verwaltungseinheit im Königreich, und in dieser Form wird sie bis zum Untergang Preußens am Ende des Zweiten Weltkriegs fortbestehen.

Im Jahr 1838 hält mit der Eröffnung der Eisenbahnstrecke Berlin–Potsdam der Fortschritt Einzug im Land. 1842 folgt die Bahnlinie Berlin–Stettin mit Haltepunkten in Bernau, Eberswalde und Angermünde, 1863 wird die Zweigstrecke von Angermünde nach Prenzlau eingeweiht. In Eberswalde rauchen die Fabrikschlote am Finowkanal, 1869 laufen die Maschinen in der Hufnagelfabrik an, 1883 und 1893 in den Eisengießereien.

Trotzdem bleibt Brandenburg in weiten Teilen ein Anachronismus. Die preußischen Junker wirtschaften auf ihren Gütern gutsherrlich wie vor Jahrhunderten, und die Bauernbefreiung kommt nur schleppend voran. Die Revolution 1848, als in Berlin auf den Barrikaden gekämpft wird, findet auf dem Land kaum einen Widerhall.

Im Kaiserreich

1858 übernimmt für den erkrankten Friedrich Wilhelm IV. (reg. 1840–1858/61) dessen Bruder Wilhelm die Regierungsgeschäfte. 1861 wird er als Wilhelm I. (reg. 1861–1888) zum preußischen König gekrönt, 1871 nach dem Sieg über Frankreich in Versailles zum deutschen Kaiser erklärt.

Verfallenes Gutshaus in Nechlin

Im Fischereimuseum von Gerswalde

Mit der Gründung des deutschen Kaiserreichs, dem darauf folgenden Wirtschaftsboom und der rasanten Industrialisierung verschieben sich die politischen und ökonomischen Gewichte zusehends vom agrarischen Land auf die Industriemetropole und werdende Weltstadt Berlin. Die Provinz profitiert nur geringfügig vom Wirtschaftswachstum.

Eine Rolle spielen die Holzwirtschaft, der Kalkabbau und die Kohleförderung. Neue Transportwege zu Wasser und zu Land entstehen oder werden ausgebaut. Rund um Berlin wachsen Ziegeleien empor, die den unaufhörlichen Hunger der Großstadt nach Backsteinen stillen. 1914 geht der Oder-Havel-Kanal in Betrieb und löst den veralteten Finowkanal als wichtigen Wassertransportweg ab. In Templin gibt es Holzindustrie und in Prenzlau Zuckerrübenverarbeitung. Ansonsten bleibt alles beim Alten, so wie es Friedrich Bamberg 1909 für die Uckermark beschreibt: »Der schwere Boden liefert Weizen, Gerste, Zuckerrüben und Tabak. Die Viehzucht erstreckt sich hauptsächlich auf Pferde, Rindvieh- und Schafzucht. Handelsprodukte sind Vieh, Getreide, Kartoffeln und Holz. Die Industrie ist gering.«

In der Weimarer Republik

Am Ende des Ersten Weltkriegs 1918 ist auch die 500-jährige Ära der Hohenzollern zu Ende. Wilhelm II. flieht nach der Kapitulation des Deutschen Kaiserreichs ins holländische Exil. Philipp Scheidemann ruft am 9. November in Berlin die Republik aus. Mit dem ›Gesetz über die Bildung einer neuen Stadtgemeinde Berlin‹ 1920 verliert die Provinz Brandenburg die Städte Charlottenburg, Köpenick, Lichtenberg, Neukölln, Schöneberg, Spandau und Wilmersdorf sowie 59 Landgemeinden und 27 Gutsbezirke an die Spree-Metropole, die damit in der Fläche zur seinerzeit größten Stadt der Welt aufsteigt.

Auf dem Oder-Havel-Kanal

Bereits im Jahr davor haben die Brandenburger ihre Stadtverordneten

Schreckensort während der NS-Zeit: die ehemalige Heilstätte Hohenlychen

und Gemeindevertreter zum ersten Mal demokratisch gewählt, was bedeutet: Alle ab 21 Jahre und sogar Frauen dürfen jetzt ihre Stimme abgeben! In den ländlichen Regionen löst das großes Befremden aus.

Ab 1924 rollen zwischen Bernau und Berlin die ersten S-Bahnen im Großraum Berlin. Bereits vier Jahre vorher geht in Eberswalde die Hirsch Kupfer- und Messingwerke AG mit einem neuen Werk in Betrieb. Am Vorabend der Weltwirtschaftskrise 1929 gehört es zu den leistungsstärksten Metallschmieden Europas. Weitere, kleinere industrielle Standorte, die den Menschen Arbeit und Auskommen verschaffen, sind Lychen oder Oderberg mit Flößerei und Holzindustrie. Sie alle sind dem Zusammenbruch der Weltwirtschaft Ende der 1920er Jahre nicht gewachsen.

Im Nationalsozialismus

Inflation und Weltwirtschaftskrise verschonen Brandenburg nicht. Mit den Wahlen 1929 ziehen die Nationalsozialisten erstmals in den Potsdamer Provinziallandtag ein. Bei den Reichstagswahlen 1932 werden sie mit über 45 Prozent Stimmenanteil die mit Abstand stärkste Partei. Ende Januar 1933 ernennt der greise Reichspräsident Paul von Hindenburg Adolf Hitler zum Kanzler. Ende Februar 1933 brennt in Berlin das Reichstagsgebäude. Am 23. März 1933 erfolgt mit dem ›Ermächtigungsgesetz‹ die nationalsozialistische Gleichschaltung Deutschlands.

Im Novemberpogrom 1938 gehen in Berlin, in Prenzlau, in Schwedt und vielen anderen Städten die Synagogen in Flammen auf. Sechs Millionen Menschen finden den Tod im Holocaust, der planmäßigen Ermordung der europäischen Juden durch das NS-Regime. Der Zweite Weltkrieg, den Deutschland 1939 entfesselt, kostet über 60 Millionen Menschen das Leben. Städte wie Eberswalde, deren Industrie 1939 voll auf Kriegsproduktion umstellt, werden 1945 nahezu ausgelöscht.

In der DDR

Nach der bedingungslosen Kapitulation Deutschlands am 8. Mai 1945 teilen die Siegermächte auf der Potsdamer Konferenz Deutschland in vier Besatzungszonen und Berlin in vier Sektoren ein. Den ›Staat Preußen, seine Zentralregierung und alle nachgeordneten Behörden‹ löst der Alliierte Kontrollrat 1947 auf.

Nach der Gründung der DDR am 7. Oktober 1949 beginnt die Kollektivierung der Landwirtschaft. Mit der Bodenreform werden Zehntausende Großgrundbesitzer, Großbauern und Domänen enteignet. 1952 beschließt die SED die ›sozialistische Umgestaltung der Landwirtschaft‹. In der Folge entstehen Landwirtschaftliche Produktionsgenossenschaften (LPG). Ebenfalls 1952 wird das Land Brandenburg im Rahmen einer Verwaltungsreform aufgelöst und in die Bezirke Neubrandenburg, Potsdam, Frankfurt/Oder und Cottbus unterteilt. Die Uckermark geht an den Bezirk Neubrandenburg, der Barnim an den Bezirk Frankfurt/Oder. Traditionell agrarische Gegenden werden industrialisiert: Raffinerien und Petrochemie in Schwedt, Maschinenbau und landtechnische Industrieanlagen in Prenzlau, Stanz- und Emallierwerke in Angermünde, Möbelproduktion in Templin.

Dem Arbeiteraufstand am 17. Juni 1953 in Ostberlin schließen sich Werktätige in zahlreichen Industriestädten Brandenburgs an. Selbst in entlegenen Dörfern kommt es zu Protestaktionen, und erst die Sowjetarmee und zehntausende Volkspolizisten können die Lage wieder unter Kontrolle bringen. Mit dem Mauerbau im August 1961 und danach dem Bau des Eisernen Vorhangs werden für die nächsten 28 Jahre die Verbindungen zwischen DDR und BRD gekappt.

Nach Wahlfälschungen bei der Kommunalwahl im Spätfrühling 1989 durch die SED kommt es in der Bevölkerung zu immer schärferen Protesten und schließlich Massenkundgebungen. Elf Tage nach den Feierlichkeiten zum 40. Jahrestag der DDR am 10. Oktober 1989 tritt Erich Honecker als Staatsoberhaupt von seinen Ämtern zurück. Am 9. November fällt die Berliner Mauer.

Zur DDR-Zeit entstand die Raffinerie in Schwedt

Barnim und Uckermark heute

Nach der Wende und dem Beitritt der DDR zur Bundesrepublik Deutschland am 3. Oktober 1990 entsteht Brandenburg neu als Bundesland. Noch im Oktober 1990 finden die ersten freien Landtagswahlen statt.

Im Dezember 1993 tritt die Kreisgebietsreform in Kraft. Vorher 38 Kreise und 6 kreisfreie Städte werden zu 14 Landkreisen und 4 kreisfreien Städten zusammengelegt. Der Landkreis Uckermark entsteht aus den alten Kreisen Angermünde, Prenzlau, Templin und der bis dahin kreisfreien Stadt Schwedt, die diesen Status verliert. Der neue Landkreis Barnim geht aus den alten Kreisen Bernau und Eberswalde hervor. Besonders die Diskussion, wo die Kreisverwaltungen ihren Sitz nehmen werden, wird landesweit leidenschaftlich geführt. Für die Uckermark setzt sich Prenzlau als neue Kreisstadt durch, für den Barnim Eberswalde. Ebenfalls im Dezember 1993 finden die ersten Kommunalwahlen statt.

Jahre des Umbruchs, der Neuorientierung und des Aufbaus schließen sich an. Dem wirtschaftlichen Strukturwandel fallen zahlreiche, oftmals veraltete Industrien zum Opfer, die Arbeitslosigkeit schnellt in die Höhe. Darüber hinaus stehen gigantische Aufgaben hinsichtlich der Sanierung verfallener Bausubstanz sowie der Umweltsanierung an: die Konversion der Militärstandorte oder die Bodensanierung von Industrie- und Massentierhaltungsanlagen. Neuansiedlungen insbe-

Industrieruinen in der Messingwerksiedlung in Eberswalde

sondere im Energiesektor und massive Investitionen in die Infrastruktur bringen den Weg aus der Krise. Rund sieben Milliarden Euro werden ab 1990 allein in die Straßeninfrastruktur investiert. Wobei die herrlichen alten Alleen, von denen viele bereits Napoleon anlegen ließ – die Bäume boten seinen marschierenden Soldaten im Sommer Sonnenschutz und in schneereichen Wintern Orientierung über den Straßenverlauf –, zum Glück erhalten blieben.

Im Speckgürtel rund um Berlin siedeln sich zahlreiche Fertigungs- und Dienstleistungsunternehmen an. Gewerbe- und Neubaugebiete werden ausgewiesen. Parallel dazu erfolgt bis 2009 der Abriss von tausenden überzähliger Wohnungen, vorwiegend in Plattenbauten, im Rahmen des Bund-Länder-Programms ›Stadtumbau-Ost‹.

Inzwischen wachsen Städte wie Bernau oder Wandlitz nach Jahren des Bevölkerungsrückgangs wieder. Sie profitieren von den überzogenen Berliner Mieten, die mehr und mehr Hauptstädter über die Landesgrenze ins grüne brandenburgische Umland treiben. Doch während der Speckgürtel brummt, verlieren die weiter abgelegenen Gemeinden nach wie vor Einwohner. Prognosen gehen davon aus, dass im Jahr 2030 halb Brandenburg bei Berlin leben wird. Neben der Prignitz und der südlichen Niederlausitz entvölkert sich insbesondere die nördliche Uckermark.

Vor diesem Hintergrund war für 2019 eine erneute Reduzierung der Landkreise geplant – Barnim und Uckermark wären zum flächenmäßig dann größten deutschen Landkreis zusammengefasst worden. Nach massiven Proteststürmen hat die Politik das Projekt jedoch abgesagt. Seit der Landtagswahl im Spätsommer 2019 bilden nun die Förderung des ländlichen Raums, seiner Wirtschaft und Infrastruktur mit schnellem Internet und besserem öffentlichen Nahverkehr sowie die Unterstützung der Dorfentwicklung Schwerpunkte im Programm.

Wirtschaft und Tourismus

Entsprechend der Aufteilung Brandenburgs in einen prosperierenden Speckgürtel rund um Berlin, in dem mehr als ein Drittel der Brandenburger lebt, und eine zunehmend verwaisende ländliche Peripherie, sind große Teile der brandenburgischen Wirtschaftsstruktur auf die Hauptstadtregion Berlin-Brandenburg ausgerichtet. An der A10 rund um die deutsche Hauptstadt haben Industrie und Logistikunternehmen ihren Schwerpunkt.

Außerhalb der Metropolregion befinden sich im Barnimer Land und in der Uckermark industrielle Kerne nur noch in Eberswalde und Schwedt. Arbeitslosigkeit, aber auch fehlende kulturelle Angebote für junge und qualifizierte Menschen tragen nach wie vor zur Abwanderung aus den berlinfernen, strukturschwachen Regionen bei.

Der dramatische Abbau von Arbeitsplätzen seit Anfang der 1990er Jahre konnte inzwischen zwar aufgefangen werden. Von Ende der 1990er Jahre mit einer Rekordarbeitslosigkeit jenseits der 25-Prozent-Marke in der Uckermark senkte sich die Arbeitslosenquote auf 10,7 Prozent 2021. Aber auch diese Quote ist noch vergleichsweise hoch, weshalb die Uckermark weiterhin zu den arbeitsmarktpolitischen Sorgenkindern gehört.

Aus Alt mach Neu: Fassade des ehemaligen FDGB-Ferienheims in Templin

Neben den beiden definierten Wachstumskernen Eberswalde und Schwedt – Eberswalde mit Kranbau und Zulieferern für die Automobilindustrie, Schwedt mit Petrochemie und Papierfabriken – spielen in der Region außerdem Holz- und Möbelindustrie sowie die Bauwirtschaft eine Rolle. Dazu gesellen sich eine Reihe Unternehmen, die sich Erneuerbare Energien auf die Fahnen geschrieben haben. Windräder, Solarparks und Biogasanlagen tragen zum Wirtschaftswachstum bei – oder verschandeln die Landschaft, wie viele Anwohner meinen. Das wissenschaftliche Zentrum für Holzwirtschaft, ländliche Entwicklung und Erneuerbare Energien bildet die Hochschule für nachhaltige Entwicklung in Eberswalde.

Als zweites ökonomisches Standbein fungiert traditionell die Landwirtschaft. Der Anbau von Getreide, Kartoffeln, Mais und Zuckerrüben konzentriert sich auf die fruchtbaren Böden vor allem im Südosten des Barnim sowie im Norden und Osten der Uckermark, wo weite Felder die Landschaft prägen. Wo dagegen die Eiszeiten nichts als Wasser und Sand hinterlassen haben, hat sich rund um die Wälder und Seen ein sanfter Tourismus entwickelt. Rad-, Wasser- und Wandertourismus in einer intakten Natur sind die Zugpferde, auf die die Wirtschaft im Nordosten Brandenburgs zunehmend setzen kann.

Schlösser und Herrenhäuser, Dörfer und Städte

Schlösser und Herrenhäuser des märkischen Adels schmücken das Land zwischen Havel und Oder. Als privilegierte Herrschaftsschicht stellten die preußischen Rittergut- und Großgrundbesitzer einst die obersten Ränge im Staatsdienst und Militär und standen ihren Königen in der Errichtung prestigeträchtiger Standessitze nicht nach. Vom riesigen Schloss Boitzenburg oder Schloss Kröchlendorff in der Uckermark über das kleine Jagdschloss in Groß Schönebeck in der Schorfheide, von majestätischen Landsitzen wie Schloss Herrenstein bei

Gerswalde oder Schloss Lanke im Wandlitzer Seengebiet bis zum verfallenen Märchenschloss in Hohen Landin zählen sie zu Brandenburgs architekturhistorischen Perlen.

Nach der Enteignung der alten Adelsgeschlechter 1945 in der sowjetischen Ostzone wurden sie in Schulen, Ferien- und Feierabendheime oder auch Produktionsstätten umgewandelt; andere verfielen oder wurden von den Kommunisten als verhasste Symbole des preußischen Junkertums bewusst abgerissen. Was erhalten blieb, befand sich zum Zeitpunkt der Wiedervereinigung überwiegend in einem erbarmungswürdigen Zustand. Mittlerweile sind viele Millionen Euro geflossen und die meisten der altehrwürdigen Prachtbauten sorgfältig restauriert. Sie dienen als Museen, Veranstaltungsorte und oft auch als Luxushotels oder befinden sich wieder in privater Hand.

Zeugnisse der reichen Geschichte im Barnimer Land und der Uckermark sind auch die vielen bedeutenden Sakralbauten. Ihre Grundsteinlegung reicht oft bis ins 13. und 12. Jahrhundert zurück; herausragend das Kloster Chorin, dessen Mönche bei der Kolonisierung und Missionierung des Raums östlich der Elbe eine wichtige Rolle spielten. Mächtige Gotteshäuser mit erstaunlichen Ausmaßen wie die Marienkirchen in Bernau und Prenzlau gehören zu den eindrucksvollen Zeugnissen der norddeutschen Backsteingotik. Daneben finden sich zahllose kleine Feldstein- und Fachwerkkirchen, viele von ihnen sind schlichte Saalbauten mit wuchtigem Westturm, ebenfalls bereits im 13. Jahrhundert entstanden.

Stammsitz der Familie von Arnim: Schloss Boitzenburg

Die Siedlungsformen der brandenburgischen Dörfer weisen in der Zeit oft sogar noch weiter zurück. Als Rundlingsdörfer haben sie ihre Ursprünge häufig noch in der slawische Epoche. Die Straßendörfer – die Häuser giebelständig in einer Reihe an der Hauptstraße entlang – wurden dagegen in großer Anzahl erst nach der Trockenlegung der Sümpfe im 18. Jahrhundert gebaut, während sich die ebenfalls typischen Angerdörfer eher in Regionen mit fruchtbarer Ackerscholle wiederfinden. Dort scharen sich die Bauernhöfe um einen großflächigen zentralen Gemeindeplatz, von dem Kirche und Friedhof einen nicht unwesentlichen Teil einnehmen.

Aus Feldsteinen, die die Märker so zahlreich aus ihren Äckern klauben, oder auch Ziegelsteinen sind die mittelalterlichen Wehrmauern errichtet, die mit stattlichen Toren, Wiekhäusern und Mauertürmen die mittelalterlichen Kerne von Bernau, Templin und Prenzlau umgeben. Kopfsteingepflasterte Märkte, schmucke Fachwerk- und Ackerbürgerhäuser kann man von Angermünde über Gartz an der Oder bis nach Joachimsthal in der Schorfheide allenthalben entdecken.

Essen und Trinken

Die klassische Küche im Barnimer Land und in der Uckermark ist eine bodenständige Landküche. Auf den Teller kommt, was Wald, Feld, Wiese und Wasser zu bieten haben: Wildbret aus der Schorfheide, Rinderbraten vom Weiderind, Gemüse aus dem Oderbruch sowie Hecht, Zander, Aal und eine Fülle weiterer Süßwasserfischarten aus den zahllosen Gewässern; dazu Beeren, Kräuter, Pilze je nach Saison, nicht zu vergessen die Kartoffeln, die bei keinem typischen Gericht fehlen dürfen. ›Regional‹ und ›saisonal‹ lautet die Zauberformel, mit der

Vom Garten frisch auf den Tisch

In der Grumsiner Brennerei in Altkünkendorf

sich entdecken lässt, dass man Landschaft auch schmecken kann. Die besten Restaurants im Land setzen für ihre leichten, edlen Kreationen auf regionale Bioprodukte und jahreszeitliche Erzeugnisse von den heimischen Märkten.

Dabei war die märkische Kost ursprünglich karg, und auf den Tellern herrschte Monotonie. Kohl, Steckrüben, Schwarzbrot, Bier und Hirsebrei dominierten lange den Speisezettel. Erst die Hugenotten, französische protestantische Glaubensflüchtlinge, machten im 17. Jahrhundert Spargel, Gurken, Bohnen, Erbsen, Blumenkohl und Blattsalat in der Mark bekannt. Den Anbau der nahrhaften Kartoffel, die kein Problem mit den mageren märkischen Böden hat, setzte gegen erheblichen Widerstand in der Bevölkerung Friedrich der Große in der zweiten Hälfte des 18. Jahrhunderts durch.

In der Uckermark werden die Kartoffeln ›Nudln‹ genannt. Warum sie so heißen, kann niemand mit Sicherheit sagen; möglicherweise weil sie die um 1690 eingewanderten Hugenotten ›Nouelles‹ genannt haben. Anlass genug, den gesamten Oktober über ›Nudlwochen‹ zu feiern, ist das allemal. ›Gestowte Wruken‹ (Steckrüben) mit Schweinebauch oder ›Klüt un Beer'n‹ mit gebratenem Schinkenspeck, eine Zubereitung ähnlich wie ›Birnen, Bohnen und Speck‹, zeigen die Nähe zum norddeutschen Mecklenburg-Vorpommern an. Das notorische Schweineschnitzel mit Pommes und Beilage muss natürlich ebenfalls niemand missen.

Gerade mal 50 Kilometer vor den Toren der Metropole Berlin kann man im grünen Barnimer Land Hektik und Stress hinter sich lassen und in die stille Landschaft eintauchen. Sanfte Hügel, weite Sanderflächen und die großen Waldgebiete der Schorfheide wechseln mit Flüssen, Kanälen und Seen, Feldern und Weiden, kleinen Dörfern und alten Pflaster-Alleen ab. Schönheit der Natur so weit das Auge reicht.

BARNIM

Eiszeitlich geprägte Landschaft bei Brodowin am Parsteiner See

Bernau

Der Sage nach soll der erste Markgraf von Brandenburg, Albrecht der Bär, Bernau Mitte des 13. Jahrhunderts gegründet haben. Auf der Pirsch habe er sich in den dichten Wäldern nahe der Panke-Quelle verirrt, sei auf eine Schänke gestoßen, dort eingekehrt, und ob letztlich die schöne Gegend, der frischherbe Gerstensaft oder die hübsche Wirtin den Ausschlag für die Stadtgründung gegeben hat, liegt im Dunkeln der Geschichte verborgen.

Tatsächlich ist der genaue Geburtstag der heute über 43 500 Einwohner zählenden Stadt unbekannt, denn die historischen Dokumente verbrannten bei Feuersbrünsten 1406 und 1484. Mit Sicherheit weiß man, dass Bernau dank seiner Tuche und vor allem durch seine Bierbraukunst im Mittelalter zur Berühmtheit gelangte. Ebenfalls aus dem Mittelalter stammt die größte Attraktion, die die Kleinstadt vor den Toren Berlins ihren Gästen heute bieten kann: eine nahezu vollständig erhaltene, acht Meter hohe Feldsteinstadtmauer. Kreisförmig umzieht sie den historischen Stadtkern, hielt Raubrittern stand und auch den Hussiten, die 1432 zum Sturm auf Bernau bliesen.

Seit 1832 feiern die Bernauer mit dem ›Hussitenfest‹ alljährlich dieses Ereignis, ausgenommen die DDR-Zeit, drei Tage lang immer am zweiten Juni-Wochenende. Der Stadtpark verwandelt sich dann in ein mittelalterliches Brigantenlager. Gaukler und Musikanten, Marketender und Ritterspiele stehen auf dem Programm und zum Höhepunkt ein farbenprächtiger Festumzug, der mit über 1000 Bernauer Mitwirkenden in historischen Kostümen die wichtigsten Ereignisse in der Stadtgeschichte noch einmal zum Leben erweckt.

▲ Karte S. 53

Geschichte

1292 wird Bernau erstmals in einer Urkunde erwähnt. Ins 14. Jahrhundert fallen die Gründung der bedeutenden Tuchmachergilde, der Bau der Stadtmauer und der Aufstieg der Bierbrauerei. 1423 erteilt der Kurfürst von Brandenburg Bernau das Privileg, Bier zollfrei verbreiten und verkaufen zu dürfen. Von 310 Wohnstätten wird in jener Zeit in 144 Bier gebraut.

Zur selben Zeit führt fernab in Böhmen die Hinrichtung des Papstkritikers Jan Hus (1369–1415) zu langwierigen kriegerischen Auseinandersetzungen. 1432 stehen die Hussiten vor den Bernauer Stadttoren, und es wird berichtet, dass die wehrhafte Stadtbefestigung ihrem Einmarsch entgegenstand. Oder auch das gute Bernauer Bier, dem die Böhmen erlagen? Was genau zwischen dem 23. und 27. April 1432 vor den Stadttoren geschah, lässt sich nicht mit Gewissheit sagen. Eine große Schlacht hat es wohl nicht gegeben, möglicherweise haben die hussitischen Truppen vor Bernau abgedreht. Historisch gesichert ist nur, dass sie nicht in die Stadt gelangten.

1539 ist Bernau Teil der Reformation in der Mark. Infolge der Pest Anfang des 17. Jahrhunderts und des Dreißigjährigen Kriegs 1618–1648 wird es zu einer verlorenen Stadt. Von ehedem 2500 Einwohnern überlebt weniger als ein Drittel. Erst mit der Industrialisierung in der zweiten Hälfte des 19. Jahrhunderts kommt es zu neuer Blüte. 1842 wird die Berlin–Stettiner Eisenbahnstrecke mit einem Haltepunkt in Bernau eingeweiht. 1918 folgt der Bau einer Pilotstrecke zur Elektrifizierung der Berliner Bahnen. 1924 geht mit der Verbindung Bernau–Berlin die erste S-Bahn für den Großraum Berlin in Betrieb.

Vom Bombenhagel am Ende des Zweiten Weltkriegs bleibt Bernau weitgehend verschont. Der Abriss der zunehmend verfallenden Altstadt erfolgt 1975–1989 im Rahmen eines groß angelegten Flächensanierungsprogramms. Bernau soll mustergültig für DDR-Klein- und Mittelstädte neu entstehen. Auf dem Grundriss der mittelalterlichen Stadtanlage wachsen Plattenbauten empor.
Mit der Wiedervereinigung 1990 wird Bernau Kreisstadt im gleichnamigen Landkreis. 1991 zieht die 90. Panzerdivision der Sowjetischen Streitkräfte ab. Mit der Verwaltungsreform und Bildung des neuen Landkreises Barnim1993 gibt Bernau den Sitz der Kreisverwaltung an Eberswalde ab. Seit 1999 trägt die Stadt offiziell den Titel ›Bernau bei Berlin‹.

Stadtmauer

Bernaus kreisrunde mittelalterliche Stadtanlage ist noch nahezu vollständig von einer im 13./14. Jahrhundert errichteten Stadtmauer umzogen. Von ihren ursprünglich 1,5 Kilometer Länge haben 1,3 Kilometer mit über drei Dutzend Wiekhäusern und zwei Rundtürmen den Zeiten getrotzt. Acht Meter Höhe und bis zu anderthalb Meter Breite misst das aus Feldsteinen aufgebaute Bollwerk, das früher zusätzlich noch ein dreifaches Wall- und Grabensystem umgab. Drei Tore gewährten ehemals Einlass in die Stadt, darunter im Osten das mächtige **Steintor**, das als einziges Tor erhalten blieb. Mitte des 18. Jahrhunderts setzte man ihm eine barocke Haube auf, und so steht Bernaus Wahrzeichen seitdem da.

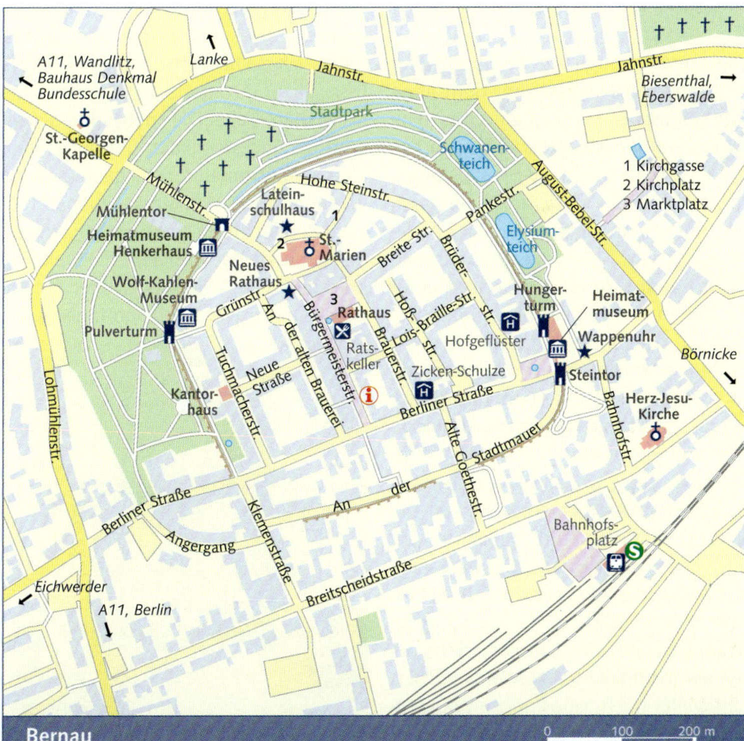

Die Kapelle des St. Georgen-Hospitals

Über zwei Wehrgänge ist es mit dem benachbarten **Hungerturm**, dem alten Stadtgefängnis, verbunden. Über eine Winde wurden die Verurteilten dort in ein acht Meter tiefes Verlies hinabgehievt. Durch das ›Angstloch‹ hindurch kann man heute noch einen Blick in die unentrinnbare Tiefe riskieren; oder man klettert dem Turm 28 Meter hoch unter die Zinnen und genießt die schöne Aussicht auf die Dächer der Stadt.

Steintor und Hungerturm beherbergen bereits seit 1882 das **Heimatmuseum**. Es präsentiert mittelalterliche Harnisch- und Waffensammlungen sowie Stadtgeschichtliches; wobei die Textilherstellung und Wissenswertes rund um die Bierbrautradition natürlich nicht fehlen.

Noch bevor man das wuchtige Backsteinturmtor in die Altstadt durchschreitet, lohnt sich der Blick auf Bernaus jüngste Errungenschaft. Am Vorplatz steht neben der Stadthalle seit November 2021, acht Meter hoch, eine kuriose **Wappenuhr**. Das über drei Tonnen schwere Gebilde aus der Werkstatt des Angermünder Kunstschmieds Wilfried Schwuchow zeigt unter dem Ziffernblatt und Krönchenbaldachin einen recht drallen Bären – Bernaus Wappentier.

▲ Karte S. 53

■ Vom Marktplatz zum Mühlentor

Das Herzstück in Bernaus historischem Zentrum ist der Markt. Südlich wird er vom 1805 errichteten **Alten Rathaus** begrenzt, an dessen Flanke der **Stadtbrunnen** plätschert. 2015 vom Bildhauer Jörg Engelhardt geschaffen, symbolisieren seine bronzenen Tierskulpturen Bernaus verschiedene Ortsteile.

Der klassizistische alte Rathausbau war zuletzt den Anforderungen einer modernen Verwaltung nicht mehr gewachsen, weshalb gleich gegenüber das 2020 eingeweihte **Neue Rathaus** entstand. Von seiner Aussichtsplattform auf dem Dach bietet sich ein herrlicher Blick auf Bernau.

Über allem thront die 1519 vollendete **St. Marienkirche**. Die spätgotische vierschiffige Backsteinhalle fußt auf einem älteren spätromanischen, dann gotisch veränderten Feldsteinbau. Ebenso hat auch der Kirchturm einen Vorgängerbau. 1846 musste der vormalige Doppelturm dem heutigen, knapp 60 Meter hohen Glockenturm weichen. Den Innenraum

Das Deserteursdenkmal am Mühlentor

Das Steintor ist bis heute erhalten

des Gotteshauses zieren die bei einer Renovierung wiederentdeckten Ausmalungen von 1519 sowie ein wertvoller, mit reichem Figurenschmuck versehener spätgotischer Flügelschnitzaltar um 1520. Die Malereien auf den Flügeln und der Predella stammen aus der Schule von Lucas Cranach d.Ä.

Im Schatten von St. Marien duckt sich am Kirchhof das alte **Lateinschulhaus** aus dem 16. Jahrhundert. Berühmteste Eleven in Bernaus ältester Schule waren der Renaissance-Schriftsteller und Prediger Georg Rollenhagen (1542–1609) sowie Paulus Praetorius (1521–1565), Sohn eines Bernauer Brauers und Tuchmachers, der nach seiner Tätigkeit als Erzieher und Berater am kurfürstlichen Hof als Direktor an die Lateinschule zurückkehrte. Der Kirchhof selbst fungierte bis Ende des 16. Jahrhunderts als Gottesacker. Lange Zeit in Vergessenheit geraten, wurde dort 1999 ein sensationeller Fund getätigt. Beim Ausschachten für neue Leitungen stieß man auf 243 Grabstätten und unterhalb dieser auf zwei mittelalterliche Glockengießanlagen mit erhaltenen Brennöfen.

Nördlich der Marienkirche lohnt sich vor der Stadtumwallung noch ein Blick auf die **Fachwerkhäuser aus dem 17./18. Jahr-hundert**, bevor es durch das **Mühlentor** zur Altstadt hinaus geht. 2013 haben die Bernauer Stadtoberen das neue Mühlentor eingeweiht. Es steht genau an der Stelle des alten und ist jenem nachempfunden, allerdings mit einer erheblich größeren Tordurchfahrt versehen. Schon 1885 wurde das alte Tor an der Mühlenstraße abgetragen, da die Fuhrwerke kaum noch hindurchpassten. Das neue Mühlentor besitzt nun aktuelle brandschutzrechtliche Abmessungen, so dass auch Feuerwehrlöschzüge passieren können.

Den Abschluss der Stadtmauer am Mühlentor ziert seit 1998 das **Deserteursdenkmal**. Das Bronzerelief des Biesenthaler Künstlers Friedrich Schötschel ehrt alle Deserteure und Kriegsdienstverweigerer

Seit 2017 Weltkulturerbe: die ehemalige Bundesschule des Gewerkschaftsbunds

und antwortet damit auf das benachbarte wilhelminische **Kriegerdenkmal** von 1890. Es liegt bereits außerhalb der Stadtmauer in der Grünanlage des historischen Wall- und Grabensystems. Ihm gegenüber erhebt sich ein Obelisk auf dem Ehrenfriedhof für Gefallene der Roten Armee. Ebenfalls jenseits der alten Stadtmauern befindet sich an der viel befahrenen Lohmühlen-/Jahnstraße das **Sankt-Georgen-Hospital**. Es geht auf eine Stiftung Anfang des 14. Jahrhunderts der Bernauer Tuchmachergilde zur Versorgung von Bedürftigen und Kranken zurück. Die zugehörige Kapelle wurde 1432 von den Hussiten zerstört und anschließend neu aufgebaut, das Hospitalgebäude datiert auf 1738. Anfang des dritten Jahrtausends von Grund auf saniert, gehört die Anlage heute zu den Hoffnungsthaler Anstalten, einer Einrichtung der Diakonie, die sich in der Jugend-, Alten- und Behindertenhilfe engagiert.

Zwischen Gasometer und Henkerhaus

Westlich neben dem Mühlentor steht das **Henkerhaus** an der Stadtmauer. Einst Wohnhaus des Scharfrichters, ist das in seinen Fundamenten aus dem 17. Jahrhundert stammende, im 19. Jahrhundert ausgebaute kleine Gebäude seit 1976 Teil des Heimatmuseums. Seine Räume vermitteln ein Bild des Bernauer Bürgerlebens vom 17. bis ins 19. Jahrhundert; im Keller sind Folterwerkzeuge der mittelalterlichen Gerichtsbarkeit ausgestellt. Neben dem Henkerhaus verdient seit 2005 das **Hexendenkmal** Aufmerksamkeit. Die Stele der Künstlerin Annelie Grund ruft die Opfer der Bernauer Hexenverfolgung zwischen 1536 und 1658 in Erinnerung. Zahlreiche sanierte Plattenbauten zeichnen den Grundriss der Altstadt nach. Dazwischen verbergen sich immer wieder baugeschichtliche Perlen. So an der westlichen Stadtmauer der knapp 30 Meter hohe **Pulverturm** als Teil der alten Verteidigungsanlage. Oder in der Tuchmacherstraße das fachwerkgeschmückte **Kantorhaus**, 1583 errichtet und damit Bernaus ältestes erhaltenes Wohnhaus. Am Pulverturm wartet das private **Wolf-Kahlen-Museum** des Video-, Performance- und Medienkünstlers Wolf Kahlen mit zeitgenössischen Werken und Installationen auf.

Nahebei ragt an der Kreuzung Weißenseer/Ecke Berliner Straße, dort wo sich in der Regel der Autoverkehr nach Berlin staut, unverkennbar blau der historische **Gasometer** auf. Das Reservoir zum

▸ Karte S. 53

Speichern von brennbaren Gasen wurde 1931/32 für 2000 Kubikmeter Inhalt errichtet. Bis 1966 in Funktion, ist es heute ein technisches Denkmal.

Ausflüge von Bernau

Bauhaus Denkmal Bundesschule

Etwa fünf Kilometer außerhalb liegt rechts neben der Straße nach Wandlitz eines der bedeutendsten Bauhaus-Objekte: die 1928–1930 errichtete **Bundesschule des Allgemeinen Deutschen Gewerkschaftsbunds** (ADGB). Für die seinerzeit preisgekrönte zwei- bis dreigeschossige Flachbauanlage in Eisenbeton zeichneten die Bauhaus-Architekten Hannes Meyer (1889–1954) und Hans Wittwer (1894–1956) verantwortlich. 1930 eröffnete sie als erste zentrale AGDB-Bildungsstätte, an der sämtliche im Verband organisierten Einzelgewerkschaften ihre Lehrgänge und Seminare abhalten konnten. Nach der Machtergreifung 1933 funktionierten die Nationalsozialisten das Gebäudeensemble in eine Reichsführerschule um. Ab 1947 diente es dem Freien Deutschen Gewerkschaftsbund (FDGB) als Gewerkschaftshochschule ›Fritz Heckert‹, wurde um ausgedehnte Bauten erweitert und 1977 in die Denkmalliste der DDR eingetragen. 2017 erklärte die UNESCO die Bundesschule zum Welterbe.

Seit der Wiedervereinigung ist die Handwerkskammer Berlin Pächterin der bedeutenden Bauhaus-Anlage und hat sie denkmalgerecht saniert. 2022 wurde ein neues **Besucherzentrum** mit Platz für Ausstellungen und Veranstaltungen eingeweiht. Von dort starten die spannenden Führungen durch die Räumlichkeiten und das Gelände.

Auf dem frei zugänglichen Areal befinden sich außerdem eine Mensa, Schul- und Bürogebäude sowie in der Nachbarschaft das Freibad Bernau.

Schönower Heide

Westlich von Bernau dehnt sich auf über 500 Hektar das Naturschutzgebiet Schönower Heide aus. Von der Landstraße nach Schönwalde aus führen **zwei Rundwanderwege** durch das Gelände, und vor allem im Spätsommer, wenn die Besenheide purpur erblüht, lohnt der Besuch. Von Anfang des 20. Jahrhunderts bis zum Abzug der russischen Streikräfte 1991 diente die Schönower Heide militärischen Zwecken. Truppenübungen, der Einsatz von scharfer Munition und schwerem Gerät hielten die Vegetation flach, zusätzlich wurde massiv gerodet. So entstand eine offene Heidelandschaft mit ausgedehnten Sandflächen, Dünen und dem dafür typischen Bewuchs aus Kiefern- und Wacholdergruppen, weiten Heidekraut- und Silbergrasfluren. Heute sorgen Rot-, Dam- und Muffelwild als natürliche Rasenmäher auf gut einem Viertel der umzäunten Fläche dafür, dass die offene Heidelandschaft nicht wieder zuwächst.

Seit dem Jahr 2000 steht das Areal unter Naturschutz. Doch nicht nur zum Schutz

Beobachtungsturm in der Schönower Heide

der Natur herrscht für große Teile ›Betreten verboten‹. Noch immer ist das Gelände nicht vollständig von den militärischen Hinterlassenschaften geräumt. So führen die beiden Wanderwege mit zahlreichen Informationstafeln immer an der Umzäunung entlang: der kürzere Heidepfad auf anderthalb Kilometern zu einem Aussichtsturm, der längere Wildwanderweg auf fünf Kilometern rund um das Wildgatter.

Möchte man anschließend noch einen Sprung ins kühle Nass wagen, liegt der **Gorinsee** nicht weit. Die Landstraße nach Schönwalde bzw. der parallel verlaufenden Radweg verbindet den See mit der Schönower Heide. An seinem Ostufer dehnt sich eine große Badewiese aus, und das ›Gasthaus am Gorinsee‹ wartet mit Biergarten und deftigen Speisen auf.

Börnicke

Keine drei Kilometer südöstlich von Bernau ist das winzige Angerdorf Börnicke ein schönes Beispiel für ein **Gutsdorf des 19. Jahrhunderts**. Ein Schloss erhebt sich im Park, davor erstreckt sich die backsteinerne Gutsanlage mit schmuckem Verwalterhaus, Wirtschaftsgebäuden und Ställen. Ein Dorfteich, Bauerngehöfte und niedere Kossätenhäuser gehören zum typischen Bild, ebenso wie die spätromanische **Dorfkirche**, deren Feldsteinmauern bereits aus der Gründungszeit Börnickes aus der zweiten Hälfte des 13. Jahrhunderts stammen.

1892 erhielt das Dorf nach einer Reihe wechselnder Eigentümer in Ernst von Mendelssohn-Bartholdy einen neuen Gutsherren: Urenkel des Philosophen der Aufklärung Moses Mendelssohn und Neffe des Komponisten Felix Mendelssohn-Bartholdy. 1909–1911 wurde das alte Herrenhaus im Auftrag der Familie vom Architekt Bruno Paul, Wegbereiter moderner Architektur, zum **Schloss** ausgebaut. Ende des Zweiten Weltkriegs Lazarett, fungierte es in der DDR als Ferienheim und ab 1967 als Heim für behinderte Kinder. Das heute private, neoklassizistische Bauwerk befindet sich in einem betrüblichen Zustand. Auch der umgebende kleine Landschaftspark ist als solcher kaum noch erkennbar, lädt in seiner morbiden Verwildertheit aber vielleicht umso mehr zu einer interessanten Umrundung ein.

Im angrenzenden, urigen **Kinderbauernhof Börnicke** können die Kids mit ihren Erwachsenen zwischen Zottelrindern, Lämmern, Ferkeln und Kükenkindern, Gemüseanbau und Kräutersammeln das Abenteuer Natur miterleben. Danach lädt die **Erste Bernauer Braugenossenschaft** auf dem Gutshof zu Grillwürstchen und Erfrischungstrunk ein. Für die Kleinen gibt's Limo und die Großen hellen bis dunklen Gerstensaft aus der Genossenschaftsbrauerei auf dem Gelände, naturbelassen, unfiltriert und nicht pasteurisiert. 2016 gründete sich die Genossenschaft, um die berühmte Bernauer Bierbrautradition wiederzubeleben. Vier mal im Jahr findet auf dem Hof außerdem ein großer Regionalmarkt mit landwirtschaftlichen Erzeugnissen und Kunsthandwerk statt (Termine unter www.braugenosse.de).

i Bernau

Vorwahl: 03338
Postleitzahl: 16321
Touristeninformation, Bürgermeisterstraße 4, Tel. 365365, April–Okt. Mo–Fr 10–16, Sa 10–14 Uhr, Nov.–März Mo–Fr 10–17 Uhr. www.bernau-bei-berlin.de

Hotel & Gasthof zum Zicken-Schulze, Brauerstraße 2, Tel. 704580, DZ/F um 69 €. In der Altstadt in einem historischen Bürgerhaus; die Zimmer zweckmäßig; im Restaurant gibt es deftiges Deutsches. www.hotel-bernau.de

▸ Karte S. 53

Pension & Restaurant Hofgeflüster, Brüderstraße 14/An der Stadtmauer, Tel. 3389898, DZ/F um 75 €. Aparte Zimmer im Fachwerkhaus aus dem 17. Jh.; im Restaurant moderne deutsche Küche. www.pension-hofgefluester.de

Ratskeller Bernau, Marktplatz 2, Tel. 3592394. Elegant speisen im frisch restaurierten historischen Backsteingewölbe des Alten Rathauses; serviert werden modern interpretierte klassische deutsche Gerichte und regionale Spezialitäten, bei schönem Wetter auch auf der Terrasse am Markt; kleine Weinkarte und lokale Bernauer Bierspezialitäten. https://ratskeller-bernau.de

Gasthaus Am Gorinsee, Am Gorinsee 1, 16348 Wandlitz/OT Schönwalde, Tel. 033056/74246. Nach Seeumrundung und Badevergnügen bietet die rustikale Gaststätte hungrigen Sommerfrischlern schmackhaft Gutbürgerliches und herzhafte Wildgerichte aus eigener Schlachterei; großer Biergarten (fast) am See. www.gasthaus-gorinsee.de

Camping am Gorinsee, Bernauer Damm, 16348 Wandlitz/OT Schönwalde, Tel. 0162/6820558, April–Okt. Kleiner familiärer Vereinscamping neben dem Badestrand am Gorinsee, Kurzurlauber jederzeit Willkommen; einfaches Sanitär. www.campingfreunde-gorinsee.info

Museum Henkerhaus, Am Henkerhaus, Tel. 2245, Di–Fr 9–12 und 13–17, Sa/So 10–13 und 14–17 Uhr.

Museum Steintor mit Hungerturm, Berliner Straße, Tel. 2924, Mai–Okt. Di–Fr 9–12 Uhr und 14–17 Uhr, Sa/So 10–13 Uhr und 14–17 Uhr.

Wolf Kahlen Museum – Intermedia Arts Museum, Grünstraße 16/Am Pulverturm, Tel. 753175, Di–So 15–18 Uhr, jeden 1. So im Monat 11–18 Uhr. www.wolf-kahlen.net/museum

St. Marienkirche, außerhalb der Gottesdienste Ostern–Erntedank tgl. 14–16 Uhr.

Bauhaus Denkmal Bundesschule, Hans-Wittwer-Straße 1, Tel. 7067879; Besucherzentrum Di–So 11–16 Uhr, Führungen durch die Innenräume und das Gelände nach Anmeldung. Für individuelle Besichtigungen steht das Gelände ganzjährig offen. www.welterbe-bernau.de und www.bauhaus-denkmal-bernau.de

Schulmuseum Börnicke, Ernst-Thälmann-Straße 5, in Börnicke, Tel. 769379, Mai–Okt. Mi–Sa 10–12, So 11–14 Uhr.

Kinderbauernhof Börnicke, Ernst-Thälmann-Straße 2, OT Börnicke, Tel. 0173/2027615, Mi–So 10–18 Uhr. https://kinderbauernhof-boernicke.de

Hussitenfest, immer am zweiten Juniwochenende, drei Tage Turniergetümmel, Konzerte, Festspiele, Mittelaltermarkt und am Samstag farbenprächtiger historischer Umzug durch die Bernauer Innenstadt.

Bernauer Kunst- und Handwerkermarkt, jeweils am letzten Sonntag im April und Sept. 10–17 Uhr präsentieren Künstler und Handwerker ihre Erzeugnisse, umrahmt von Musik und Tanz.

Festival alter Musik, drei Tage im Sept. in der Bernauer Marienkirche Konzerte, Aufführungen, Lesungen.

Freibad Waldfrieden, Hans-Wittwer-Straße 26, Tel. 7533256. www.freibad-waldfrieden.de

Gorinsee, große Badewiese ca. 5 km westlich von Bernau an der Straße nach Schönwalde. In der Nachbarschaft Imbiss, Gaststätte, Campingplatz.

Erste Bernauer Braugenossenschaft, Ernst-Thälmann-Straße 2c, OT Börnicke, Tel. 768528. Verkauf und Ausschank April–Okt. Fr 17–21, Sa 12–20, So 12–16 Uhr, im Winter Verkauf nur Fr 17–19, Sa 12–16 Uhr und online. www.braugenosse.de

Barnimer Feldmark

Ganz im südöstlichen Zipfel des Barnim dehnen sich zwischen der Berliner Stadtgrenze, Bernau und Werneuchen die weiten Wiesen und Felder der Barnimer Feldmark aus. Angerdörfer und alte Gutsdörfer liegen im flachen Land, dessen höchste Erhebungen zumeist die Turmspitzen der mittelalterlichen Feldsteinkirchen sind. Fast zwei Drittel der Fläche werden landwirtschaftlich genutzt. Hier und da blitzen Feldsölle auf, und Alleen schmücken die Region, in der Werneuchen, etwas mehr als 9000 Einwohner klein, unangefochten die Metropole vorstellt. Den Nordosten der Feldmark durchzieht auf 20 Kilometer Länge der Gamengrund. Die eiszeitliche Rinne hat sich tief in das Land eingegraben und lädt mit Wäldern und Seen zum Wandern und Baden ein.

Werneuchen

Bis auf einen kleinen **sanierten Altstadtkern** rund um den Markt verfügt Werneuchen über keine besonderen Sehenswürdigkeiten, darf aber als Zentrum der Barnimer Feldmark natürlich nicht unerwähnt bleiben. 1247 erstmals urkundlich genannt, sind der Hussiten-Angriff 1432 und die Belagerung durch die kaiserlichen Truppen 1632/36 im Dreißigjährigen Krieg historische Daten, die sich buchstäblich in die Stadtgeschichte eingebrannt haben. Beide Male wurde Werneuchen ein Raub der Flammen. 1670 erhält es das Stadtprivileg, um 1750 werden 70 Häuser mit 320 Einwohnern gezählt. Chaussee- und Straßenbau im ersten Drittel des 19. Jahrhunderts fördern das Wachstum. Es folgen 1898 die Einweihung der Eisenbahnstrecke Berlin–Wriezen mit einem Stopp in Werneuchen und 1935 die Eröffnung der Jagdfliegerschule. Werneuchen wird Militärstandort und bleibt es bis 1993 bis zum Abzug der sowjetischen Truppen.

Berühmtester Werneuchener ist der Pastor und Naturdichter Friedrich Wilhelm August Schmidt (1764–1838), auch ›Schmidt von Werneuchen‹ genannt. Seine heimatverbundenen Poesien, in denen er in romantischer Sehnsucht das Leben in der Feldmark beschreibt, wurden sogar von Goethe aufgenommen und kritisiert. Berühmtester Besucher der Stadt war der nordvietnamesische Staatspräsident Ho Chi Minh, der 1958 die Maschinen-Traktoren-Station ›Mao Tse Tung‹ in Werneuchen in Augenschein nahm.

Hirschfelde

Eine erste Erwähnung des reizenden Angerdorfs am Rande des Gamengrunds datiert auf das Jahr 1268. Seitdem hat Hirschfelde nie mehr als 300 bis 400 Einwohner gezählt, blickt aber nichtsdestoweniger auf eine interessante Geschichte zurück. 1586 wird es Rittergut, wechselt im Lauf der Jahrhunderte mehrmals sei-

Bronzehirsch im Gutspark Hirschfelde

▲ Karte vordere Umschlagklappe

Die Feldsteinkirche in Hirschfelde

ne Eigentümer und gelangt 1904 in den Besitz des Berliner Bankiers Eduard Arnhold (1849–1925).

Arnold ist konservativer Freigeist, sozialer Philanthrop und begeisterter Kunstmäzen, unterstützt Maler wie Max Liebermann und Adolph Menzel und wird als erster und einziger Jude vom Kaiser ins Preußische Herrenhaus berufen. Für Preußen erwirbt er 1913 die Villa Massimo in Rom, seither Sitz des deutschen Kulturinstituts in Italien. Bereits 1907 stiftet er im Hirschfelder Vorwerk Wertpfuhl, heute beide Ortsteile von Werneuchen, ein Waisenheim für junge Mädchen. Berühmteste Elèvin ist Brigitte Helm (1906–1996), die Regisseur Fritz Lang bei einer Theateraufführung in Arnholds Gutspark entdeckt und ihr nachfolgend die Hauptrolle in seinem Filmklassiker ›Metropolis‹ gibt.

Das **Herrenhaus** in Hirschfelde lässt Arnhold im zeitgenössischen Geschmack umbauen und den 22 Hektar messenden alten **Gutspark** in einen Skulpturengarten mit Naturtheater, Rosarium, Chinesischem Teehaus und antikem Marmorbrunnen umgestalten. Bekanntestes Exponat seiner für den Park gesammelten Freiraumplastiken ist der marmorne Weiße Stier, 1924 von Louis Tuaillon (1862–1919) geschaffen, der heute den Kurpark in Bad Freienwalde ziert. Ein prächtiger Bronzehirsch, ebenfalls von Louis Tuaillon, der einst vor dem Herrenhaus stand, wurde 1990 nach über 40 Jahren von Russland an die Hirschfelder zurückgegeben und schmückt seitdem den Dorfanger. Das Gros des historischen Park-Meublements gilt als verschollen.

Eduard Arnhold verstirbt 1925. Acht Jahre später verlässt seine Familie nach der nationalsozialistischen Machtergreifung Deutschland. Nach Plünderungen und Zerstörungen Ende des Zweiten Weltkriegs fungiert Gut Hirschfelde zu DDR-Zeiten als Kinderkrippe, Hort und bietet Wohnungen. Nach der Wiedervereinigung gehen das Herrenhaus und weite Gutsflächen in Privatbesitz über. Geblieben sind große **Teile der denkmalgeschützten Parkanlage**. Sie wurden im Rahmen eines EU-Projekts landschaftlich und kulturell wiederbelebt. Die zum ehemaligen Gut gehörigen Gebäude wie die **Brennerei**, das **Verwalterhaus** und alte **Pächterhöfe** im Dorf sind heute ebenfalls denkmalgeschützt. Die **Dorfkirche**, ein Feldsteinsaal mit mächtigem Westquerturm, geht in ihren Ursprüngen auf das 13. Jahrhundert zurück. Ein weiterer Hingucker ist der **Wasserturm**, heute wie das Gutshaus in Privatbesitz.

Prominenteste zeitgenössische Hirschfelder sind übrigens die ehemalige TV-Produzentin Sonja Moor und ihr Gatte, der TV-Moderator Max Moor. Seit 2003 führen sie im Ort einen Demeter-Biohof, der sich der tiergerechten Aufzucht von Wasserbüffeln und Galloway-Rindern widmet.

Die Kirche in Willmersdorf

▲ Karte vordere Umschlagklappe

Draisinenbahnhof in Tiefensee

Tiefensee

Tiefensee im Gamengrund, seit der Eingemeindung 2003 Ortsteil von Werneuchen, ist seit der Entdeckung der Sommerfrische als Ausflugsort der Berliner bekannt. Wie ein langes blaues Band durchschneidet der **Gamengrund** die Barnim-Hochfläche. Als schönstes und größtes Gewässer dieser auf 20 Kilometern von Falkenberg bis Strausberg verlaufenden, 15 000-jährigen Schmelzwasserrinne rühmt sich der **Gamensee**. Malerisch liegt er in Laubwald gebettet und bietet an seiner schilfrohrgesäumten nordwestlichen Spitze einen Campingplatz, Badewiese und Bootsverleih. Ein schmaler Wanderweg führt rund um den See mit hier und da idyllischen Waldbadestellen.

Die zweite Attraktion vor Ort hat ebenfalls mit Muskelaktivität zu tun. Auf einer 12 Kilometer langen Strecke geht es mit der **Draisine** vom Bahnhof Tiefensee durch den Wald zum Bahnhof Sternebeck. Dort erwartet einen nicht weit entfernt ein Ausflugsziel der anderen Art: der **Atombunker** in Harnekop. Die 1971–1976 etwa 30 Meter unter der Erde erbaute Anlage galt als Prototyp der höchsten Schutzklasse für alle Staaten des Warschauer Pakts und diente als Haupt-Führungsstelle des DDR-Ministeriums für Nationale Sicherheit. Ein Verein betreut das geheimnisvolle Baudenkmal, das auf Wunsch besichtigt werden kann.

Weesow und Willmersdorf

Vor allem wegen ihrer stattlichen Feldsteinkirchen verdienen die beiden Weiler Weesow und Willmersdorf nördlich von Werneuchen Aufmerksamkeit. Die **Weesower Kirche** präsentiert sich als schmucker Feldsteinsaalbau mit formidablem Querturm aus der 1. Hälfte des 13. Jahrhunderts. Ein Holzaltar von 1786, ein Taufbecken aus dem 15. Jahrhundert und Teile des Patronatsgestühls von 1620 sind die wertvollen Stücke im ländlich schlicht gehaltenen Innenraum. Als weiterer Weesower Höhepunkt fällt der **Betonturm** am Ortsausgang via Willmersdorf ins Auge. Er wurde nach 1935 für die Radarüberwachung des Werneuchener Flugplatzes erbaut. Nahebei erinnert eine kleine **Gedenkstätte** an ein Internierungslager, das die sowjetische politische Geheimpolizei NKWD Ende des Zweiten Weltkriegs in Weesow hatte errichten lassen. Bis zu seiner Verlegung im September 1945 ins ehemalige KZ Sachsenhausen verloren dort in drei Monaten zwischen 800 und 1200 Menschen ihr Leben.

Der Nachbarort Willmersdorf wartet ebenfalls mit einer für die Mark typischen romanischen Feldsteinkirchen auf. Anders aber als üblich verfügt das **Willmersdorfer Gotteshaus** über zwei Kirchtürme. Der alte Holzturmaufbau brannte 1900 ab und wurde ein Jahr später als doppeltürmiger Backsteinaufsatz mit spitzen Hauben auf dem mächtigen Feldsteinunterbau neu aufgerichtet. Auch die Backsteinvorhalle wurde 1901 angefügt. Der Saalbau selbst stammt aus dem zweiten Viertel des 13. Jahrhunderts. Unter seinem Kreuzrippengewölbe schmücken ihn eine hölzerne Kanzel von Ende des 17. Jahrhunderts und eine spätgotische Sandsteintaufe.

Barnimer Feldmark

Vorwahl: 033398
Postleitzahl: 16356
www.werneuchen-barnim.de

Country-Camping Tiefensee, Schmiedeweg 1, Werneuchen/OT Tiefensee, Tel. 90514. Weitläufiger gepflegter Platz unter Kiefern, mit Ferienütten und Wohnmobilhafen, ganzjährig geöffnet. Ein Wirtshaus sorgt für das leibliche Wohl; Fahrrad, Ruder- und Paddelbootverleih.
www.country-camping.de

Baudenkmal Bunker Harnekop, Lindenallee 1, 15345 Prötzel/OT Harnekop, öffentliche Führungen durch den Verein für Erinnerung und Bewahrung von Zeitgeschichte, Info und Anmeldung unter Tel. 0160/99418604.
https://harnekop-bunker.bplaced.net

Fahrrad- und Bootsverleih, am Country-Camping Tiefensee (s.o.)
Draisinenbahn, Adolf-Reichwein-Straße 2, Werneuchen/OT Tiefensee, Buchung online und unter Tel. 0163/8636102.
www.draisinenbahn.de

Gamensee, große bewirtschaftete Badewiese am Country-Camping Tiefensee (s.o.)

Barnim

Wandlitz und das Wandlitzer Seengebiet

Etwa 30 Kilometer nördlich von Berlin liegt im Herzen des Naturparks Barnim das Wandlitzer Seengebiet. Vom Rahmer See bis zum Hellsee, vom Wandlitzsee bis zum Lotschesee zieren es zahlreiche schöne Badegewässer. Bunte Wiesen, Felder und ausgedehnte Waldgebiete laden zum Wandern und Radeln ein. 2003 wurden die neun dort verstreut liegenden Dörfer zur Großgemeinde Wandlitz mit heute knapp 24 000 Einwohnern zusammengefasst. Allein 8000 davon leben in Wandlitz, dem namengebenden, ›städtischen‹ Mittelpunkt in der Region.

Wandlitz

Bereits seit Anfang des 20. Jahrhunderts ist das ehemalige Bauern- und Fischerdorf dank seiner herrlichen Lage eine beliebte Sommerfrische – und ebenso Wohnstandort – für die gestressten Berliner Hauptstadtseelen. Im Ort, der sich rund um die Ufer des Wandlitzsees schmiegt, wird tüchtig gebaut. Anders als so viele brandenburgische Gemeinden ist Wandlitz eine wachsende Stadt. Drei Grundschulen, eine Oberschule, ein Gymnasium und ausreichend Kindergärten sind Argument für viele Familien, aus der Bundeshauptstadt in die schöne Umgebung zu ziehen. Darüber hinaus zeigen das Theater am Wandlitzsee und die Kulturbühne Goldener Löwe, das Barnim Panorama mit Naturparkzentrum und Agrarmuseum, Kunstmärkte, Festivals und Veranstaltungen in der Gemeinde, dass Wandlitz auch kulturell viel zu bieten hat. Dazu kommt der Anschluss an die traditionsreiche Heidekrautbahn (RB 27), die die Berufspendler in 30 Minuten zum Arbeitsplatz in Berlin befördert.

Geschichte

Wandlitz erste urkundliche Erwähnung fällt in das Jahr 1242 und dokumentiert den Erwerb der Siedlung durch das weit entfernte Zisterzienserkloster Lehnin. Während der deutschen Ostkolonisation unter den askanischen Herrschern wurde das Dorf im 13. Jahrhundert auf einer Landnase am südlichen Wandlitzseeufer angelegt. Siedler ließen sich in direkter Nachbarschaft zum slawischen

Hervorragendes Ausflugsziel: Wandlitz

▲ Karte S. 67

Wandlitz' schöne Umgebung lockt viele Ausflügler an

›Vandelice‹ (was etwa ›Leben am Wasser‹ bedeutet) nieder, das auf der Landnase bereits seit dem 6. Jahrhundert existierte. Die Reformation und Auflassung der Lehniner Abtei 1542, der Dreißigjährige Krieg 1618–1648, Missernten und die Pest ließen den Ort jedoch nicht hochkommen. 1652 wurden in Wandlitz gerade mal 90 Seelen gezählt.

Im 19. Jahrhundert änderte sich das Bild. Der Straßenbau ab 1827 und der Bau einer Schule 1835/36 förderten die Entwicklung. Entlang der neuen Prenzlauer Chaussee ließen sich Kaufleute und Handwerker nieder. Wandlitz, so nah an der Hauptstadt des 1861 gegründeten deutschen Kaiserreichs, profitierte vom herrschenden Gründerzeitboom. 1888 hob man den Schützen- und Gesangsverein aus der Taufe, 1890 wurde in Wandlitz das erste Mal telefoniert.

Den entscheidenden Meilenstein aber bildete 1901 die Eröffnung der Heidekrautbahn: damals offiziell die ›Reinickendorf-Liebenwalde-Groß Schönebecker Eisenbahngesellschaft‹ und 1927 in ›Niederbarnimer Eisenbahn AG‹ umbenannt. Bis heute transportiert sie in ihren Waggons Scharen von Ausflüglern an den Wandlitzsee und bringt umgekehrt viele Wandlitzer schnell nach Berlin. Zunehmend erwarben Berliner Grundstücke im Wald und am See. An den drei ›Heiligen Pfühlen‹ entstand 1907/08 eine Villenkolonie, und am nördlichen und östlichen Wandlitzseeufer wuchs der neue Ortsteil Wandlitzsee. 1923 wurde am Ostufer das Strandbad Wandlitz eingeweiht. Und weil der Ansturm der Sommerfrischler nicht abreißen wollte, kam für ihre bequeme Beförderung gleich gegenüber der Badeanstalt 1927 noch der Bahnhof Wandlitzsee dazu.

Sehenswertes

Das nach Plänen von Wilhelm Wagner (1873–1953) errichtete, denkmalgeschützte Ensemble aus **Strandbad und Bahnhof Wandlitzsee** gehört heute zu den Architektur-Highlights am Ort. 1923–1928 errichtet, gilt es als besonders schönes Beispiel für den Stil Neuer Sachlichkeit. Im ersten Stock des historischen Bahnhofsgebäudes, wo sich früher Bücherei und Büroräume befanden, hat das Schauspielerpaar Julia Horvath und Sascha Gluth in Eigenregie das **Theater am Wandlitzsee** ins Leben gerufen. Im Herbst 2016 hob sich erstmals der Vorhang für Schauspiel, Musik und Kindertheater. Mittlerweile genießt die Bühne den vorzüglichen Ruf, ein ›kleines Schauspielhaus im Landkreis Barnim‹ zu sein. Den überschaubaren Park zwischen Bahnhof und Strandbad ziert seit 2006 der **Wasserscheidestein**. Das Werk der Wandlitzer Künstlerin Annelie Grund, von der z.B. auch die Bernauer Hexenstele stammt, symbolisiert die Wasserscheide zwischen Elbe und Oder, also zwischen Nordsee und Ostsee, bei der die Wandlitzer Wassertropfen auf ihrer Reise zwischen westwärts dem Wandlitzsee oder ostwärts dem Liepnitzsee wählen müssen.

Spannende Dinge zu Natur und Landwirtschaft präsentiert das **Barnim Panorama** unweit des alten Dorfkerns auf der südlichen Landnase. Unter einem gemeinsamen Dach zeigen das **Besucherzentrum des Naturparks Barnim** und das Wandlitzer **Agrarmuseum** die ganze Vielfalt der hiesigen Kulturlandschaft von der Eiszeit bis heute unter landwirtschaftlichen, jahreszeitlichen, kulturellen und ökologischen Aspekten. Publikumsmagnet der Ausstellung ist eine Sammlung historischer Landwirtschaftsmaschinen: Traktoren und Mähdrescher von den ersten dampfgetriebenen Vehikeln über die Megamaschinen der 1960er/1970er Jahre bis zum aktuellen computergesteuerten High-Tech-Trecker.

Einen Steinwurf entfernt steht die alte **Dorfkirche**. Ihre Mauern rühren noch aus der Zeit der Gründung von Wandlitz im 13. Jahrhundert. Im 16. und noch einmal im 17. Jahrhundert geringfügig erweitert, besitzt sie im heute schlichten Innenraum als besonderen Schatz einen barocken Kanzelaltar von 1716. Rund um den spätgotischen, aus unbehauenen Feldsteinen errichteten Sakralbau zeigt sich der alte Siedlungskern ganz klassisch märkisch mit Kopfsteinpflaster und niederen Ackerbürgerhäusern, und auch die riesige Eiche fehlt nicht.

Basdorf

1302 wird das Angerdorf ›Bartoldisdorp‹ südlich von Wandlitz erstmals genannt. Genau 599 Jahre später taucht es das nächste Mal in den Nachrichten auf. Denn 1901 steigt Basdorf durch die Er-

▲ Karte S. 67

Das moderne Holzgebäude des ›Barnim Panoramas‹

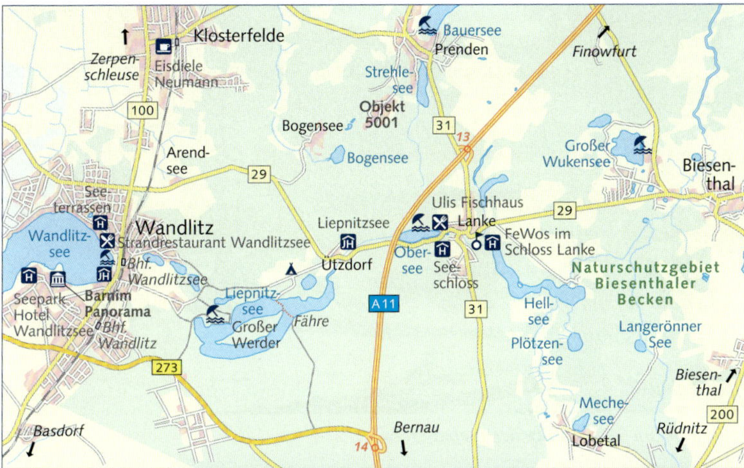

Wandlitzer Seengebiet

öffnung der Heidekrautbahn zum Knotenpunkt unterwegs von Berlin in die Schorfheide auf. In den 1930er/1940er Jahren macht es sich als Standort der Brandenburgische Motorenwerke (Bramo) einen Ruf, das Flugzeugmotoren für die Luftwaffe produziert. Im Zweiten Weltkrieg gehen deshalb die Bomben der Alliierten auch auf das Wandlitzer Seengebiet nieder. Nach Einmarsch der Roten Armee werden die Zwangsarbeiter und Kriegsgefangenen, die unter menschenunwürdigen Bedingungen im Bramo-Werk schufteten, in den Lagern bei Basdorf und Wandlitz befreit. Dem Dichter und Sänger George Brassens (1921–1981), den man 21-jährig als Zwangsarbeiter nach Basdorf verschleppt hatte, war allerdings schon ein Jahr vorher die Flucht gelungen. In den 1950er/1960er Jahren stieg er zu einem der bedeutendsten Vertreter des französischen Chansons auf. Ihm zu Ehren findet seit 2004 in Basdorf sowie an verschiedenen Spielstätten im Wandlitzer Seengebiet und Berlin jährlich das Chanson-Festival **Brassens in Basdorf** statt.

An die gute alte Zeit der Heidekrautbahn erinnert das von den Berliner Eisenbahnfreunden e.V. mit viel ehrenamtlichem Engagement aufgebaute Heidekrautbahn-Museum. Auf dem Freigelände und unter den Dächern des ehemaligen Bahnbetriebswerks wird mit Fotos, Dokumenten, Modellen und originalen Bahnbetriebsutensilien die Geschichte der Niederbarnimer Eisenbahn wieder lebendig. Darüber hinaus gibt es historische Lokomotiven, Personen- und Güterwagen zu sehen. Zu bestimmten Terminen im Jahr rücken die alten Dampfrosse sogar wieder aus und gehen noch einmal auf große Fahrt.

Liepnitzsee

Etwa zwei Kilometer trennen Wandlitz östlich vom waldumrahmten Liepnitzsee. Seine sanft hügeligen Ufer schmückt Laubmischwald, und auf acht Kilometer Wanderweg lässt er sich – mal als Höhen-, meist als Uferweg – in zwei bis drei Stunden gemütlich umrunden. Dabei fällt der Blick stets auf die **Insel Großer Werder**, die in der Mitte des Sees im kristall-

Badestelle am Südwestufer des Liepnitzsees

klaren Wasser liegt. Vom nördlichen und vom südlichen Festlandsufer her pendelt in der warmen Jahreszeit die **Fähre Frieda** auf die östliche Inselspitze. Es ist das einzige Boot, das mit Motorkraft über den See tuckern darf. Immer zur vollen Stunde bringt es Fußgänger und Radler hin und wieder zurück. Einen Großteil der Insel nimmt ein Vereinscampingplatz ein. Die Badewiese an der Südwestspitze steht dagegen allen Gästen der Insel offen. Eine weitere beliebte Sandbadestelle findet sich auf dem Festland am südwestlichen Seeufer. Am Nordwestufer lädt das **Waldbad Liepnitzsee** zu einem herrlichen Badetag ein.

Zehn Spazierminuten entfernt lag nahe dem Südwestufer die berühmt-berüchtigte **Waldsiedlung Wandlitz**, eine hermetisch von der Normalbevölkerung abgeschirmte ›Gated Community‹ der DDR-Politprominenz (→ S. 75). Heute befindet sich auf dem Gelände die Brandenburg-Klinik mit zahlreichen medizinischen Einrichtungen. Übersichtspläne und Informationsstelen helfen auf dem Gelände dabei, die Standorte von Honeckers, Mielkes & Co. ehemaligen Domizilen aufzufinden.

Klosterfelde

Die verkehrsreiche L 100 und die Heidekrautbahn verbinden Wandlitz mit dem nördlichen Klosterfelde. Der mit über 3000 Einwohnern drittgrößte Ortsteil der Gemeinde tauchte gemeinsam mit Wandlitz anno 1242 erstmals in einem Schriftstück auf. Die **Dorfkirche** als herausragende Sehenswürdigkeit im damals ›Closterveld‹ genannten Ort stammt ebenfalls aus jener Zeit. Der im Kern um 1242 errichtete, anfangs noch turmlose Feldsteinbau wurde 1288 erweitert und 1459 – ungewöhnlich für ländliche Gotteshäuser in jenen Jahren – vollständig verputzt. 1741–1743 folgten Turmbau und barocke Umgestaltung, und der Inneraum erhielt eine Empore. Mit der schmucken Kanzel von 1690, der Holztaufe von Anfang des 18. Jahrhunderts und vor allem dem farbenfrohen, 1719 geschaffenen Altaraufsatz ist die Kirche ein hübsches Beispiel für die typisch märkischen ländlichen Sakralbauten.

An Klosterfelde als wichtigen Standort der holzverarbeitenden Industrie erinnert dagegen kaum etwas mehr. Küchenmöbel aus Klosterfelde genossen in der DDR wie im sozialistischen Ausland einen her-

▲ Karte S. 67

vorragenden Ruf. Noch in der Wendezeit 1989 waren gut 1000 Mitarbeiter in der Produktion tätig und das Werk einer der größten Arbeitgeber in der Region. Ein kleines Stückchen dieser Vergangenheit hat die **Eisdiele Neumann** nicht weit von der Dorfkirche bis heute bewahrt. Seit 1956 in Familienbesitz, wird das Speiseeis wie zu DDR-Zeiten noch nach alten Rezepten hausgemacht. Drei Kugeln mit Waffel und Sahne oder ein klassisches Fürst-Pückler-Eis, darauf schwören die Kenner, die dafür, inzwischen oft schon in der vierten Generation, extra nach Klosterfelde anreisen. Die altmodische Eisdiele ist Kult!

Keine zwei Kilometer nördlich vom Ortsausgang wartet der **Kleine Lottschesee** mit Badewiese, Gaststätte und Biergarten auf einen Besuch.

Bogensee

Auf halbem Weg zwischen Wandlitz und Prenden liegt im Buchenwald versteckt Bogensee: das sind 500 Hektar Wald inklusive dem gleichnamigen kleinen See. 1936 schenkte der Berliner Magistrat das Gelände dem Reichspropagandaminister Joseph Goebbels zum Geburtstag. Hitlers oberster Hetzer liebte den Film und besonders die weiblichen Nachwuchssternchen der UFA-Filmateliers. So verwandelte sich ein altes Blockhaus am Bogensee schnell in ein Liebesnest. Bald darauf folgte der Auftrag zur Errichtung eines großzügigen Landsitzes. Einen kurzen Spaziergang vom Seeufer entfernt konnte das dreiflügelige Walmdachgebäude mit 30 Zimmern, nach einem Entwurf des Berliner Architekten Heinrich Schweitzer erbaut, 1939 eingeweiht werden.

Die **Goebbelsvilla** war illustrer Treff der Nazi-Filmprominenz. Zarah Leander, Marika Rökk, Emil Jannings oder Heinz Rühmann weilten in Bogensee. Wirtschaftsgebäude und ein Gästehaus wurden errichtet, und 1944 ein Luftschutzbunker. Der Atombunker der DDR-Regierung, auch ›Honecker-Bunker‹ genannt, liegt übrigens nur gut einen Kilometer Luftlinie entfernt im Wald Richtung Prenden direkt angrenzend an das Gelände. Das Ende des ›Tausendjährigen Reichs‹ ist bekannt. 1945 wird Bogensee von der Roten Armee besetzt und dient bis 1946 als Lazarett. Anschließend übergibt es die Sowjetischen Militäradmi-

Bogensee: Erweiterungsbauten von Hermann Henselmann

nistration an die Freie Deutsche Jugend (FDJ). Das Anwesen ersteht neu als **FDJ-Jugendhochschule**. Ab 1951 folgen im großen Stil Erweiterungsbauten. Unter dem DDR-Stararchitekten Hermann Henselmann (1905–1995) entstehen im Stil des Sozialistischen Klassizismus Hörerwohnhäuser, ein Gemeinschaftshaus und das große Lektionsgebäude. Ab 1980 wächst die kommunistische Kaderschmiede um weitere Internatsbauten, Sporthalle und Restaurant.

Heute ist der Hochschulkomplex mitten im Wald eine Geisterstadt. Einzig ein Wirtschaftsgebäude der Nazizeit ist von der Berliner Forstverwaltung belegt. Sie unterhält in den Räumen eine Waldschule, in der Kinder in ihrer Freizeit Wissenswertes über die heimische Tier- und Pflanzenwelt lernen. Sämtliche Versuche durch den neuen Eigentümer, das Land Berlin, das Gelände an einen potenten Investor zu veräußern, scheiterten. Zwischenzeitlich hat man von der Verkaufsabsicht auch wieder Abstand genommen, nicht zuletzt weil man nicht Gefahr laufen möchte, dass die Liegenschaft über Strohmänner möglicherweise in die Hände von Neonazis geriete. Die Zukunft von Bogensee ist ungewiss.

Lanke

Manch einer wird auf seinem schnellen Weg zur Ostsee von der Autobahnbrücke aus schon mal einen kurzen Eindruck von Lanke erhascht und sich eingeprägt haben. Denn die Aussicht ist wahrlich schön. Sie reicht weit über den waldumkränzten Obersee, an dessen Ostufer sich Fachwerkvilla und Pavillon des traditionsreichen Hotels Seeschloss erheben. Und mancher Trabi-Mobilist, der zu DDR-Zeiten einen Ferienplatz am Meeresstrand ergattert hatte, legte bei Lanke einen Zwischenstopp ein, um im kleinen **Strandbad am Obersee** noch schnell einen Sprung ins kühle Nass zu wagen.

Etwas über 500 Einwohner leben heute im Dorf zwischen Obersee und Hellsee. 1315 das erste Mal schriftlich erwähnt, ging Lanke den Weg so vieler Orte in der Region: wechselnde Herrschaften, die totale Zerstörung im Dreißigjährigen Krieg, Armut und Hunger, weitere Besitzerwechsel im Lauf der Jahrhunderte. 1827 gelangte das Rittergut schließlich an Graf Friedrich Wilhelm von Redern (1802–1883). Der Spross eines havelländischen Uradels war nicht nur einer der einflussreichsten Politiker am königlich-preußischen Hof, sondern darüber hin-

▲ Karte S. 67

Die Goebbels-Villa am Bogensee

Das Strandbad am Obersee bei Lanke

aus Generalintendant der Berliner Oper Unter den Linden, des Schauspielhauses am Gendarmenmarkt sowie bis zu seinem Tod 1883 Förderer und zugleich Mittelpunkt des Berliner Geisteslebens. Mit dem Erwerb der Herrschaft Lanke mit riesigen Wäldern, 17 Seen und 14 Ortschaften sowie später dem Gut Glambeck weiter nördlich in der Schorfheide stieg er zu einem der bedeutendsten Großgrundbesitzer Preußens auf.

Auf den Grundmauern des alten Gutshauses aus dem 17. Jahrhundert ließ der Graf 1856 bis 1858 seinen majestätischen neuen Landsitz errichten, von den Lankern schlicht **Schloss** genannt. Es wuchs mit steilen Walmdächern über drei eckturmgeschmückten Flügeln im Stil der französischen Renaissance aus dem Boden empor. Verantwortlich zeichnete der Berliner Architekt Eduard Knoblauch (1801–1865), aus dessen Feder auch Schloss Kröchlendorff in der Uckermark (→ S. 151) oder die Neue Synagoge zu Berlin stammen. Zahlreiche Nebengelasse entstanden im Lauf der nächsten Jahrzehnte: Pferdestall, Kutscherhaus, Scheunen, Ställe und Speicher, Gutsverwalterhaus, Schmiede und Brennerei. Der alte **Schlosspark**, der sich zum Hellsee hin ausdehnt, war schon zuvor nach einem Entwurf des berühmten königlich-preußischen Gartenbaumeisters Peter Joseph Lenné (1789–1866) als Landschaftspark nach englischer Art neu gestaltet worden. So haben die Lanker dem alten Graf Redern mit Schloss und Park ihre größte Attraktion zu verdanken. Nach einer Feuersbrunst 1866 stiftete er zudem die neue **Backsteinkirche**, die sich seit 1868 anstelle des abgebrannten Vorgängers im Dorf erhebt.

Wie im nahen Wandlitz entwickelte sich auch am Obersee Ende des 19. Jahrhunderts zunehmend der Fremdenverkehr. Gaststätten sowie die Badeanstalt und das Hotel Seeschloss entstanden. 1915 verkaufte der Urenkel des Grafen den Lanker Besitz an Berlin. Im Schloss lebte ein Pächter, und ab 1939 quartierte sich der Reichsarbeitsdienst ein. Nach dem Zweiten Weltkrieg mit wenigen Unterbrechungen Krankenhaus und ab 1995 Seniorenheim, stand der Prachtbau seit der Jahrtausendwende leer. Seit 2009 befindet er sich im Besitz mehrerer Familien, die das Anwesen als Baugruppe Schritt für Schritt denkmalgerecht

Schloss Lanke

sanierten. Neben den Wohnbereichen der Eigentümer stehen Gästen acht Ferienwohnungen zur Verfügungen. Im Schlossgarten finden Konzerte und Veranstaltungen statt.

Rund um den Hellsee

Ein zwei- bis dreistündiger Spaziergang bietet sich durch den verwilderten Lenné-Park rund um den Hellsee an. Wer noch weiter möchte, geht ab Hellmühle am nordöstlichen Ufer – das aus ein paar Häuschen, einem ehemaligen Gutshaus und einem Anglerverein besteht – zuerst wildromantisch am gleichnamigen Hellmühlen-Fließ entlang und dann durch die hügeligen Schweinebuchtenberge, auch ›Biesenthaler Schweiz‹ (→ S. 78) genannt, durch die schöne Natur bis nach Biesenthal.

Prenden

Zwischen Strehlesee und nördlich dem Bauersee liegt das hübsche Dorf Prenden, 500 Einwohner klein und als ›dorp tu pranden‹ 1306 erstmals erwähnt. Sein Blickfang ist die im 17. Jahrhundert errichtete Dorfkirche, ältestes Bauwerk im Ort, die ein mächtiger Fachwerkturm aus dem Jahr 1704 schmückt. Nach einer aufwändigen Restaurierung ab 1998 finden im Kirchenraum heute wieder Gottesdienste und außerdem Ausstellungen und Konzerte statt.

Ein komplett verriegeltes Baudenkmal liegt verborgen im Wald zwischen Prenden und Bogensee: das unterirdische ›Objekt 17/5001‹, seit seiner Errichtung zwischen 1978 und 1983 auch **Honecker-Bunker** genannt. Es ist ein Bauwerk der besonderen Art, nämlich die Kommandozentrale des Nationalen Verteidigungsrats der DDR (NVR) im Kriegsfall. Mit rund 300 Räumen auf 7500 Quadratmetern in mehreren Etagen unter der Erde in insgesamt 35 000 Kubikmeter Beton, war sie einer der technisch anspruchsvollsten Bunkerschutzbauten der Warschauer-Pakt-Staaten außerhalb der Sowjetunion. Von hier aus sollte im Fall eines Atomkriegs der Gegenschlag auf den Weg gebracht werden. Nach der Enttarnung im Wendejahr 1989/90 wurde das Objekt von der Bundeswehr

▸ Karte S. 67

übernommen und 1993 verschlossen. Seit 2003 steht es unter Denkmalschutz, ist für die Öffentlichkeit aber nicht zugänglich. Eine Initiative bemüht sich darum, dass dieses bedeutende Zeugnis des Kalten Kriegs für die zukünftigen Generationen gesichert und öffentlich gemacht wird. Informationen: www.bunker5001.com

Vor allem steht Prenden aber für Baden, Wandern und Golfen. Die **Badewiese am Bauersee** und das Wanderziel **Riesenstein**, ein zehn Meter dicker, gut 23 Tonnen schwerer Eiszeit-Findling am Nordostufer des Strehlesees, sowie die 27-Loch-Anlage des **Golfclubs Prenden** (www.golfplatz-prenden.de) gehören zum beliebten Freizeitprogramm.

Wandlitz und Umgebung

Vorwahl: 033397
Postleitzahl: 16348
Touristeninformation Wandlitz, Bahnhofsplatz 2 (im Bahnhof Wandlitzsee), Tel. 67277; Öffnungszeiten von Mai–Okt. Di u. Sa 10–17, Do/Fr 10–18, So 10–15 Uhr, Nov.–April Di/Do 10–18, Fr/Sa 10–15 Uhr.
www.barnim-tourismus.de

Seepark Hotel am Wandlitzsee, Kirchstraße 9, Tel. 750, DZ/F ab 99 €. Eingeführte Komfortunterkunft in herrlicher Lage auf der Landnase am Wandlitzsee nahe dem alten Wandlitzer Ortskern. Das Restaurant mit Biergarten kredenzt internationale Gerichte. https://seepark-hotel.de
Hotel Seeterrassen Wandlitzsee, Thälmannstraße 93, Tel. 7690, DZ/F ab 117 €. Elegant designtes Drei-Sterne-Haus in einer Gründerzeitvilla am Nordufer des Wandlitzsees; im Restaurant und auf der Seeterrasse kleine wechselnde Speisekarte mit gehobener deutscher Küche; keine Kinder, keine Haustiere erlaubt; E-Bikes und ein Ruderboot stehen zur Verfügung. www.hotel-seeterrassen.de
Hotel & Restaurant Seeschloss, Am Obersee 6, OT Lanke, Tel. 03337/2043, DZ/F ab 85 €. Traditionsreiche Sommerfrische, seit 100 Jahren im Familienbetrieb. Das große Fachwerkgebäude am Obersee bietet gehobene Mittelklasse; im Restaurant kommen von Spargel über Pfifferlinge bis zur Gans Jahreszeitliches und außerdem frische regionale Wildspezialitäten auf den Tisch. www.seeschloss-lanke.de
Ferienwohnungen im Schloss Lanke, Lanker Dorfstraße 10, OT Lanke, Tel. 03337/4308942, ab 100 €/Tag. Acht FeWos im Lanker Schloss für zwei bis vier Personen, nicht ganz billig, dafür von ausgesuchtem Geschmack, historisches Mobiliar mit aktuellem Design kombiniert, Pantryküche. https://schlosslanke.de
Jugendherberge Wandlitz, Prenzlauer Chaussee 146, Tel. 22109.
www.jugendherberge.de
Jugendherberge Liepnitzsee, Wandlitzer Straße 6, OT Lanke/Ützdorf, Tel. 21659.
www.jugendherberge.de

Campingplatz Am Liepnitzsee, Am Liepnitzsee 8a, OT Lanke/Ützdorf, Tel. 688881; April–Okt. Wiesenfläche am Waldesrand oberhalb vom Liepnitzsee, mit Gaststätte und Campingfässern.
www.mecklenburg-tourist.de
Ein fußballfeldgroßer, unbewirtschafteter, kostenloser **Wohnmobil-Stellplatz** befindet sich in Prenden am Klosterfelder Damm (nahe Abzweig via Klosterfelde).

Strandrestaurant Wandlitzsee Ristorante alla Fontana, Prenzlauer Chaussee 154, Tel. 68303. Abends auf der großen Aussichtsterrasse bei Pasta, Pizza, Fisch- oder Fleischgerichten den Sonnenuntergang über dem Wandlitzer See zu genießen ist nicht nur bei Ausflüglern Kult!
www.fontana-wandlitz.de
Restaurant Fischerstube, Basorfer Straße 1a, OT Stolzenhagen, Tel. 67467. Am Stolzenhagener See kommt der Fisch

fangfrisch oder in der hauseigenen Räucherei veredelt auf den Teller, außerdem werden regionale Leckereien serviert. Von der Badewiese aus lässt es sich gut in den See hüpfen, ferner stehen Ruder- und Tretboote zum Ausleihen bereit. www.fischerstube.info

Uli's Fischhaus am Obersee, Am Obersee 8, OT Lanke, Tel. 450080. Fisch aus dem See und dem Meer, geräuchert oder gebraten, wird in dem kleinen Lokal am Hang über dem Strandbad stets frisch nach Hausmacherart zubereitet. www.ulis-fischhaus.de

Eisdiele Neumann, Bahnhofstraße 27, OT Klosterfelde 033396/432. Seit 1956 in Familienbesitz, fahren viele Leckermäuler etliche Kilometer, um bei Neumanns im Klosterfelder Ortszentrum ein Eis zu schlecken. Die Eisdiele ist oldfashionedschlicht, exotische Eissorten gibt es nicht, dafür ist alles nach alter Art hausgemacht.

Barnim Panorama, Naturparkzentrum Agrarmuseum Wandlitz, Breitscheidstraße 8-9, Tel. 360505, tgl. außer Fr 10–18 Uhr. www.barnim-panorama.de www.naturpark-barnim.de

Heidekrautbahn-Museum Basdorf, An der Wildbahn 2a, OT Basdorf, Tel. 72656, April–Okt. Sa 11–16 Uhr. www.berliner-eisenbahnfreunde.de

Theater am Wandlitzsee, Bahnhofsplatz 1, Tel. 277276. Infos und Spielplan unter https://theater-wandlitz.de

Kulturbühne Goldener Löwe, Breitscheidstr. 18, Tel. 360530. Musikalisches, Kabarett, Theatergastspiele, Lesungen, Ausstellungen im ehemaligen Wandlitzer Dorfkrug. Infos unter www.wandlitz.de

Brassens in Basdorf, Infos und Programm unter www.festival-brassens.info.

Pendelfähre Liepnitzsee zum Großen Werder, ab Nordufer und Südufer, Tel. 0172/3609775, April–Okt. tgl. ab 10 Uhr stdl. bis eine Stunde vor Sonnenuntergang, zusätzlich je nach Bedarf. www.liepnitzinsel.de

Fahrradbahnhof Wandlitzsee, Bahnhofsplatz 1, Tel. 264780. Fahrradverleih und Servicestation. www.fahrradbahnhof.de

Surf-Center Wandlitz, Prenzlauer Chaussee 150, Tel. 60480, April–Okt. tgl. 10–18 Uhr. Surfschule, Anzug- und Brettverleih, SUP-Verleih. www.surfshop-berlin.de

Strandbad Wandlitzsee, Prenzlauer Chaussee 154, Tel. 360791, Mai und die ersten beiden Septemberwochen tgl. 10–19 Uhr, Juni–Aug. tgl. 9–20 Uhr, SUP-, Ruder- und Tretbootverleih. www.wandlitz.de

Waldbad Liepnitzsee, Am Liepnitzsee, OT Liepnitzsee, Tel. 81915, Mai–Sept. tgl. 10–19 Uhr, Bootsverleih. www.freibad-bernau.de

Weitere Badestrände am Liepnitzsee befinden sich am Südwestufer (Zugang über Lanker Weg bis zum See, dann rechts auf den Uferweg einschwenken) sowie auf dem Westzipfel der Liepnitzseeinsel ›Großer Werder‹ (Zugang ab Ützdorf Nordufer und Südufer mit der Pendelfähre).

Strandbad Stolzenhagener See, Straße am See 90, OT Stolzenhagen, Mai–Sept. bei schönem Wetter tgl. 10–20 Uhr. www.strandbad-stolzenhagen.de

Strandbad Rahmersee, Dorfstraße 10, 16515 Zühlsdorf, Mai–Anfang Sept. bei schönem Wetter tgl. 9–20 Uhr. www.strandbad-rahmersee.de

Badestellen: schmaler Sandstreifen in Lanke am Ostufer Obersee; Badewiese in Prenden am Bauersee (Zugang über das Sträßlein ›Seeweg‹ am nördlichen Ortsausgang); kleine Badewiese am Lottsche-See (neben Dauercampingplatz und Gaststätte ›Haus Lottsche-See‹).

▶ Karte S. 67

Die Waldsiedlung Wandlitz

Etwa 40 Kilometer nördlich vom Zentrum Ostberlins wohnten die mächtigsten Männer der Deutschen Demokratischen Republik in der ›Waldsiedlung Wandlitz‹. Hermetisch abgeschirmt von der Normalbevölkerung und hinter hohen Mauern verborgen, hatte es sich die Politprominenz – Mitglieder des Politbüros und Zentralkomitees der SED – nahe dem Liepnitzsee gemütlich gemacht. Auf etwa zwei Quadratkilometern waren dort von 1958 bis 1961 insgesamt 23 ›Objekte‹ in Form von Zweifamilienhäusern für Otto Grotewohl, Walter Ulbricht und Willi Stoph, Günter Mittag, Erich Mielke, Erich Honecker & Co. entstanden – und zwar aus Sicherheitsgründen. Nach dem Volksaufstand in der DDR 1953 und dem Ungarn-Aufstand 1956 hatten die höchsten Funktionäre der SED allen Grund, sich vor ihrem Volk fürchten zu müssen. Anders als ihre rund um den Berliner Majakowski-Ring verstreuten Stadtvillen waren die Häuser in der entlegenen Siedlung im Wald von den Mitarbeiten des Ministeriums für Staatssicherheit leichter zu schützen.

Mit heutigen Augen betrachtet nahmen sich diese jeweils 180 Quadratmeter messenden Domizile eher bescheiden aus: keine Designereinrichtung, keine Extravaganzen, stattdessen Hirschgeweihe im Wohnzimmer und Resopalmobiliar. Wer nach der Wende je Gelegenheit hatte, die Häuser noch zu Gesicht zu bekommen, bevor das Gelände privatisiert wurde, war oft mehr als erstaunt über die Biederkeit. Nichtsdestotrotz bezeichnete mancher die von der Stasi strengstens bewachte Wohnanlage als ›Bonzenhausen‹ oder auch ›Götterghetto‹. Denn immerhin gab es ein Schwimmbad, Sauna, Kino und Restaurant, und für die Versorgung der Bewohner mit Westkonsumgütern war die Ehefrau des skandalumwitterten Chefs der ›Kommerziellen Koordinierung‹ (KoKo), Schalck-Golodkowski, zuständig.

Dann fiel im November 1989 die Berliner Mauer. Noch im selben Monat besichtigten erstmals Journalisten das geheimnisumwitterte Areal. 1990 ging es an einen Investor, und bereits ein knappes Jahr später wurde dort die Brandenburg-Klinik eingeweiht. Inzwischen sind die ehemaligen Polit-Domizile längst umgebaut und in den Klinikbetrieb integriert. Im Schwimmbad beispielsweise, in dem einst Erich Honecker seine Bahnen zog, wird heute Krankengymnastik getrieben. Mit 650 Betten ist die Brandenburg-Klinik eine der größten Reha-Fachkliniken im Bundesland Brandenburg. Zahlreiche weitere Gebäude und eine Seniorenresidenz wurden errichtet. Einzig das gusseiserne Eingangstor, der frühere Funktionärsklub sowie die Villa von Walter Ulbricht samt Mobiliar und Privatbibliothek konnten sich relativ unverändert über die Jahre retten. Als Relikte des einstigen SED-Elitelebens sind sie seit 2017 – endlich, möchte man sagen – unter Denkmalschutz gestellt.

Weitere Spuren finden sich so gut wie keine mehr. Dafür geleiten informative Text- und Bildtafeln durch das Areal zu den historischen Plätzen. Oder man nimmt, wer noch mehr erfahren möchte, an einer spannenden anderthalb- bis zweistündigen Führung teil, wie sie z. B. der Wandlitzer Kenner der Materie und zertifizierte Natur- und Landschaftsführer Wolf-Dieter Setz anbietet.

Führungen durch die Waldsiedlung: Wolf-Dieter Setz, Info und Anmeldung unter Tel. 033397/73434, www.wandlitzsee.com

Buchtipp: Ike Kimmel, Claudia Schmid-Rathjen, Waldsiedlung Wandlitz. Eine Region und die Staatsmacht, Ch. Links Verlag, Berlin 2016

Biesenthal und Umgebung

Im Jahr 2008 erlebte Biesenthal gleich zwei denkwürdige Ereignisse: Die 6000 Biesenthaler feierten ihr 750-jähriges Stadtjubiläum, und die Zuschauer der RBB-Sendung ›Die schönsten Ausflugsorte‹ wählten das 1925 eröffnete Wukensee-Bad mit seinen viktorianisch anmutenden Pavillons zum schönsten Strandbad in Brandenburg.

Vier markante Wegmarken gibt es in Biesenthal. Von Süden herkommend ragt weithin sichtbar im sanft gewellten Hügelland die Turmkuppel der **katholischen St. Marienkirche** auf. Der neubarocke Rundbau geht auf eine Initiative des Bernauer Stadtpfarrers und Reichstagsabgeordneten Carl Ulitzka zurück. 1908 konnte das Gotteshaus für die wachsende katholische Gemeinde die Weihe empfangen.

Im alten Ortskern erhebt sich die **evangelische Stadtkirche**. Ihr vermutlich schon im 13. Jahrhundert errichteter Vorgänger wurde während dem katastrophalen Stadtbrand 1756 wie der gesamte Ort ein Raub der Flammen. Ab 1764 baute die Gemeinde ihr Gotteshaus auf dem überkommenen Grundriss in dreijähriger Arbeit wieder auf. Ein knappes Jahrhundert später kam 1858 der neue Kirchturm hinzu, der seither 42 Meter hoch in den Himmel über Biesenthal schaut. Im Jahr nach der Wiedereinweihung, 1859, erfüllte den Kirchenraum dann erstmals der gravitätische Klang einer Dinse-Orgel. Der begnadete Orgelbauer August Ferdinand Dinse (1811–1899), dessen Wiege in Biesenthal stand, hatte sie seiner Heimatstadt zum Geschenk gemacht. Zu den weiteren Kostbarkeiten in der Stadtkirche zählen der spätbarocke Kanzelaltar (um 1770) und ein Taufbecken aus dem 19. Jahrhundert.

Nur einen Katzensprung entfernt steht am Marktplatz neben der 1886 gepflanzten, ausladenden **Jubiläumseiche** als Wegmarke 3 das **Alte Rathaus**. Der schmucke Fachwerkbau, von einem hölzernen kleinen Haubenturm gekrönt, stammt wie die Stadtkirche aus den Jahren nach dem großen Stadtbrand. 1762–1768 neu errichtet und 2002/2003 von den Grundmauern auf restauriert, beherbergen die Räumlichkeiten heute die Touristeninformation, eine kleine Galerie, das Standesamt und eine Heimatstube. Wer sehen möchte, wie eine Gute Stube in Biesenthal zur Gründerzeit ausschaute oder mehr zur Stadtgeschichte erfahren möchte, muss mit dem ehrenamtlich tätigen Heimatverein für die **Heimatstube** einen Termin vereinbaren (s.u.). Im benachbarten **Neuen Rathaus** von 1874 ist der Sitz des Amts Biesenthal-Barnim untergebracht.

Die evangelische Kirche erhebt sich über Biesenthal

▸ Karte S. 67

Schlossberg

Dort wo im Ortszentrum das Kopfsteinpflaster der von Ackerbürgerhäuschen gesäumten Schulstraße auf die Breite Straße stößt, zweigt ein kurzer Weg zum ältesten Punkt in Biesenthal ab. Mit dem Schlossberg verbindet sich die Geburtsstunde Biesenthals. Die slawisch besiedelte Mark gelangte im 12./13. Jahrhundert unter die Herrschaft der askanischen Markgrafen. 1258 taucht ›Bysdal‹ das erste Mal in einem Schriftstück als Askanierburg auf, 1315 erteilt ihr Markgraf Johann VI. Stadtrechte. Die mittelalterliche Burg könnte sogar schon um 1230 entstanden sein. Als Doppelanlage hatte man sie auf dem großen Schlossberg und vorgelagert dem kleinen Schlossberg erbaut und durch eine Brücke miteinander verbunden.

Bis 1577 befand sie sich im Besitz der edlen Familie von Arnim, ging dann an Kurfürst Johann Georg über, war kurz danach nicht mehr bewohnt und verfiel bereits vor dem Dreißigjährigen Krieg. Was von ihr nach dem Stadtbrand 1756 noch übrig war, wurde von den Biesenthalern für den Wiederaufbau ihrer Häuser gebraucht. Einige **Grundmauerreste der alten Burg** haben sich dennoch erhalten. Sie liegen direkt zu Füßen des **Kaiser-Friedrich-Turms** – Wegmarke 4 –, dessen Bau 1907 die moderne Geschichte des Schlossbergs einläutet.

Das schmucke Fachwerk-Rathaus von Biesenthal

In den Jahren, als die Berliner ihre schöne Umgebung entdeckten und damit auch Biesenthal als Sommerfrische zum Thema wurde, zog man 1878 auf dem Schlossberg einen ersten hölzernen Aussichtsturm hoch. 1907 wurde er durch den steinernen Kaiser-Friedrich-Turm ersetzt. Dieser steht bis heute, und, grundlegend saniert, kann er seit 2007 im Sommerhalbjahr wieder erklommen werden. Oben auf dem Turm eröffnet sich ein Panoramablick bis zum Horizont rundum in tiefes Grün. Ein um den Schlossberg herum verlaufender **Parcours** macht auf Tafeln, mit Hörstationen und Klettermodellen die Geschichte der Burg, ihre Sagen und Legenden insbesondere für jüngere Nachwuchsritter wieder lebendig.

Biesenthaler Becken

Im Westen durch einen Endmoränenbogen, im Süden und Osten durch die Barnim-Hochfläche und im Norden vom Eberswalder Urstromtal begrenzt, hütet Brandenburg mit dem Biesenthaler Becken einen ganz besonderen natürlichen Schatz. Eine Gletscherzunge der Weichsel-Eiszeit hat sich vor etwa 15 000 Jahren als Baumeister betätigt und eine einzigartige Landschaft modelliert. Laubmischwälder, wachsende Moore und Trockenstandorte, Feuchtwiesen und Kames (steile runde Hügel, aus Ablagerung des eiszeitlichen Schmelzwassers am Eisrand gegen ein Widerstand aufgestaut) wechseln in dichter Folge miteinander ab. Mehrere kleine Fließe (Flachlandbäche) durchwandern das Becken; darunter das Hellmühlen-Fließ und das Rüdnitzer Fließ, die in den kreisrunden kleinen Regesesee münden, aus dem wiederum

die Finow entspringt. Der schönste Teil dieser Landschaft ist im **NSG Biesenthaler Becken** unter Naturschutz gestellt.
Von 1830 bis zum Zweiten Weltkrieg wurde in den Mooren bei Biesenthal Torf gestochen. Später zog man Entwässerunggräben quer durch die nassen Böden, um sie für die Landwirtschaft urbar zu machen - was sich jedoch als unrentabel erwies. Die wieder aufgelassenen Flächen verwandelten sich nach und nach in Orchideenwiesen, wurden zu Röhrichten oder Erlenbrüchen. Heute sind diese Kleinode durch einen sinkenden Grundwasserspiegel infolge des Klimawandels bedroht. Als Gegenmaßnahme wird das Wachstum weiträumiger Moore als natürliche Wasserspeicher gefördert. Die Biesenthaler Ortsgruppe der Natur-Freunde betreut seit 1991 die wertvollen Nasswiesen, und seit 2002 ist auch der Naturschutzbund Deutschland (NABU) engagiert. Fast 400 Hektar des NSG befinden sich im Besitz der NABU-Stiftung Nationales Naturerbe, die die Biesenthaler Wälder, Wiesen und Gewässer für die Zukunft bewahrt.

Reste der Burg Breydin bei Trampe

▲ Karte S. 67

Aber auch der Mensch soll dabei nicht zu kurz kommen. **Markierte Wanderwege** erschließen das Naturschutzgebiet. So zum Beispiel eine Etappe des 66-Seen-Wanderwegs, der Berlin–Usedom-Radweg oder auch der Natura Trail ab Marktplatz Biesenthal über die Pfauenwiesen und Schweinebuchtenberge, am Rüdnitzer Fließ und am malerischen Hellmühlen-Fließ entlang bis zum Hellsee nach Lanke (→ S. 69). Unterwegs auf dem Trail machen Tafeln auf die verschiedenen Ökosysteme, die Tier- und Pflanzenwelt aufmerksam.

Barnimer Heide

Von Biesenthal bis nach Eberswalde erstreckt sich das weite grüne Waldgebiet der Barnimer Heide. Zu seinen natürlichen Schönheitsköniginnen gehören neben dem Flüsschen Finow die Schwärze sowie das wildromantische Nonnenfließ. Letzteres plätschert bei dem winzigen **Flecken Tuchen** aus dem Boden hervor, etwa zehn Kilometer Vogelfluglinie östlich von Biesenthal. Das kaum 100 Seelen zählende Dorf verweist stolz auf seine zierliche **Fachwerkkirche**, die zwischen 1711 und 1718 auf einem im Dreißigjährigen Krieg zerstörten mittelalterlichen Vorgänger erbaut wurde. Gegen Ende der DDR war die Bausubstanz so marode, dass eine kräftige Windböe das Kirchenschiff zum Einsturz brachte. Von 1991 an bauten engagierte Gemeindemitglieder das Gotteshaus wieder auf. Heute finden in der Kirche Konzerte und kulturelle Veranstaltungen statt, und geheiratet wird dort natürlich auch.
Die **Dorfkirche** im Nachbardorf **Klobbicke**, schon seit 1974 mit Tuchen zu einer Gemeinde vereint, lohnt ebenfalls einen

Am Nonnenfließ in der Barnimer Heide

Blick. Der eher wuchtige Feldsteingeselle stammt von Mitte des 13. Jahrhunderts und wurde mehrmals erweitert. Sein breiter neuromanischer Westturm wurde 1904/05 aufgeschichtet.

Tuchen-Klobbicke ist der Ausgangspunkt für die **Nonnenfließ-Wanderung**, die für viele mit zum schönsten zählt, was der Barnim Wanderern bieten kann. Eine eiszeitliche Schmelzwasserrinne hat sich vor gut 15 000 Jahren von Nord nach Süd tief in den Barnim gefräst und für die norddeutsche Tiefebene ungewöhnlich steile, bis zu 12 Meter tief zum Fließ abfallende Hänge hinterlassen. Die Ufer des malerisch mäandernden Nonnenfließes schmücken Röhricht und Erlenbrüche, hangaufwärts ziehen Buchen- und Eichenwälder entlang, und dazwischen dehnen sich besonders im Frühling weite Blütenteppiche aus. Bei Spechthausen kurz vor Eberswalde nimmt schließlich die Schwärze das Nonnenfließ auf.

■ Trampe

Zusammen mit Tuchen-Klobbicke bildet das alte Gutsdorf Trampe heute die Gemeinde Breydin. Nach den **Feldsteinmauerresten der Burg Breydin** im ehemaligen Gutspark ist sie benannt. Anfang des 14. Jahrhunderts wurde eine Burg Breydin erstmals erwähnt. Im 19. Jahrhundert gehörte das Gut den Grafen von Schulenburg, mit einer Dorfkirche aus dem 13. Jahrhundert, Herrenhaus, Hof mit Nebengebäuden und Arbeiterreihenhäusern, Scheunen und Ställen.

Diese traditionelle Ordnung hat sich Trampe, heute eine Agrargenossenschaft, seitdem bewahrt. Das 1657 erbaute Gutshaus, im 17. und 18. Jahrhundert mehrfach umgebaut, erhielt in der DDR seine gegenwärtige Gestalt. Der zugehörige Park wurde im ersten Drittel des 19. Jahrhunderts nach dem herrschenden Zeitgeschmack als englischer Landschaftspark angelegt. Von der Dorfstraße aus führt ein Weg durch die verwilderte Anlage zur Burgruine.

i Biesenthal und Umgebung

Vorwahl: 03337

PLZ: 16359

Touristeninformation Biesenthal, Am Markt 1, Tel. 490718, Mai–Okt. Di 10–12 und 13–18, Do–So 10–16, Nov.–April Di 10–12 und 13–18, Do–Sa 10–14 Uhr. www.barnim-tourismus.de

Heimatmuseum Biesenthal, auf Anfrage, Tel. 0160/2763826 http://heimatverein-biesenthal.de

Kaiser-Friedrich-Turm, Schlossberg in Biesenthal, April–Okt. tgl. 9–19 Uhr.

Wukenseefest, großes Stadtfest Mitte Aug. in Biesenthal im Strandbad Wukensee, mit Drachenbootrennen und drumherum buntem Programm.

Strandbad Wukensee, Ruhlsdorfer Straße 41, Tel. 0162/7712969, Mai, Juni und Sept. tgl. 9–19 Uhr, Juli/Aug. tgl. 8–20 Uhr, Ruderboot- und Wasserlaufschuhverleih.
www.strandbad-wukensee.de

Barnim

Am Finowkanal zwischen Zerpenschleuse und Finowfurt

Seit über 400 Jahren verbindet der Finowkanal die Havel mit der Oder und damit im weitesten Sinne Nordsee und Ostsee. 2020 feierte die älteste künstliche deutsche Wasserstraße ihren 400. Geburtstag, und lange Zeit diente sie als wichtigster Gütertransportweg in der nördlichen Mark. Wo in den Jahren um 1900 noch mehr als 2,5 Millionen Tonnen Waren per anno geschifft und gut 50 000 Holzstämme geflößt wurden, genießen heute Paddler und Freizeitkapitäne die stille Natur am romantischen, grün eingewachsenen Wasserlauf.

Zerpenschleuse

Das 900 Einwohner kleine Dorf Zerpenschleuse geht auf eine Pottaschebrennerei zurück, die im 17. Jahrhundert an der ehemaligen Hammerdammer-Schleuse am ersten Finowkanal stand (→ S. 86). Solche Brennereien konnten selbst noch in den abgelegensten Gegenden in den Wald gesetzt werden. Denn für das Sieden von einem Kilo Pottasche (Kaliumcarbonat) musste etwa das Tausendfache an Holz verfeuert werden. 1680 eröffnete am Ufer des in den Wirren des Dreißigjährigen Kriegs verfallen Finowkanals eine Glashütte. Arbeiter mit ihren Familien siedelten sich an.

Gut hundert Jahre später konnte die Wasserstraße nach der Sanierung auf Order Friedrichs des Großen 1746 neu eröffnet werden. Schiffer und Treidler ließen sich nieder. Mit Erlass des Preußenkönigs 1765 sollten darüber hinaus Spinnereien den ökonomischen Aufschwung bringen. Der Unternehmung war jedoch kein Erfolg beschieden. Es blieb mithin beim kleinen Schifferdorf. 1844/45 erhielt es eine **Fachwerkkirche**, deren gegenwärtige Inneneinrichtung noch original aus der Bauzeit stammt. Mit der Eröffnung des Oder-Havel-Kanals 1914 verlor Zerpenschleuse seine Bedeutung. Die beiden Schleusen dort, wo seither der Finowkanal den Oder-Havel-Kanal kreuzt, wurden 1924/25 zugeschüttet. Damit war das gesamte Kanalstück vom Dorf westlich bis Liebenwalde quasi abgestöpselt und verwandelte sich in ein nahezu stehendes Gewässer – den **Langen Trödel**.

Seit 2016 ist dies nun ebenfalls wieder Geschichte. In zweieinhalbjähriger Bautätigkeit hat man den Langen Trödel zwischen den beiden Ortschaften für Wassersportler und Erholungssuchende wieder klar gemacht. Am Zerpenschleuser **Kreuz von Finow- und Oder-Havel-Kanal** ist außerdem eine neue Schleusenanlage entstanden, dazu Bootsanleger, eine Slipanlage, Einstiegshilfen für Wasserwanderer und ein komplett neues Feriendorf im skandinavischen Stil.

Den Ortskern an der Hauptstraße B 109 ziert seitdem wieder, wie in alter Zeit, eine **Zugbrücke**. Von dort geht der Blick auf die denkmalgeschützten Häuschen der Schiffer und Fischer, die sich am südlichen Ufer des Langen Trödel über die Fachwerkkirche hinaus bis zur nächsten Brücke teils noch erhalten haben.

Gemeinde Marienwerder

Zwischen Oder-Havel-, Finow- und Werbellinkanal liegt das Dorf Marienwerder. Es ist eine vergleichsweise junge Gründung, die 1754 durch Erlass Friedrichs des Großen zum Bau eines Spinnerdorfs aus der Taufe gehoben wurde. Im Zuge der preußischen Wiederbevölkerungsmaßnahmen nach Ende des Dreißigjährigen Kriegs spielten neben dem Anlegen von neuen Bauernstellen ländliche Ge-

▲ Karte S. 86

werbeansiedlungen eine immer größere Rolle. Dazu gehörten auch die Spinner- und Weberdörfer. Ihre Einwohner sollten das Ausgangsmaterial für die preußischen Textilmanufakturen liefern. Das Marienwerder-Projekt scheiterte aber, 50 neu angesiedelte Familien mussten sich nach einem anderen Broterwerb umsehen und wurden Schiffer.

Im Jahr 1855 kam die neugotische **Backsteinkirche** dazu, und lange Zeit waren mehrere Sägewerke in Betrieb, die die auf dem Finowkanal hergeflößten Baumstämme direkt weiterverarbeiteten.

Heute ist der Ort auf einer Insel zwischen den drei Kanälen ein Anziehungspunkt besonders für Wasserwanderer. Ein kleiner **Badesee** und ein **Paddelbootverleih**

Zugbrücke am Langen Trödel bei Zerpenschleuse

Unterwegs auf dem Finowkanal

bieten das touristische Programm. Aber nicht nur das. An der **Schleuse Grafenbrück** kreuzen der Berlin-Usedom- und Oder-Havel-Radweg. Radler wie Wasserwanderer können dort beim ›Schleusengraf‹ zum gemütlichen Snack oder kühlen Blonden einkehren, draußen im Biergarten und drinnen im restaurierten alten Magazingebäude der Königlichen Wasserbaudirektion Grafenbrück.

Dagegen geht es an der Schleuse Leesenbrück einmal im Jahr an einem Wochenende im Juli hoch her. Während sich der Mond und hunderte Lampions romantisch im Wasser spiegeln, spielen zum **Inselleuchten-Festival** eine Reihe der angesagtesten Bands der kultigen Hemisphäre auf. 2003 ins Leben gerufen, wurde das Popfestival vor allem durch den Tatortkommissar und zeitweiligen Wahl-Marienwerderianer Axel Prahl bekannt. Zusammen mit Jan Josef Liefers, Silly, den 17 Hippies oder Suzanne Vega hat er die Bühne gerockt. Heute findet das Inselleuchten mit aktuellem Staraufgebot unter der Ägide des Rundfunks Berlin-Brandenburg statt.

Wassersport an den Kiesseen bei Ruhlsdorf

▲ Karte S. 86

Ruhlsdorf

Das Angerdörfchen Ruhlsdorf einen Katzensprung südlich von Marienwerder, 1316 erstmals als ›Rulevestorpp‹ erwähnt, verfügt über eine **Kirche** von 1775, ein kleines **Heimatmuseum**, das das dörfliche Leben im Lauf der Jahrhunderte näher bringt, und außerdem eine riesige Badepiste.

An den **Ruhlsdorfer Kiesseen** herrscht im Sommer absolutes Badevergnügen. Schwimmen, Sonnenbaden, Schlauchbootpaddeln, Tauchschule, SUP, Wasserski und Wakeboard an puderzuckerfeinen weiten Sandstränden – die Baustoffnachfrage hat den Ruhlsdorfern diese herrlichen Freizeitseen geschenkt. Und es werden stets mehr. Denn die Saugbagger eines Kies- und Betonunternehmens schaufeln das Baumaterial immer noch aus dem Boden. Der nächste künftige Badesee ist schon im Entstehen.

Flößerdorf Finowfurt

Unmittelbar östlich der Autobahn 11, die die Schorfheide durchschneidet, erstreckt sich am Finowkanal mit 4800 Einwohnern das Dorf Finowfurt. 1929 ist es aus den beiden Weilern Schöpfurth und Steinfurth zusammengelegt worden und war in seiner Entwicklung stets mit dem Finowka-

Historisches Fluggerät im Luftfahrtmuseum Finowfurt

nal und dem Flößerhandwerk verbunden. Noch bis in die Mitte der 1970er Jahre fand hier kommerzielle Flößerei statt. Nach der Wiedervereinigung gründete sich 1999 der Finowfurter Flößerverein, der seitdem die Geschichte der Fößerei auf dem Finowkanals erforscht und bewahrt. 2015 wurde dem heutigen Ortsteil der Gemeinde Schorfheide von der Internationalen Flößervereinigung der Titel ›Internationales Flößerdorf‹ verliehen. Im beschaulichen Ortszentrum knüpft die **Flößergasse** nahe der Schleuse Schöpfurth mit Info-Tafeln an das überlieferte Handwerk an. Dort kann man sich kundigmachen und außerdem die lauschige Anlegestelle mit Bootsverleih, Zelt- und Wohnmobil-Stellplatz für sich nutzen. Einmal im Jahr stehen an einem Wochenende im Juli darüber hinaus die Flößer wieder im Rampenlicht. Wenn sie zum **Flößerfest** die Tradition des Flößen und Treidelns wieder aufleben lassen, strömen Tausende Besucher auf das Gelände am Finowkanal. Mit Feuerwerk und Lasershow, umrahmt von Budenmeile,

In Finowfurt wird die Flößertradition bewahrt

Schwof und Bühnenprogramm zählt das Finowfurter Flößerfest zu den größten und beliebtetsten Volksfesten im Barnim. Am südlichen Ortsrand lädt das **Luftfahrtmuseum** dazu ein, das Element von feucht zu luftig zu wechseln. Auf dem ehemaligen sowjetischen Militärflugplatz lassen sich über zwei Dutzend historische Flieger, zwei Flugzeugwracks aus dem Zweiten Weltkrieg, Turbinen, Motoren und vieles mehr aus der Geschichte der Zivil- und Militärluftfahrt in Augenschein nehmen. Ab 1939 wurde der kleine Landeplatz von den Nationalsozialisten zum Flugplatz gebaut. Von da an diente Finowfurt über den Zweiten Weltkrieg und die DDR-Zeit hinaus bis zum Abzug der sowjetischen Luftstreitkräfte 1993 als Militärstandort. Heute heben noch kleine Propellermaschinen von der Start- und Landebahn auf dem Flugplatz Eberswalde Finow ab. Den größten Teil des Areals bedecken die Photovoltaikmodule des ›Solarparks Finowtower‹. 2010/11 ging er in Betrieb und war mit einer Maximalleistung von 84,7 Megawatt damals einer der größten Europas.

Zerpenschleuse/Finowfurt

Im Schwalbennest, Berliner Str. 1a, 16348 Wandlitz/OT Zerpenschleuse, Tel. 033395/71145, Ferienwohnung für zwei Personen/Nacht ab 60 €. Drei aparte FeWos, in schönem Stil eingerichtet, für einen stillen Aufenthalt wie gemacht. www.imschwalbennest.de

Ferienpark Üdersee-Camp, Üdersee 1, 16244 Schorfheide/OT Finowfurt, Tel. 03335/218, April–Okt. Zehn Hektar Platz zwischen Eichen und Kiefern, dazu ein toller Badestrand am Üdersee, Gaststätte, Minimarkt, Ruderboot- und Fahrradverleih. Wenn der Wind ungünstig steht, kann es durch die nahe Autobahn etwas lauter werden. www.uedersee.de

wake & camp ruhlsdorf, Biesenthaler Chaussee 24-25, 16348 Marienwerder/OT Ruhlsdorf, Tel. 03337/452970, April–Okt. Große Anlage unter Kiefern an den Ruhlsdorfer Kiesseen; Mietwohnwagen, SB-Restaurant, Minigolf, Wasserski, Wakeboard, SUP, Sandstrände. www.wake-and-camp.de

Yachthafen Marienwerder, Am Wassertor 2, 16348 Marienwerder, Tel. 0179/7286338, April–Okt. Hafenbecken am Oder-Havel-Kanal für etwa 30 Gastboote, Strom, Frischwasser/Grauwasser, Dusche/WC, Reperaturservice, Fahrradverleih, Restaurant und morgens frische Brötchen. www.yachthafen-marienwerder.de

Wasserwanderrastplatz Finowfurt, an der Schleuse Schöpfurth, Erzberger Platz 1, 16244 Schorfheide/OT Finowfurt, Tel. 0160/93337942, Mai–Anfang Okt. Schiffsanleger mit vier Gastliegeplätzen, Zelt- und Caravanstellplätze, mit Strom, Wasser/Grauwasser, Sanitär und Bootsverleih. https://bootsverleih-schorfheide.de

Wohnmobilstellplätze am Wasserwanderrastplatz Finowfurt (s.o.).

Arttisch Esskultur, Am Wassertor 2, 16348 Marienwerder, Tel. 03335/6059808. Feine kleine regionale Karte im Bootshaus der Marina Marienwerder, immer wieder mit kulinarischen Überraschungen; dazu gute Weine, aufmerksamer Service und auf der Terrasse ein berückender Blick über die Boote und das Wasser in den Sonnenuntergang. https://arttisch-esskultur.business.site

Schleusengraf, Grafenbrücker Weg 4, 16348 Marienwerder, Tel. 03335/330293. Beliebter Radler- und Paddler-Treffpunkt an der Schleuse Grafenbrück. Es gibt Frischgezapftes, außerdem Würstchen und Eis am Stil, und dazu eine gemütlich entspannte Ausflugsatmosphäre. www.derschleusengraf.de

Spieß-Burger, Bauernstraße 8a, 16244

▸ Karte S. 86

Schorfheide/OT Finowfurt, Tel. 03335/3390560. Üppige Burger vom Schorfheide-Wildbret und Groß Schönebecker Freilandrind, dazu selbstgeschnitzte Pommes mit Dips in zahlreichen Variationen, Gemüse und knackiger Salat aus regionalem Anbau. Lecker! Zum Draußensitzen im Sommer unbedingt reservieren.

Luftfahrtmuseum Finowfurt, Museumsstr. 1, 16244 Schorfheide/OT Finowfurt, Tel. 03335/7233, April–Okt. tgl. 10–17 Uhr. www.luftfahrtmuseum-finowfurt.de

Heimatmuseum Ruhlsdorf, Dorfstraße 73 (im Bürgerhaus), 16348 Marienwerder/OT Ruhlsdorf, Tel. 033395/407, April–Okt. Sa 14–17 Uhr. www.ruhlsdorf700.de

Kanu-Verleih am Langen Trödel, Kanalstraße 11, 16348 Wandlitz/OT Zerpenschleuse, Tel. 033395/700099; Kanadier, Kajaks, SUP. www.am-langen-troedel.de

Kanu-Verleih Bootshaus Lotti, Am Finowkanal 4, 16348 Marienwerder/OT Ruhlsdorf, (am Bahnhof Ruhlsdorf/Zerpenschleuse), Tel. 0177/1546176. Kajaks, Kanadier, Hobies und SUP; dazu kredenzt ›Lottis Café‹ im Boothaus und auf der Terrasse Torten, hausgemachte Kuchen und herzhafte Snacks. www.bootshaus-lotti.de

Mac-Paddel-Kanu-Verleih, Klandorfer Straße 1a, 16348 Marienwerder, Tel. 0172/1546214, ganzjährig. Kanus und Kajaks. www.maritim-marienwerder.de

Bootsverleih Schorfheide, am Wasserwanderrastplatz Finowfurt (s.o.); Kanadier, Kajaks, Tretboote, SUP sowie nach Voranmeldung Hausboote.

Tauchbasis Ruhlesee, Biesenthaler Chaussee 24,16348 Marienwerder/OT Ruhlsdorf, Tel. 030/4252626; April–Okt. Tauchbasis an den Ruhlsdorfer Kiesseen, Ausrüstungsverleih, Schnupperkurse, Tauchschule; im Sommer manchmal großes Geknubbel, deshalb besser vorher reservieren. www.tauchbasis-ruhlesee.de

Wasserski und Wakeboard, am Ruhlesee in Ruhlsdorf, 5-Mast-Liftanlage mit 920 m Seilbahnlänge, Board- und Neoprenanzug-Verleih, auf dem Gelände von wake & camp (s.o.).

Bernsteinsee in Ruhlsdorf, Ostufer, Zufahrt über Sophienstädter Straße: ausgedehnter Sandstrand, gebührenpflichtig, mit Imbiss, Sanitär, Volleyball, Tischtennis, großem Parkplatz, Mai–Sept. tgl. ab 9 Uhr. http://beach-zone.de

Bernsteinsee Südufer, Zugang über Biesenthaler Chaussee, von dort Rundweg um den See (ca. 1 km Fußweg) bzw. über Prendener Straße (L 31) und Eiserlaake (ca. 900 m Fußweg): großer schattenloser Sandstrand, unbewirtschaftet.

Marienwerder, kleiner Badestrand am Dorfsee beim Sportplatz.

Üdersee, großer Sandstrand am südlichen Üderseeufer auf dem Gelände des Ferienparks Üdersee-Camp (s.o.).

Flößerfest Finowfurt, großes Volksfest an einem Wochenende im Juli mit traditionellem Flößen, Wettflößen, Baumstammsägen u.v.m. und natürlich Musik und Tanz und Speis' und Trank. www.gemeinde-schorfheide.de

Inselleuchten, internationales Rock-und-Pop-Festival drei Abende an einem Juliwochenende an der Leesenbrücker Schleuse in Marienwerder. www.inselleuchten.de

Emma Emmelie, Kanalstraße 27, 16348 Wandlitz/OT Zerpenschleuse, Tel. 0170/5248364. Vintage-Fans werden die Augen übergehen in dem kleinen Nostalgiehimmel mit altem Porzellan, Schmuck, Nippes, Klöppelspitzen und Leinenstickerei, angesiedelt irgendwo zwischen Hedwig-Courths-Mahler-Filmen und Laura Ashley-Design. www.emma-emmelie.de

Der Finowkanal

Die Idee, Oder und Havel durch einen Kanal miteinander zu verbinden und damit ein durchgehendes Wasserwegenetz zwischen Nordsee und Ostsee zu schaffen, ist über 400 Jahre alt. 1603 erließ Kurfürst Joachim Friedrich die Order, von der Faulen Havel bei Liebenwalde bis zur Oder einen Wasserweg anzulegen. 1605 erfolgte der erste Spatenstich, bis 1620 war Deutschlands erste - und damit älteste - künstliche Wasserstraße gegraben. Ihren Dienst konnte sie allerdings kaum mehr verrichten. Von 1618 bis 1648 tobte der Dreißigjährige Krieg. Die Bevölkerung, die nicht durch marodierende Soldaten umkam, starb an Krankheiten und Hunger. Alle Infrastruktur wurde verheert, so auch der Finowkanal, der im Lauf der Jahrzehnte verfiel. Der Wiederaufbau des Landes nach Kriegsende ging langsam voran. Erst hundert Jahre später griff König Friedrich der Große nach seinem Regierungsantritt 1740 das Projekt Finowkanal wieder auf. Bereits nach dreijähriger Bauzeit konnte die Wasserstraße 1746 neu eröffnen, und in den nächsten 150 Jahren stieg die 42 Kilometer lange Verbindung zwischen Havel und Oder zu einer der wichtigsten preußischen Binnenwasserstraßen auf. So genannte ›Finowmaßkähne‹ mit maximal 1,4 Meter Tiefgang, 4,6 Meter Breite und 170 Tonnen Traglast wurden vom Treidelweg am Ufer aus von Pferden oder auch mit menschlicher Muskelkraft von Treidlern gezogen. Schiffer und Handwerker ließen sich in der prosperierenden Region am Finowkanal nieder.

Doch nicht erst mit Bau des Finowkanals, auch schon im Mittelalter hatte das Flüsschen Finow große wirtschaftliche Bedeutung. Seine Wasserkraft lieferte Energie für den Betrieb von Getreide-, Säge- und Hammermühlen. Mit dem Kanalbau siedelten sich dann zahlreiche frühindustrielle Werke an. Die künstliche Wasserstraße entwickelte sich zur Lebensader der brandenburg-preußischen Industrieregion Eberswalde. Anfang des 20. Jahrhunderts war man jedoch an die Kapazitätsgrenze gelangt. Obwohl Tag und Nacht geschleust wurde, konnte der Güterverkehr auf dem Finowkanal nicht mehr bewältigt werden. 1906 begann daher wenig entfernt

Der Finowkanal

der Bau des größeren Hohenzollernkanals (Oder-Havel-Kanal) mit weniger Schleusen für größere Schiffe, die mehr Fracht laden können. 1914 fand seine Einweihung statt. Der Finowkanal verlor mehr und mehr an Bedeutung. 1972 kam der Wirtschaftsverkehr endgültig zum Erliegen. Nach umfassender Sanierung an der Jahrtausendwende dient die kleine künstliche Wasserstraße, mittlerweile romantisch verkrautet, heute als herrliche Wasserpartie für Paddler und Hobbyschiffer. Zwölf handbetriebene historische Schleusen müssen zwischen Zerpenschleuse im Westen und der Lieper Schleuse im Osten überwunden werden. Unterwegs bieten Wasserwanderrastplätze Zelt- und Versorgungsmöglichkeiten.

Das in den 1920er Jahren verfüllte Teilstück des Werbellinkanals bei Marienwerder, das einmal Oder-Havel- und Finowkanal miteinander verband, wurde bis 2011 zur Freude der Wasserwanderer wieder schiffbar gemacht. Seitdem können Freizeitkapitäne vom Finowkanal aus Kurs auf den Werbellinsee in der Schorfheide nehmen.Bei Zerpenschleuse folgte 2016 die Wiedereröffnung des ›Langen Trödels‹. Dort, wo der Finowkanal den Oder-Havel-Kanal quert, hatte man 1924/25 die beiden Finowkanalschleusen zugeschüttet. Der Kanalabschnitt von Zerpenschleuse bis Liebenwalde wurde dadurch zum stehenden Gewässer, dem ›Langen Trödel‹. Nach der Sanierung sowie dem Bau einer neuen Schleuse, von zwei Klappbrücken und einer Hubbrücke herrscht jetzt wieder freie Fahrt zwischen Oder und Havel – oder wer noch weiter möchte, zwischen Nordsee und Ostsee.

Schleusenzeiten auf dem Finowkanal: Mitte April–Mitte Okt. tgl. 9–16.45 Uhr. www.finowkanal.info

Weitere Informationen zu Schleusenbetrieb, Störungen, Wasserständen u.v.m. unter www.elwis.de

Ab voraussichtlich 2023 Schleusensanierung, zunächst im Abschnitt von Schleuse Ruhlsdorf bis Schleuse Wolfswinkel (Eberswalde), anschließend 2024–2030 von Eberswalde bis Lieper Schleuse am Schiffshebewerk. Für große Boote ist der Kanal dann nur eingeschränkt schiffbar. Mit dem Paddelboot lassen sich die Schleusenbaustellen umtragen.

Eberswalde und Umgebung

Von Finowfurt über Finow und Eberswalde bis Niederfinow erstreckt sich zwischen Finow- und Oder-Havel-Kanal ein städtisches Konglomerat mit gut 50 000 Einwohnern. Über 41 000 davon leben in der Kreisstadt des Landkreises Barnim, in Eberswalde, die sich vom eingemeindeten Ort Finow bis zum Ortsteil Ostend auf einer Länge von gut 14 Kilometern am Finowkanal entlang ausdehnt. Ihre einzelnen Stadtteile verbindet die breite Ost-West-Trasse der B 167 miteinander, an der man gefühlt endlos an Gewerbegebieten, verlassenen Plattenbauten und Industrieruinen entlang fährt, ohne jemals auf ein Ortszentrum zu stoßen. Nein, einen Schönheitswettbewerb würde Eberswalde sicherlich nicht gewinnen. Statt dessen bietet die Kreisstadt als ›Wiege der brandenburgisch-preußischen Industrie‹ ein spannendes Stück Industriekultur, das es gleichermaßen in Architektur wie städtebaulich als Schatz noch zu entdecken gilt.

Spätestens mit der Gründung der renommierten ›Hochschule für nachhaltige Entwicklung‹ 1992 setzt Eberswalde, ringsum von ausgedehnten Wäldern umgeben, außerdem Zeichen in Sachen erneuerbare Energien, Ökologie, Naturschutz und Nachhaltigkeit und ist heute – nicht zuletzt dank dem jungen studentischen Zuwachs – nicht mehr nur verwaltungstechnischer, sondern auch kultureller Mittelpunkt in der Region.

Geschichte

Das Eberswalder Urstromtal ist nachweislich schon seit der Steinzeit besiedelt. Aus der Bronzezeit etwa 900 v. Chr. stammt der berühmte ›Goldschatz von Eberswalde‹, einer der bedeutendsten deutschen Bronzezeitfunde. Um 600 n. Chr. beginnt im Zuge der Völkerwanderung die slawische Besiedlung. Vermutlich gegen Ende des 12. Jahrhunderts lassen sich im Rahmen der Ostkolonisation beiderseits einer Furt in der Finow Siedler aus deutschsprachigen Landen nieder. 1276 wird ›Euersvolde‹ erstmals urkundlich erwähnt. 1499 wütet eine Feuersbrunst und legt die aufstrebende Stadt in Schutt und Asche.

Der Wiederaufbau im 16. Jahrhundert steht ganz im Zeichen einer ersten Industrialisierung. Messerschmieden, Kupfer- und Eisenhammerwerke entstehen. 1605–1620 folgt der Bau des ersten Finowkanals, der im Dreißigjährigen Krieg jedoch zerstört wird und verfällt. Auch

Eberswalde, Übersicht

Der Eberswalder Goldschatz stammt aus der Bronzezeit

unter den Eberswaldern forderte der erste große Krieg der Neuzeit unermessliche Opfer. Im letzten Kriegsjahr 1648 zählt die Stadt nur noch 168 Bewohner. Nach der Einweihung des zweiten Finowkanals 1746 geht es wieder bergauf. Die künstliche Wasserstraße wird zur wirtschaftlichen Lebensader der Stadt. Mit metallverarbeitenden Werken und einer Papierfabrik steigt Eberswalde zum ›märkischen Wuppertal‹ auf. Die Namen der Stadtteile Kupferhammer, Eisenspalterei oder Messingwerk erinnern bis heute daran.

Ab Mitte des 19. Jahrhunderts folgen Fabrikgründungen Schlag auf Schlag: 1851 eine Landmaschinenfabrik, 1852 Dachpappen- und Asphaltwerke, 1858 eine Seidenwarenfabrik, 1869 eine Hufnagelfabrik, 1883 und 1893 Eisengießereien. Forciert wird die Entwicklung durch die Inbetriebnahme der Eisenbahnlinie Berlin–Stettin 1842/43 sowie die Eröffnung des Oder-Havel-Kanals 1914. Die Einwohnerzahl versechsfacht sich von knapp 4400 im Jahr 1830 auf über 26000 gemäß Volkszählung 1910.

1938 brennt auch in Eberswalde die Synagoge. Mit Kriegsbeginn 1939 stellt die Industrie in der Stadt auf Rüstungsbetrieb um. Während des Zweiten Weltkriegs produzieren tausende Zwangsarbeiter Panzerabwehrkanonen, Granaten, Tellerminen, Fliegerbomben u.v.m. Ende April 1945 wird Eberswalde kurz vor der Kapitulation von deutschen Bombern in Brand gesetzt.

Nach Gründung der DDR beginnt der Wiederaufbau als Industriezentrum, 1970 folgt die Eingemeindung des benachbarten Industriestandorts Finow. Nach der Wiedervereinigung wird Eberswalde 1993 Kreisstadt des neu gebildeten Landkreises Barnim. 1994 verlassen die russischen Streitkräfte die Stadt. 2002 richtet Eberswalde auf einem ehemaligen Industriegelände am Finowkanal die Landesgartenschau aus.

Aber nicht nur für Industrie war Eberswalde bekannt, sondern auch für Gebäck: 1832 lässt sich der Konditor Gustav Louis Zietemann (1807–1880) am Marktplatz in Eberswalde nieder und macht einen süßen fettigen Kringel aus Brandteig in ganz Preußen bekannt. Sein Geheimnis: der Brandteig wird nicht im Ofen, sondern in Fett ausgebacken und anschließend mit Puderzucker bestäubt oder einer Zuckerglasur versehen. Ab 1842 bietet der geschäftstüchtige Bäcker seine Kreation auf der Eberswalder Bahnstation an, wo seit dem 1. August die Züge der neue Bahnlinie Berlin–Stettin rollen. So wird der Ruf ›Eeeberswalder Spritzkuuchen‹ von den Bahnreisenden in die weite Welt hinaus getragen. Noch bis zum Ende des Zweiten Weltkriegs wird die Konditorei Zietemann als Familienbetrieb geführt. Seit 2007 erinnert in der Bahnhofshalle eine Kupferskulptur von Hand des Künstlers Eckhard Herrmann an den Eberswalder Spritzkuchenkönig Gustav Louis Zietemann.

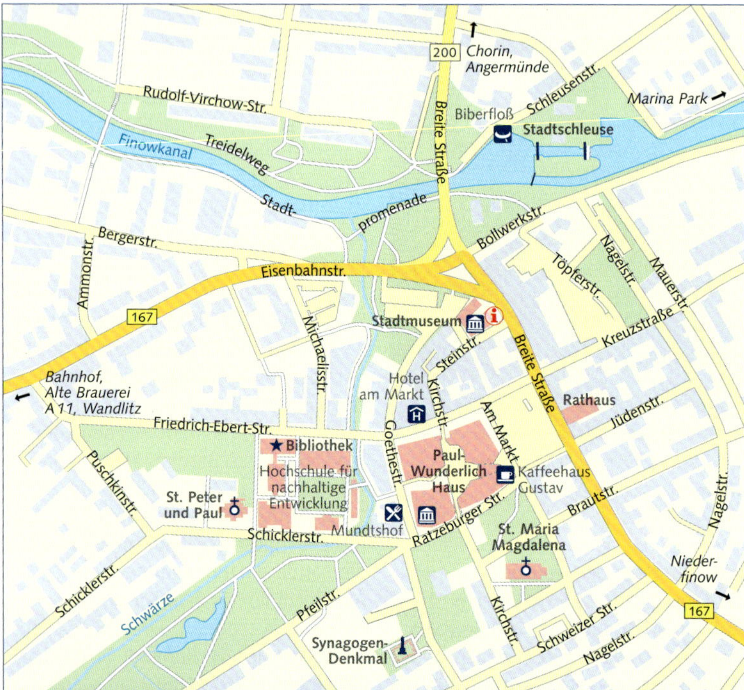

Eberswalde, Zentrum

Sehenswertes

Das Eberswalder Stadtzentrum ist für Ortsunkundige nicht ganz einfach zu finden. Dort, wo die B 167 östlich auf die Landstraße Richtung Chorin stößt, erstreckt es sich über ein paar Karrees zwischen Stadtschleuse, St. Maria-Magdalenen-Kirche und Forstakademie.

Wenige Schritte südlich der Schleuse – die zu den ältesten noch funktionierenden Schleusen zwischen Elbe und Oder zählt –, logieren im 1663 errichteten Fachwerkhaus der **ehemaligen Adler-Apotheke** das Städtische Kulturamt, die Touristeninformation und, 2014 um einen modernen Anbau erweitert, das **Stadtmuseum**. Letzteres präsentiert die Geschichte der Stadt und des Finowtals vom Rückzug der Gletscher am Ende der letzten Eiszeit über Mittelalter, die neuzeitliche Industrialisierung und forstliche Lehre bis hin zur deutschen Wiedervereinigung und aktuellen stadtentwicklungspolitischen Fragen. Zu seinen besonderen Attraktionen gehört der Eberswalder Goldschatz. 1913 war man bei Schachtarbeiten in der Messingwerksiedlung in Finow auf einen Tontopf mit über 2,5 Kilo Schmuck, Schalen, Gefäße aus purem Gold aus der Bronzezeit etwa 900 v. Chr. gestoßen – bis heute der größte vorgeschichtliche Goldfund in Deutschland. Bis zum Zweiten Weltkrieg war er im Berliner Museum für Vor- und Frühgeschichte ausgestellt, dann galt er lange Zeit als verschollen. Seit 2004 ist nun bekannt, dass er 1945 als Beutekunst nach Moskau gelangte und dort in einem Depot des Puschkin-Museums lagert. Das Eberswalder Stadtmuseum zeigt eine Replik.

Am weitläufigen Markt steht dem **Alten Rathaus** (1755) und **Neuen Rathaus** (1905) das 2007 eröffnete **Paul-Wunderlich-Haus** gegenüber. Der funktionale moderne Gebäudekomplex dient der Kreisverwaltung und zeigt darüber hinaus auf drei Etagen verteilt eine ständige Ausstellung von über 300 Gemälden, Skulpturen und Grafiken des 1927 in Eberswalde geborenen Malers, Grafikers und Bildhauers Paul Wunderlich († 2010).

Hochaltar in der Maria-Magdalenen-Kirche

Die Südseite am Markt flankiert eine erhalten gebliebene Altbauzeile, hinter der sich das Wahrzeichen Eberswaldes, die zwischen 1285 und 1330 erbaute **Maria-Magdalenen-Kirche** erhebt. Der steinerne Figurenschmuck an ihren Portalen stammt ebenso wie die Bronzetaufe noch aus den Gründungsjahren. Der Innenraum der hochgotischen dreischiffigen Pfeilerbasilika wurde das erste Mal nach einem Stadtbrand 1499 und das zweite Mal 1762 grundlegend erneuert. Unter dem hohen Kreuzrippengewölbe schmücken ihn seit 1606 ein prächtig geschnitzter Hochaltar sowie eine Orgel, die 1783 der Wagner-Schüler Ernst Marx für das Gotteshaus schuf. Bei dem verheerenden Kirchenbrand im Dezember 2019 blieben die kostbarsten Kleinode der Innenausstattung zum Glück verschont. Nach einer aufwändigen Sanierung bis 2021 steht der Sakralbau für Gottesdienste, Konzerte, Veranstaltungen und auch Besichtigungen nun wieder offen.

Im Stadtmuseum

Vor der Kirche steht die 1518 gegossene **Barbaraglocke**. Nach 370-jährigem treuem Geläut hatte sie einen Sprung bekommen, der nicht mehr zu kitten war, und man setzte die betagte Glocke zu Füßen des Turms verdient auf ihr Altenteil. Einen Blick unterhalb des Gotteshauses lohnt auch das bronzene Stadtmodell. Es zeigt Eberswalde im Jahr 1938 vor der Zerstörung der Synagoge. In der Nähe erinnert am ehemaligen Synagogen-Standort in

Am Markt von Eberswalde

der Goethestraße seit 2013 die kleine **Gedenkstätte** ›Wachsen-mit-Erinnerung‹ an die im Nationalsozialismus ermordete jüdische Gemeinde.

Vom Zentrum ins Grüne hinaus

Am Schwärzebach westlich vom Paul-Wunderlich-Haus rahmen die um 1795 erbaute **Alte Forstakademie** und in direkter Nachbarschaft die 1873 bis 1876 errichtete **Neue Forstakademie** den Hochschulcampus. 1999 kam in der Nordwestecke mit der **Hochschulbibliothek** das damals wohl umstrittenste Eberswalder Bauprojekt hinzu. Nach einem Entwurf des gefeierten Schweizer Architektenbüros Herzog & de Meuron, das unter anderem für die Londoner Tate Modern und die Hamburger Elbphilharmonie verantwortlich zeichnete, wurde der Büchertempel als schlichter dreigeschossiger Quader realisiert. Den optischen Clou bildet die von oben bis unten auf Glas und Beton komplett umlaufende Bilderhaut, mit seriellen Fotografien des Künstlers Thomas Ruff bedruckt. Das war der Jury 1999 den Brandenburgischen Architekturpreis wert.

Mit einem Blick auf die grüne Natur, die Eberswalde umgibt, wundert es nicht, dass die Stadt am Finowkanal den Beinamen ›Waldstadt‹ trägt. Folgerichtig wurde 1830 die ›Königlich Preußische Höhere Forstlehranstalt‹ von Berlin nach Eberswalde verlegt. 1921 ging daraus die forstliche Hochschule hervor, die zwischen 1954 und 1963 als Institut für Forstwirtschaftliche Arbeitslehre der Berliner Humboldt-Universität fungierte. An diese wissenschaftliche Tradition knüpfte man mit der Gründung der Fachhochschule Eberswalde 1992 mit Studiengängen unter anderem in den Fachbereichen Forstwirtschaft und Holztechnik wieder an. Unterdessen stehen an der renommierten **Hochschule für nachhaltige Entwicklung Eberswalde** ökologische Themen, erneuerbare Energien, nachhaltiger Tourismus, Schutz und Erhalt sowie nachhaltige Nutzung der natürlichen Ressourcen, Landschaftsnutzung und

▲ Karte S. 88

Naturschutz auf dem Lehrplan. 2009 bekam sie die Auszeichnung ›grünste Hochschule Deutschlands‹ verliehen.

Neben dem Stadtcampus gehören zur Hochschule der Waldcampus im Schwärzetal sowie ebendort der **Forstbotanische Garten**. Mit seinem Gründungsjahr 1830 zählt er zu den Methusalems unter den europäischen botanischen Gärten. Die wissenschaftlichen Schwerpunkte auf dem 28-Hektar-Gelände lauten Klimafolgeforschung und Biodiversität. Einfach schön spazierengehen zwischen den 1200 Arten heimischen und fremden Gehölzen sowie über 600 Krautpflanzen kann man natürlich auch.

Ganz in der Nähe lieferte ab 1780 das Wasserrad der **Zainhammer Mühle** die Energie für die Zain-Produktion, das sind dünne Metallrohlinge als Ausgangswerkstoff beispielsweise für Sensen, Münzen oder Nägel. 1866 brannte die Mühle ab und wurde als Getreidemühle wieder aufgebaut, in der noch bis 1952 Korn gemahlen wurde. Nach der Wiedervereinigung restauriert, finden unter ihrem Dach heute Lesungen, Ausstellungen, Konzerte statt.

Nur einen Katzensprung entfernt spielt dann die Fauna die wichtigste Rolle. 1500 Tiere aus 5 Kontinenten kann man im **Zoologischen Garten Eberswalde** bestaunen.

Auf industriegeschichtlichen Pfaden

Am Kupferhammerweg unweit der gleichnamigen Schleuse fristet auf der Brache zwischen Finowkanal und Bahngleisen, total verrostet und baufällig, ein zugewucherter **Waggonaufzug** sein Dasein. Er ist ein letztes Relikt der 1871 in Betrieb gegangenen Hufnagelfabrik Möller & Schreiber, in der in ihren besten Tagen bis zu 1400 Arbeitern – erstmals maschinell – Hufnägel produzierten. Zum Transport mussten die mit Rohmaterial bzw. dem fertigen Produkt schwer beladenen Güterwagen sechs Meter Höhenunterschied zwischen Werkgelände und Eisenbahndamm überwinden. Diese Aufgabe versah ab 1908 der Waggonlift. Die in den Berliner Borsigwerken gebaute Stahlfachwerkkonstruktion konnte bis zu 30 Tonnen Gewicht binnen weniger Minuten über die sechs Meter hieven. (Anfahrt: Am Bahnhof Eberswalde in den Kupferhammerweg einbiegen; wo die Straße direkt danach vor einem Autohaus einen Bogen nach links macht ca. 100 Meter geradeaus.

Auf Höhe der Drahthammerschleuse erhielt das **Gelände des Eisenwalzwerks und der Hufeisenfabrik** für die Landesgartenschau 2002 eine neue Gestalt. Seitdem gehen auf dem 17 Hektar großen Areal im **Familiengarten Eberswalde** Technikgeschichte und Gartenkunst, Spiellandschaft und Kultur eine neue Verbindung ein. Das Alte Walzwerk, 1816 bis 1818 erbaut, und das Neue Walzwerk von Ende des 19. Jahrhunderts, das Bleche, Stab- und Hufeisen herstellte, wurden in die Anlage integriert. Besondere Attraktionen stellen die Tretbootfahrten

Bibliotheksfassade der Hochschule für nachhaltige Entwicklung

durch die unterirdischen Betriebsarchen des Neuen Walzwerks oder auch das Erklimmen des ›Eberkrans‹ dar.

Der weithin sichtbare **Montagekran ›Eber‹** ist in seiner Konstruktion – beinahe – einmalig; ein weiterer Kran dieser Art steht nur noch im Hamburger Hafen. 1954 wurde er in Eberswalde als Portalwippdrehkran in Stahlfachwerkbauweise als Muster für die Montagekranserie entwickelt. Zwar stellte man im VEB Kranbau Eberswalde bereits in den 1960er Jahren von der Fachwerk- auf Stahlblechkonstruktion um. Ansonsten aber werden im Werk bis heute Kräne nach Art des Eberkrans produziert. 2001 wurde der ›Montageeber‹ auseinandergenommen, am Rande des Werkgeländes auf dem Areal der Landesgartenschau wieder aufgebaut und avancierte unmittelbar zu einem Wahrzeichen der **historischen Industrielandschaft Finowtal**. Eine Aussichtsplattform in 30 Meter Höhe knapp unter dem Kranführerstand eröffnet einen herrlichen Rundblick über Stadt und Land.

Direkt gegenüber vom Einlass in den Familiengarten erhebt sich mit der **Borsighalle** auf dem Gelände der ehemaligen Eisenspalterei ein weiteres industriehistorisches Zeugnis. Der Berliner Industrielle Borsig entwickelte Mitte des 19. Jahrhunderts eine stählerne Tragwerkskonstruktion, die von London bis Berlin-Alexanderplatz zum Vorbild für zahlreiche freitragende Gitterbogenhallen wurde, und verkaufte den Prototyp 1899 nach Eberswalde. Dort diente das architekturhistorisch bedeutende Bauwerk noch bis 1993 als Lagerhalle.

Seit 2013 steht es auf der Liste der ›National wertvollen Kulturdenkmäler‹ in einer Reihe mit dem Kölner Dom oder der Berliner Staatsoper Unter den Linden. Ab 2015 wurde der inzwischen stark erodierte Torso in einer siebenjährigen Sanierung vor dem Verfall gerettet und schrittweise rekonstruiert. 2021 erhielt die Halle abschließend ein neues Dach und wartet seitdem auf eine neue Nutzung.

Von der Hubbrücke am Familiengarten geht der Blick auf die **Ruine der Papierfabrik Wolfswinkel**, deren Anfänge auf das Jahr 1728 datieren. 1832 wurde in den Hallen die industrielle Produktion eingeläutet, ab 1929 kam die damals modernste Spezial-Papiermaschine Europas zum Einsatz. 1994 schloss die Fabrik und verfällt seitdem.

Die ehemalige Papierfabrik Wolfswinkel

▶ Karte S. 88

Der expressionistische Wasserturm des Messingwerkes von Paul Mebes

In Finow

Die alte Papierfabrik Wolfswinkel liegt bereits im Ortsteil Finow, der 1970 mit Eberswalde zusammengelegt wurde. Finow wiederum ist eine Gründung 1928 aus den Gemeinden Heegermühle, Eisenspalterei-Wolfswinkel und Messingwerk – letzteres aus einem Eisenhammer und einem Blechhammer hervorgegangen und in den Jahren 1696 bis 1700 zum ersten Messingwerk in der Mark Brandenburg ausgebaut. Nach dem 1294 erstmals erwähnten Dorf Heegermühle wurde das 1909 am Finowkanal errichtete Elektrizitätswerk benannt. Die immer noch imposante Ruine des **Kraftwerks Heegermühle** am Treidelweg zwischen Wolfswinkler und Heegermühler Schleuse kann von außen angeschaut, wegen Baufälligkeit aber nicht begangen werden.

Als eine Kathedrale der industriellen Moderne ragt – erhalten und restauriert – keine 1000 Meter entfernt der expressionistische **Finower Wasserturm** in den Himmel empor. Die auf vier Säulen getragene, fast 50 Meter hohe Konstruktion wurde 1917/18 zur Versorgung der Messingwerksiedlung und umgebenden Werkanlagen mit Trink- und Gebrauchswasser nach einem Entwurf des bekannten Berliner Architekten Paul Mebes (1872–1938) gebaut. Fast 200 Stufen oder wahlweise ein Aufzug führen bis unterhalb des Wasserbehälters, wo sich eine Ausstellung zur 300-jährigen Geschichte des Turms, des Finower Messingwerks und der Messingwerksiedlung befindet. Von dort geht es noch einmal weiter, über eine schmale Wendeltreppe zum Panorama-Umgang auf 44 Meter Turmhöhe hinauf. Oben angelangt liegt einem dann rundherum die gesamte Finow- und Oder-Havel-Kanal-Region zu Füßen.

1863 erwirbt die Halberstädter Fabrikantenfamilie Hirsch das Königlich Preußische Messingwerk. Unter Gustav Hirsch und später dem Neffen Aaron expandiert die Produktion rasch. Waren 1872 rund 200 Arbeiter mit der Fertigung von Blechen, Kesseln, Röhren, aber auch Rüstungsgütern beschäftigt, sind es 1918 bereits 2400. 1906 in die ›Hirsch Kupfer- und Messingwerke AG‹ umgewandelt, beginnen 1917 die Bauarbeiten zum neuen Werk. Drei Jahre später geht das Messingwerk-Neuwerk in Betrieb und gehört am Vorabend der Weltwirtschaftskrise 1929 zu den leistungsstärksten Europas.

Für seine Arbeiterfamilien lässt der tief religiöse Gustav Hirsch Schule, Lehrerhäuser und Wohnungen bauen. So gesellen sich in der **Messingwerksiedlung** zu Füßen des Finower Wasserturms zu den ältesten, niedrigen Häuschen, die teils noch aus dem 17. Jahrhundert stammen, rund um den heutigen **Gustav-Hirsch-**

Das Alte Hüttenamt in der Messingwerksiedlung

Platz Wohngebäude der Moderne. Beim Aushub für die Fundamente stieß man hier 1913 auf den berühmten ›Eberswalder Goldschatz‹. Eine Stele erinnert heute daran.

Spaziergang durch die Messingwerksiedlung

Durch das **Torbogenhaus**, 1918 als Labor- und Verwaltungsgebäude eingeweiht, gelangt man in die **Erich-Steinfurth-Straße**, die zentrale Achse der Messingwerksiedlung. Es folgt das **Alte Hüttenamt**, ein Fachwerkbau von 1736, in dessen Obergeschoss die jüdische Familie Hirsch einen Betsaal einrichten ließ. Die benachbarte **Fabrikantenvilla Hirsch**, 1916 nach Plänen von Paul Mebes erbaut, hat nach langem Verfall inzwischen neue Eigentümer gefunden. 2019 begannen die anspruchsvollen Sanierungsarbeiten. Das ehemalige **Brennofengebäude** gegenüber wartet dagegen noch darauf, in schicke Lofts umgewandelt zu werden.

Südlich davon fällt am Finowkanal der Blick auf die pittoresk vor sich hinrostende, **gusseiserne Teufelsbrücke** – ein Bauwerk mit besonderer Wanderkarriere: 1820 in England entwickelt, 1826 in Berlin am Weidendamm über die Spree montiert, 1895 dem tosenden Verkehr nicht mehr gewachsen, abgebaut, gekürzt und erst nach Liepe, schließlich 1913 an den gegenwärtigen Standort versetzt. Dort überbrückt sie nun seit vielen Jahren ungenutzt das kleine **Hafenbecken** der Messingwerksiedlung, das man zu Fuß in drei Minuten umrundet hat. Aber die Romantik zählt. Denn auf der Brücke hat noch zu Berliner Zeiten 1845 ein berühmter märkischer Wandersmann seiner geliebten Emilie sein Herz angetragen. Sie wird deshalb auch ›Fontanes Verlobungsbrücke‹ genannt.

Abschließend entstanden 1931/32 am Wasserturm acht Musterhäuser in Fertigbauweise mit Fassaden aus Kupferblech – **Kupferhäuser** genannt. Der Architekt Robert Krafft und der Ingenieur Friedrich Förster konzipierten sie 1929 im Auftrag der Unternehmerfamilie Hirsch. 1931 stellte sich der Bauhaus-Begründer Walter Gropius an die Spitze des mittlerweile mehrfach international ausgezeichneten Projekts (von ihm ist das Kupferhaus in

▶ Karte S. 88

der Altenhofer Straße 2, von Krafft die Häuser Altenhofer Straße 41–48).

Nach der nationalsozialistischen Machtergreifung wurde Kupfer im Zuge der massiven militärischen Aufrüstung ein immer bedeutenderer Rohstoff für die Kriegsproduktion und seine anderweitige Verwendung 1934 verboten. Der Kupferhausbau musste eingestellt werden. Bereits zwei Jahre vorher schied die Familie Hirsch, die in den Sog der deutschen Bankenkrise geraten war, aus der ›Hirsch Kupfer- und Messingwerke AG‹ aus und verließ Deutschland 1933. Der AEG-Konzern übernahm das Eberswalder Werk und tilgte den Namen Hirsch aus dem offiziellen Gedächtnis. Ab den 1950er Jahren VEB Walzwerk Finow, folgten nach der Wende eine erste Teilstilllegung, anschließend Übernahmen bzw. Fusionen, bis 2012 der Betrieb endgültig eingestellt wurde.

Schiffshebewerk Niederfinow

Dort, wo wenige Kilometer östlich von Eberswalde beim Dörfchen Niederfinow das Land um 36 Meter abrupt ins Niederoderbruch abfällt, musste man sich beim Bau des Oder-Havel-Kanals 1906 bis 1914 etwas Cleveres zur Überwindung des Höhenunterschieds einfallen lassen. Anders als der alte Finowkanal (→ S. 86) mit seinen 13 Schleusen verfügte die neue und breitere künstliche Wasserstraße zwischen Havel und Oder nur noch über fünf Wasserstufen. Vier davon gehörten zur Schleusentreppe bei Niederfinow, einer Spitzenleistung der Ingenieurbaukunst: Vier hintereinander geschaltete Schleusenkammern überwanden zwischen Barnimhochfläche und Oderniederung jeweils neun Meter Hubhöhe – damals Weltrekord.

Aber auch dieses technische Schleusenwunderwerk war schon bald an seine Leistungsgrenzen gelangt. Vor allem der Zeitaufwand, den das viermalige Schleusen erforderte, wirkte sich wirtschaftlich nachteilig aus. Also entschied man sich für den Bau eines Schiffshebewerks, eines Fahrstuhls für Schiffe gewissermaßen. 1927 war Grundsteinlegung, 1934 ging die Stahlkonstruktion mit einem Schiffstrog von 85 Meter Länge, 12 Meter Brei-

Das alte und das neue Schiffshebewerk

te und 2 Meter Tiefe in Betrieb. 14 000 Tonnen Stahl wurden dafür verbaut, 256 Trogseile am Stahlgerüst festgemacht. Wobei man sich den Trog etwa wie eine riesige Badewanne vorstellen kann, in den die Schiffe inklusive Last bis 4300 Tonnen einfahren, um danach in einer fünfminütigen Fahrstuhlpassage die 36 Meter Höhendifferenz hinauf- bzw. hinabgehievt zu werden. So befördert der Schifflift seitdem ohne Unterlass Kähne, Schubverbände, Motorboote, Ausflugsschiffe, Segler und Paddler und wurde darüber hinaus zu einer bedeutenden Touristenattraktion. Rund 150 000 Besucher erweisen dem Technikdenkmal jährlich die Ehre; entweder als Schiffspassagiere, die im Ausflugsdampfer die Hebewerkfahrt hautnah miterleben; oder die trockenen Fußes vom Informationszentrum in Niederfinow aus den gebührenpflichtigen Serpentinenweg steil zur Besucherplattform auf dem Stahlbauwerk hinauf nehmen. Unterwegs lässt sich direkt in den Trog hineinschauen oder auch die stählerne Kanalbrücke bewundern, über die die Schiffe vom oberen Vorhafen aus in den Fahrstuhl steuern.

Die Kirche in Niederfinow geht auf das 13. Jahrhundert zurück

▲ Karte S. 88

Oben angelangt eröffnet sich darüber hinaus ein wunderbarer Blick weit in die Oderniederung.

Das Schiffshebewerk wird wahrscheinlich noch 2022 in Vorruhestand gehen. Denn für die modernen Küstenmotor- und Containerschiffe ist es zu klein geworden. Zum 75. Geburtstagsjubiläum der alten Dame erfolgte 2009 in ihrer Nachbarschaft der erste Spatenstich zu einem zeitgemäßen neuen Stahlkoloss. 314 Millionen Euro wurden für das neue Schiffshebewerk verbaut, das vom Prinzip her wie das alte Hebewerk funktioniert: als Senkrechthebewerk mit Gegengewichtsausgleich, nur alles in einer größeren, schnelleren, leistungsstärkeren Variante. So wird die Trogfahrt nur noch drei statt fünf Minuten dauern und das Troggewicht knapp 10 000 Tonnen betragen.

Die denkmalgeschütze Schleusentreppe, deren erste Stufe auf Höhe der Fahrgastschifffahrt Neumann am Oberhafen liegt, wurde bereits mit Einweihung des alten Schiffhebewerks trockengelegt. Für den Bau des neuen Hebewerks mussten nun Schleuse III und IV gänzlich weichen. Sie wurden verfüllt bzw. abgerissen.

■ Niederfinow

Wo die Alte Finow ins Niederoderbruch einfließt, zieht sich das 600-Einwohner-Örtchen Niederfinow auf schmaler Fläche zwischen Finowkanal und Südhang des Choriner Endmoränenbogens entlang. Es entstand im 13. Jahrhundert als Zollstelle, ging 1421 ans Klosters Chorin, erlitt im Dreißigjährigen Krieg und später bei einem Stadtbrand 1729 großen Schaden. Der schmucke Fachwerkturm der **Dorfkirche**, die im Kern noch aus dem 13. Jahrhundert rührt, stammt aus den Jahren des Wiederaufbaus nach der Feuersbrunst. Den neuen Ort errichtete man auch nicht mehr an alter Stelle, sondern baute ihn am neuen Finowkanal entlang auf. Wirtschaftlichen Aufschwung erlebte Niederfinow mit der Eröffnung des Oder-Havel-Kanals. Kein technisches Wunderwerk, aber trotzdem hübsch anzuschauen ist im Dorfzentrum die kleine **Hubbrücke** über den Finowkanal.

Eberswalde und Umgebung

Vorwahl: 03334, wenn nicht anders angegeben. **PLZ**: 16225, wenn nicht anders angegeben.

Touristeninformation im Museum, Steinstraße 3, Tel. 64520, Di–So 10–13 u. 14–17 Uhr. www.eberswalde.de www.tourismus-eberswalde.de

Touristeninformation im Familiengarten, Am Alten Walzwerk 1, Tel. 384910, Di/Mi 10–16 Uhr. www.familiengarten-eberswalde.de

Tourist-Information im Krafthaus am Schiffshebewerk Niederfinow, Lieper Schleuse 6, 16248 Niederfinow, Tel. 033362/71377, April–Okt. Di–So 10–16 Uhr.

Schiffshebewerk Niederfinow – Informationszentrum der Wasserstraßen- und Schifffahrtsverwaltung, Hebewerkstraße 70a, 16248 Niederfinow, Tel. 033362/718250, März tgl. 10–16, April–Okt. tgl 10–18 Uhr. https://schiffshebewerk-niederfinow.com

Hotel & Restaurant Wilder Eber, Heegermühler Straße 16, Tel. 24551, DZ/F ab 85 €. Rustikales Holzblockhaus mit großem Garten in zentraler Lage in Bahnhofsnähe, die Zimmer im Landhausstil, das Restaurant brutzelt Steaks und Schnitzel. Salat und Fisch gibt es auch. www.wilder-eber.de

Hotel am Markt, Friedrich-Ebert-Straße 17, Tel. 818900, DZ/F 94 €. Modernes gepflegtes Businesshotel in zentraler Lage am Markt. www.hotel-am-markt-eberswalde.de

Triangel Camping Niederfinow, Dorfstraße 31 (auf Höhe der Stecherschleuse), 16248 Niederfinow, Tel. 033362/704037 und 0172/3806858, Mitte April–Anfang Okt. Romantische Wiesenidylle am stillen Finowkanal, bei Wasserwanderern und Radlern beliebt; der kleine Platz mit Kiosk und Holzhäuschen, Streuobstwiese und Hängematte zwischen den Bäumen wird liebevoll von einem Frauenkollektiv unterhalten; in der Imbissstube gibt's Kaffee, Kuchen und kleine Gerichte möglichst von regionalen Produkten, auch vegetarisch oder vegan; die Brötchen kommen morgens frisch aus der nahen Dorfbäckerei; free WLAN, Paddelboot- und Fahrradverleih. https://camping-niederfinow.de

Großer **Wohnmobil-Parkplatz** in Niederfinow zu Füßen des Schiffshebewerks (ohne Ver-/Entsorgung), WC-Anlage, Bistros, Imbisse.

Marina Park Eberswalde, Am Kanal 36, Tel. 212208. Große, teils noch im Aufbau befindliche Anlage auf dem Gelände der ehemaligen städtischen Badeanstalt am Finowkanal, 700 m vom Stadtzentrum. Einfache freundliche Bett & Bike-Zimmer mit Gemeinschaftssanitär (55 €) sowie FeWos (ab 94 €) in den hübsch sanierten früheren Holzumkleiden, Zeltplatz, Caravan, Bootsliegeplätze am Steg, Sanitär, Wasser, Strom, Bootsverleih; das Restaurant ›Zur alten Badeanstalt‹ bietet schmackhafte deutsche Küche. www.marinapark-eberswalde.de

Alte Brauerei, Eisenbahnstraße 29, Tel. 22387. Urige Bier-Institution im 1879 eröffneten Ausschank der Jagdschlösschen-Brauerei; elf Frischgezapfte, große Auswahl an Flaschenbieren und dazu von Currywurst über Riesenschnitzel bis Rumpsteak Deftiges aus Topf und Pfanne. www.alte-brauerei-eberswalde.de

Kaffeehaus Gustav, Am Markt 2d (im Paul-

Barnim

Wunderlich-Haus), Tel. 38966260. Nach einem Bummel über den Eberswalder Markt geht man zum ›Gustav‹, entweder lecker frühstücken, Kaffee, Kuchen und Torten oder bis 19 Uhr (Sa/So bis 18 Uhr) kleine Fleisch- und Gemüsegerichte genießen. Eine große Brot- und Brötchenauswahl gibt es beim Bäcker am Markt natürlich auch. www.wiese-brot-gustav.de

Mundtshof, Schicklerstraße 1, Tel. 3890700. Gemütliche Szenekneipe, nach grundlegenden Sanierungsarbeiten im denkmalgeschützten Haus 2018 neu eröffnet und sehr beliebt. Mit Kunst an den Wänden und kleinem Angebot wohlschmeckend zubereiteter deutscher Küche.

Museum Eberswalde, Steinstraße 3, Tel. 64415, Di–So 10–13 u. 14–17 Uhr. www.museum-eberswalde.de

Maria-Magdalenen-Kirche, Kirchstraße 7, Tel 287508. Offene Kirche April–Aug. Di–Sa 10–16, So 14–16 Uhr. www.kirche-eberswalde.de

Paul-Wunderlich-Ausstellung, Am Markt 1, Mo–Do 8–18, Fr 8–16, Sa 11–16 Uhr. www.paul-wunderlich-haus.de

Familiengarten Eberswalde, Am Alten Walzwerk 1, Tel. 384910, April–Okt. tgl. 10–18 Uhr. www.familiengarten-eberswalde.de

Wasserturm Finow, Am Wasserturm 2, Tel. 0172/9261761, von Ostern bis Herbstferienende Sa/So 10–17 Uhr. www.wasserturm-finow.de

Zoologischer Garten Eberswalde, Am Wasserfall 1, Tel. 22733, tgl. 9 Uhr bis Einbruch der Dämmerung. www.zoo.eberswalde.de

Forstbotanischer Garten, Am Zainhammer 5, Tel. 657476, tgl. von 9 Uhr bis zur Dämmerung. www.hnee.de/fbg

Schiffshebewerk Niederfinow, Hebewerkstraße 52, 16248 Niederfinow, Tel. 033362/718250. Besichtigung des historischen Schiffshebewerks März tgl. 10–16 Uhr, April–Mitte Okt. tgl. 10–18 Uhr, Führungen April–Okt. tgl. 10–17 Uhr. Führungen durch das neue Schiffshebewerk nach Voranmeldung alle 14 Tage Di u. Sa. https://schiffshebewerk-niederfinow.com

Schiffshebewerkfahrten, Fahrgastschifffahrt Neumann, Tel. 24405; wahlweise Abfahrten ab Unterhafen des Schiffshebewerks in der Hebewerkstraße in Niederfinow oder ab Oberhafen an der Schleusentreppe am Parkplatz an der L 291 (Straße von Eberswalde nach Liepe), tgl. Mitte März–Ende Okt. www.schiffshebewerk-niederfinow.info

Biberfloß, an der Stadtschleuse, Coppistraße 10, 16227 Eberswalde, Tel. 3854799. Flöße und Paddelboote. www.biberfloss-finowkanal.de

Marina Park Eberswalde s.o., Verleih von Kanus, Ruder- und Tretbooten.

Triangel Camping Niederfinow (s.o.), Paddelboot- und Fahrradverleih.

Straßenkulturfest ›FinE‹, farbenfrohes Fest mit Akrobaten, Clowns und Marketendern an einem Samstag im Juni. https://eberswalde.de

Eberswalder Filmfest Provinziale, eine Woche ausgesuchte Filmkunst im Okt.; Infos unter Tel. 2793334. http://filmfest-eberswalde.de

Festival ›jazz in e.‹, vier Tage Jazz im Mai um Christi Himmelfahrt, Infos unter www.mescal.de

Zimmermanns Senf, Hebewerkstraße 81, 16248 Niederfinow, Tel. 033362/70713. Senfliebhaber kommen ganz in der Nähe des Schiffshebewerks mit einer Fülle verschiedener Senfspezialitäten aus eigener Herstellung auf ihre Kosten, sei es ein Bärlauch- oder Sandornsenf, sei es ein Niederfinower Mostrich oder Kreationen wie Preußen- oder Hansesenf. www.zimmermanns-senf.de

▸ Karte S. 88, 90

Die Havel-Oder-Wasserstraße

Eine leistungsstarke schnelle Wasserverbindung zwischen der aufstrebenden Reichshauptstadt Berlin und dem größten preußischen Ostseehafen Stettin sollte geschaffen werden. Der alte Finowkanal, der bisher Havel und Oder miteinander verband, taugte im Wirtschaftsboom seit der Reichsgründung 1871 wegen Überlastung nicht mehr. 1905 verfügte Kaiser Wilhelm II. deshalb den Bau eines ›Großschifffahrtswegs Berlin-Stettin‹. Mit der neuen Wasserstraße sollte die Fahrzeit verkürzt und gleichzeitig die Wettbewerbsfähigkeit gegenüber den großen Nordseehäfen Hamburg und Bremen gefördert werden. Dazu wurde der neue Kanal so ausgerichtet, dass zwei Schiffe mit jeweils 8 Meter Breite und knapp 2 Meter Tiefgang bei 600 Tonnen Tragfähigkeit einander passieren konnten. 1906 war Baubeginn an dem Mammutprojekt, für das es zahlreiche technische Herausforderungen zu meistern galt: Die Havel musste vertieft, Schleusen und insgesamt 36 Brücken errichtet werden. Für die Sicherheit wurden eine Heberanlage und drei Wassertore gebaut, die die Kanalhaltung im Fall eines Dammbruchs binnen weniger Minuten absperren können. Zwei Wassertore, das eine bei Marienwerder, das andere in Eberswalde, verrichten – inzwischen erneuert – nach wie vor ihren Dienst. Im Juni 1914 weihte Kaiser Wilhelm persönlich den ›Hohenzollernkanal‹, wie der Oder-Havel-Kanal damals hieß, an der Schleusentreppe bei Niederfinow ein.

Der erste Abschnitt, die Havelhaltung, beginnt in Berlin an der Schleuse Plötzensee und verläuft entlang der Spandauer und Oranienburger Havel. Nach dem Austritt aus dem Lehnitzsee bei Oranienburg erstreckt sich zwischen der Schleuse Lehnitz und Niederfinow die fast 48 Kilometer lange Scheitelhaltung, d.i. der höchstgelegene Abschnitt einer Wasserstraße zwischen zwei Kanalstufen. Und da hat der Oder-Havel-Kanal einen Superlativ zu bieten: Gut die Hälfte der Scheitelhaltung liegt deutlich höher als das Gelände rundum, um östlich von Eberswalde mit dem Ragöser Damm schließlich fast 30 Meter Wasserspiegelhöhe über dem Land zu erreichen. Das ist bis heute Europarekord! – und viel zu hoch, um noch eine Eisenbahnbrücke darüber hinweg queren zu lassen. Also baute man 1910 für den Kanal eine Wasserbrücke und führte die Züge der Strecke Berlin–Stettin unter dieser hindurch.

Nach der Jahrtausendwende wurde der Oder-Havel-Kanal für abermals größere Schiffe und Schubverbände auf 55 Meter Breite und 4 Meter Tiefe ausgebaut. Die alte Wasserbrücke musste 2006 einer technisch zeitgemäßen neuen Kanalüberführung über die Eisenbahngleise weichen. Und auch das historische Schiffshebewerk in Niederfinow (→ S. 97) geht 2022 aufs Altenteil. Dann wird das benachbarte neue Schiffshebewerk für noch höhere Traglasten seine Arbeit aufnehmen und die Schiffe zwischen der Scheitelhaltung und 36 Meter tieferen Oderhaltung hoch- und hinunterliften.

Unten im niederen Oderbruch beginnt dort, wo bei der Lieper Schleuse am Schiffshebewerk der alte Finowkanal einmündet, die Oderhaltung der Oder-Havel-Wasserstraße. Sie führt über den Lieper und Oderberger See und folgt danach der Alten Oder bis Hohensaaten, wo eine in den 1980er-Jahren errichtete Doppelschleuse die Schiffe entweder mit der Stromoder oder der Hohensaaten-Friedrichsthaler-Wasserstraße in Richtung Szczecin (Stettin) verbindet.

Amt Oderberg-Chorin

Die dicht bewaldeten, munter geschwungen Hügel des Choriner Endmoränenbogens im Biosphärenreservat Schorfheide-Chorin und zur Oder hin extensive ökologische Landwirtschaft rund um den Parsteiner See prägen das Antlitz des nordöstlichen Barnimer Lands. Die Alte Finow, bei Niederfinow im Niederoderbruch angekommen, mäandert in zahlreichen Kurven dem Lieper See , einer Erweiterung der Alten Oder, bei **Liepe** entgegen. In dem Dorf unweit des Schiffhebewerks wurde einst an den Südhängen der Endmoräne Wein für das Kloster Chorin kultiviert. Später diente der Lieper See als Sammelplatz zum Flößen des in den umgebenden Wäldern geschlagenen Holzes. Ein halbstündiger hübscher Spaziergang führt vom Ort aus durch die grüne Niederung zum Schöpfwerk Liepe,1894 für die Wasserregulierung im Niederoderbruch an der Alten Finow erbaut.

Heute ist Liepe außerdem bei Motorradfahrern beliebt. Denn die Straße östlich nach Oderberg schraubt sich in ungewöhnlichen Serpentinen vom Urstromtal aus den Hang hinauf, so dass sich PS-Ritter einmal richtig schön in die Kurven legen können – ein in der Region sonst eher seltenes Vergnügen.

Oderberg wartet mit einem spannenden Binnenschiffahrtsmuseum und außerdem mehreren ›Einhunderten‹ auf, die man erklimmen kann; darunter der 117 Meter hohe Pimpinellenberg, der dritthöchste Barnimer Hügel. Bei Chorin, dem zweiten Ort des namengebenden Amts, liegt teilerhalten in einer Talsenke das Kloster Chorin, eines der bedeutendsten Zeugnisse der frühgotischen Backsteinbaukunst in Nordostdeutschland.

Oderberg

Wo die Alte Oder und der Oder-Havel-Kanal ineinanderfließen, dehnt sich Oderberg aus. Die Lage des 2200-Seelen-Städtchens, in märkischen Relationen betrachtet, könnte nicht aufsehenerregender sein. Es liegt erstaunliche hundert Meter über Normalnull an einem Berghang, was in der platten Mark ziemlich außergewöhnlich ist. Südlich und östlich erstreckt sich das weite flache Niederoderbruch, das vom Neuenhagener Sporn sowie der Lieper und Oderberger Endmoräne eingerahmt wird. Fast hundert Meter tief fällt die steile Sand- und Geröllwand am Eisrand der letzten Eiszeit zur Oderniederung ab. Und so darf man, mit märkischen Augen betrachtet, viel-

▲ Karte S. 104

Blick auf Oderberg

Der Dampfer Riesa im Außenbereich des Schifffahrtsmuseums

leicht formulieren, dass Oderberg über der Alten Oder am Steilhang klebt.

1214 ließ Markgraf Albrecht II. nahe einer Furt auf dem hohen Oderufer eine Burg errichten. Die Siedlung zu ihren Füßen wurde 1259 bereits als Stadt erwähnt. Die Pest Anfang des 17. Jahrhunderts, bald darauf der Dreißigjährige Krieg und 1672 ein Stadtbrand wirkten sich verheerend aus. Durch die Begradigung der Oder zwischen Güstebiese und Hohensaathen 1747 bis 1753 unter König Friedrich dem Großen versandete der alte Oderlauf. In der Folge erlitten die Oderberger Schifffahrt und Fischerei empfindliche Rückschläge. Erst mit dem Bau eines Sägewerks 1842 setzte ein zaghafter neuer wirtschaftlicher Aufschwung ein. 1871 arbeiteten elf Sägewerke und darüber hinaus, als zweites ökonomisches Standbein, eine Reihe von Bootswerften. Schiffer, Fischer, Flößer und Kahnbauer prägten das Bild in der Stadt.

Das **Oderberger Binnenschifffahrts-Museum** erinnert heute daran und lädt mit zahlreichen Schiffsmodellen – vom Kaffenkahn, Finow- und Odermaßkahn über Schleppdampfer und Schleppzüge bis hin zu modernen Stromschubbooten – auf eine Zeitreise in die Geschichte der Oder-Schifffahrt ein. Gezeigt wird außerdem Spannendes zu Kanalbau und Wasserwirtschaft, Schiffbau, Holzindustrie, Flößerei und Fischerei in Oderberg, und natürlich dürfen auch Einblicke in die Stadtgeschichte nicht fehlen. Im Freilichtbereich des Museums sind Boote und Schiffsmotoren zu sehen. Als besonderer Hingucker liegt dort der 1897 vom Stapel gelaufene Elbe-Seitenraddampfer ›Riesa‹ vor Anker. Bereits seit 1979 ist die alte Lady Museumsschiff, im Hecksalon präsentiert sie Wissenswertes über sich selbst und zur Personenschifffahrt.

Gut 200 Meter weiter östlich starten vom Oder-Bollwerk aus **Dampferpartien zum Schiffshebewerk**. Freizeitkapitäne können weitere zwei Kilometer östlich für einen abendlichen Bootsliegeplatz die **Marina Oderberg** anlaufen.

Sehenswertes im Ort

Die ältesten **Fachwerkhäuser** im historischen Ortszentrum stammen noch aus dem 18. Jahrhundert. In ihrer Mitte erhebt sich die 1855 dem Schutzheiligen

der Händler und Seefahrer Nikolaus geweihte **St. Nikolaikirche**. Die nach Plänen von Friedrich August Stüler (1800–1865) erbaute, neugotische Basilika verfügt über eine noch aus der Bauzeit rührende Innenausstattung.

Neben dem Gotteshaus führt eine steile Treppe zum **Aussichtspunkt auf dem Albrechtsberg** hinauf. Oben angelangt lassen einige spärliche Spuren die mittelalterliche Burg noch erahnen, die Albrecht II. hier einst auf einem slawischen Burgwall anlegen ließ. Sie wurde 1349 in der ›Schlacht von Oderberg‹ zwischen Brandenburg und Mecklenburg bis auf die Grundmauern zerstört. Statt ihrer begann man 1353 mit der Errichtung des ›Bardyn Castrum‹, was der Volksmund bald zu **Festung Bärenkasten** verschliff. Ab 1553 hockte die mächtige Grenzfeste vor der Stadt auf einer Oderinsel und bewachte die lukrative Zollstation am Oderübergang. Nachdem der Soldatenkönig Friedrich Wilhelm I. im Frieden von Stockholm 1720 den Schweden Stettin abgekauft hatte, verlor die Oderberger Festung ihre Bedeutung. Kanonen und anderes Kriegsgerät wurden stromabwärts nach Stettin verschifft. Ab 1730 diente der Bärenkasten als Steinbruch für den Häuserbau. Doch ist von ihm eine recht beeindruckende Ruine übriggeblieben. Sie steht nahe dem südlichen Flussufer zwischen Gärten und Sportplatz. Denn auch die Insel gibt es seit der Oderbegradigung im 18. Jahrhundert nicht mehr.

Vom Albrechtsberg aus hat man gute Sicht auf den Bärenkasten, kann ferner einen schönen Blick auf das **Naturschutzgebiet Niederoderbruch** werfen und gelangt auf einem Wanderweg wieder bergab auf die kopfsteingepflasterte schmale Hauptstraße.

Hohensaaten

Das Dorf Hohensaaten liegt gewissermaßen im ›Dreistromland‹. Hier im deutsch-polnischen Grenzland treffen die Alte Oder, der Oder-Hauptstrom und die Hohensaaten-Friedrichsthaler-Wasserstraße (→ S. 169) zusammen. Ganz ohne Schleusung gelingt das Gewässer-Stelldichein natürlich nicht. Denn die künstliche Hohensaaten-Friedrichsthaler-Wasserstraße liegt fast drei Meter tiefer als der Oderstrom - der bei Hohensaaten 3,24 Meter üNN verzeichnet -, die Alte Oder immerhin zwei Meter tiefer. Also verhelfen die **Ost-West-Schleusen in Hohensaaten** den Schiffen und Sportbooten auf ihrem Weg zwischen Havel und Ostsee über die Klippe. Die etwa zwei Kilometer lange Staustufe umfasst zwei Schleusen und eine Wehranlage: Die Ostschleuse stellt den Aufstieg zum Hauptstrom sicher, während die Westschleuse die Alte Oder mit der Hohensaaten-Friedrichsthaler-Wasserstraße verbindet. Das Wehr auf Höhe der Westschleuse dient zur Wasserstandsregulierung und der Entwässerung aus dem Oderbruch. Ein Vorgänger der 1986–1988 errichteten Doppelschleuse war bereits Mitte des 19. Jahrhunderts fertiggestellt. 1858 ging eine erste Ostschleuse, 1876 die westliche ›Finow-Schleuse Hohensaaten‹ in Betrieb. Parallel dazu wurde 1848–1859 der ›Hohensaatener Kanal‹ gegraben, um das Wasser aus den Entwässerungsgräben des Oderbruchs ablaufen zu lassen - der älteste, südliche Abschnitt der

Im Oderberger Binnenschifffahrtsmuseum

Am Oderdeich bei Hohensaaten

späteren Hohensaaten-Friedrichsthaler-Wasserstraße. In jenen Jahren erfolgte im Dorf hinter dem just hochgezogenen Deich ferner der Bau der neugotischen **Stüler-Kirche** (1858–1860). Hohensaaten, 1258 erstmals in einer Urkunde genannt, gehörte im Mittelalter zur Burg und Stadt Oderberg. Heute bildet der Ort den nördlichsten Stadtteil von Bad Freienwalde und damit zugleich den nördlichsten Winkel im Landkreis Märkisch-Oderland. Dorthin waren die rund 700 Hohensaatener, nach einem Jahr beharrlicher Auseinandersetzung mit ihrem bisherigen Landkreis Barnim, 2009 übergewechselt.

Hohenwutzen und Osinów Dolny

Die **Oderbrücke** bei Hohenwutzen, etwa vier Kilometer südlich von Hohensaaten, verbindet Deutschland und Polen. Dort im Nachbarland ist, ab östlichem Brückenpfeiler etwa 400 Meter das Oderufer stromaufwärts, der westlichste Punkt Polens erreicht. Aber nicht deshalb strömt die deutsche Blechkarawane unaufhörlich ins 190 Seelen kleine Osinów Dolny (Niederwutzen). Hier dehnt sich direkt nach der Flussbrücke das Einkaufs-,

Camping am Polenmarkt bei Osinów Dolny

Tank- und Dienstleistungsparadies **Oder-Center-Berlin** aus, weithin schlicht unter ›Polenmarkt‹ bekannt. In der geräumigen Anlage einer 1938 in Betrieb genommenen, nach 1945 demontierten Zellstofffabrik finden Schnäppchenjäger alles ›tanie‹ (preigünstig): Waren für Haus und Garten, Lebensmittel, Textilien, Tabak und Alkohol, nicht zu vergessen die etwa ein Drittel günstigeren Kraftstoffe. Osinów Dolny ist der kürzeste Weg von Berlin aus zur polnischen Grenze. Nur 60 Kilometer trennen die deutschen Hauptstädter vom Kaufrausch in Polen. Gut die Hälfte der Kundschaft im Basar kommt aus der Millionenmetropole Berlin.

Im Grenzdörfchen Osinów Dolny, das sich an das Oder-Center anschließt, runden weitere Tankstellen, Friseure, Tattoo- und Nagelstudios, Car Washs, Dessous-Buden, Blumen- und Gartenzaun-Paradiese das Angebot ab. Allein im Eröffnungsjahr der Oderbrücke 1993 wurden 3,6 Millionen deutsche Grenzübertritte via Osinów Dolny gezählt.

Für **Camper und Wohnmobilisten**, die über Nacht bleiben wollen, steht direkt am Oderufer neben dem Oder-Center eine weitläufige Wiese kostenfrei zur Verfügung.

▸ Karte S. 104

Chorin

Im Jahr 1258 tauchte der Name Chorin erstmalig auf und ist seitdem in der Gründungsurkunde des Klosters Mariensee nachzulesen. Diese besiegelte die Schenkung des Fleckens Chorin mitsamt seiner Äcker und Sümpfe sowie der Weiler Pehlitz, Plawe und Brodowin durch die brandenburgischen Markgrafen an den Zisterzienserorden. Die weißen Mönche, wie man die Zisterzienser wegen ihrer weißen Kutte auch nennt, waren Spezialisten in Sachen Urbarmachen von Land. Und folgt man der Bedeutung des alten slawischen Siedlungsnamen Chorin – ›chory‹ heißt ›krank‹ oder ›kränklich‹ – standen die Zisterzienser hier vor großen Aufgaben.

Der erste Standort für eine Abtei auf der Halbinsel Pehlitzwerder im Parsteiner See erwies sich denn auch als unglückliche Wahl. Die isolierte Lage und ein bedrohlich ansteigender Wasserspiegel führten dazu, dass die Mönche ihren Klosterbau noch vor der Fertigstellung 1273 aufgaben und an den Amtssee

Glasmalerei in der Klosterruine Chorin

Kloster Chorin: eines der berühmtesten Baudenkmäler Brandenburgs

nahe dem Weiler Chorin verlegten. Ob dies Glück oder Pech für die Choriner verhieß, darüber schweigt die Geschichte. Aus der Zeit bis zur Auflassung der Abtei im Zuge der Reformation ist über das Dorf Chorin kaum etwas bekannt.
Den Dreißigjährigen Krieg überlebten im Dorf nur drei Familien. 1701 siedelten sich im Rahmen des Repeuplierungsprogramm des Großen Kurfürsten Friedrich Wilhelm vier Hugenottenfamilien als Neubürger an. 1839 wird Chorin eine selbstständige Gemeinde. 1902 kommt der Eisenbahnanschluss, der die Dorfbewohner in die Fabriken nach Eberswalde oder sogar bis Berlin transportiert – und die Berliner Sommerfrischler wiederum nach Chorin. Denn es locken die gute Luft und auch die romantische Klosterruine.
1952 wird Chorin Luftkurort des Freien Deutschen Gewerkschaftsbunds. 1970 wird ihm dieser Status jedoch wieder entzogen, schlichtweg weil es zu klein für die erholungsuchenden Massen ist. Heute ist die Gemeinde Chorin sieben Dörfer mit insgesamt 2400 Einwohnern groß und profitiert von der wald- und seenreichen schönen Umgebung im Biosphärenreservat ebenso wie von der beeindruckenden Klosterruine.

Kloster Chorin

In einem Talgrund beim Dorf Chorin steht die wohl bekannteste Klosterruine zwischen Elbe und Oder. 1258 wurde die Abtei durch die Brüder Otto III. und Johann I. als zweites Begräbniskloster für die brandenburgischen Markgrafen gestiftet. Den Besitz, den Zisterziensermönche aus dem Mutterkloster Lehnin besiedeln sollten, statteten sie mit den slawischen Weilern Chorin, Brodowin, Plawe und Pehlitz aus, dazu acht Seen und einem Hospital bei der Burg Oderberg. Das erste Bauprojekt auf der Halbinsel Pehlitzwerder wurde von den Mönchen jedoch schon bald wieder aufgegeben.
1273 begannen sie mit der Verlegung an den heutigen Platz nach Chorin an den Amtssee. Etwa um 1300 war dort zuerst die majestätische gotische Backsteinbasilika nach dem Vorbild der Lehniner Mutterkirche vollendet. Die gesamte Klosteranlage mit allen Gebäuden wurde nach 1330 fertiggestellt.
1542 folgte die Säkularisierung, der Verfall des einst mächtigen, reichen Zisterzienserklosters begann. Große Teile brannten im Dreißigjährigen Krieg nieder, danach dienten die Bauten als Stein-

bruch. Und wahrscheinlich wäre vom Kloster nichts übrig geblieben, hätte nicht der berühmte Baumeister Preußens, Karl Friedrich Schinkel (1781–1841), die romantische Ruine im Jahr 1817 wiederentdeckt, sie als wertvolles Baudenkmal eingeschätzt und erste Sicherungsmaßnahmen eingeleitet.
Heute gilt das Kloster Chorin als herausragendes Zeugnis der frühgotischen deutschen Backsteinbaukunst. Noch erhalten sind die hohen nackten Mauern der Klosterkirche, daran angeschlossen der Westflügel mit Kellergewölben, der Fürstensaal, Klosterküche und Kreuzgang sowie der Ostflügel mit Kreuzgang und vorgelagerter kleiner Kapelle, die heute der evangelischen Kirche in Chorin als Gotteshaus dient. Erhalten blieben außerdem einige Nebengebäude wie das Brauhaus und das Abthaus und in der Nachbarschaft die spärlichen Überreste der Klostermühle. Sie bilden zusammen die malerische Kulisse für den **Choriner Musiksommer** ebenso wie für die **Chorinale**, in deren Rahmen in Klosterkirche und Klosterhof in der schönen Jahreszeit klassische Konzerte, Symphonic Rock und die beliebtesten Musical-Melodien erklingen.
Ausstellungen im **Gewölbekeller** des Westflügels und im ehemaligen **Brauhaus** beleuchten die Klostergeschichte von der Gründung bis zur Wiederentdeckung der Zisterzienserruine im 19. Jahrhundert. Der dritte Abschnitt der Schau bietet per Film und App eine digitale Rekonstruktion der mittelalterlichen Choriner Klosterkultur.
Für Speis' und Trank sorgt das vom Ökodorf Brodowin aus unterhaltene **Klostercafé**. Von April bis September kommen dort täglich (Okt.-Dez. nur Sa/So) frisch gebackene Kuchen, Suppen und andere leckere kleine Gerichte von feinster Brodowiner Bioqualität auf den Tisch.

Im Ökodorf Brodowin

▶ Karte S. 104

Am Parsteiner See

Eingebettet in sanfte Hügel, Wälder, Wiesen und Felder und von einem ganzen Kranz größerer und kleinerer Seen umgeben, liegt das **Ökodorf Brodowin** im südöstlichen Winkel des Biosphärenreservats Schorfheide-Chorin. Ein winziger 400-Seelen-Flecken und trotzdem weithin bekannt: Bereits zu DDR-Zeiten eine Hochburg der Umweltbewegung, zählt das Ökodorf mit über 1250 Hektar ökologischer Landwirtschaftsfläche heute zu den größten Demeter-Betrieben in Deutschland. Seit 1990 werden in dem kleinen Straßendorf erstklassige Bio-Lebensmittel produziert.
Schmale Sträßchen und Wanderwege führen ringsum in die schöne Natur, so beispielsweise zum **Aussichtspunkt auf dem Rummelsberg**, einem jäh im Land emporragenden Drumlin, von dem aus einem das ganze Land ringsum zu Füßen liegt. Nördlich glitzert der **Parsteiner See**, dessen Ufer an die Gemarkung von Brodowin grenzen. Mit knapp elf Quadratkilometer Fläche ist er der größte See im Landkreis Barnim. Dort auf der **Halbinsel Pehlitzwerder** liegen inmitten eines urigen Campingplatzes die spärlichen Klostergrundmauern des mittelalterlichen zisterziensischen Bauprojekts ›Mariensee‹.

Badewiese am Parsteiner See

Parstein am östlichen Seeufer, ebenfalls in der Klostergründungsurkunde von 1258 erwähnt, fungiert heute als Tor zum Badevergnügen. Von dem kleinen Straßendorf aus gelangt man auf kurzer Wegstrecke zu den beiden **Campingplätzen mit Badewiesen** am Parsteiner See. Im Nachbarort **Lüdersdorf** lohnt der Blick auf das ›**Loewinghus**‹, ein sorgfältig restauriertes, denkmalgeschütztes Vorlaubenhaus von Anfang des 19. Jahrhunderts. Ein weiteres dieser großzügigen Fachwerkständerbauten, in deren Laubengang einst die schwer beladenen Erntefuhrwerke einfuhren, um das Korn direkt vom Wagen in den Dachspeicher zu schaufeln, harrt im Ort noch seiner Sanierung.

Lunow-Stolzenhagen

In der Gemarkung von Lunow-Stolzenhagen ist der südlichste Zipfel des Nationalparks Unteres Odertal erreicht. Seit 2002 bilden die beiden Dörfer Lunow und Stolzenhagen eine Gemeinde. Seit 2015 dürfen sie sich mit dem Titel Preisträger im Bundeswettbewerb ›Unser Dorf hat Zukunft‹ schmücken. Beide Ortsteile liegen nicht weit voneinander entfernt an der Hohensaaten-Friedrichsthaler-Wasserstraße, beide ursprünglich slawische Fischersiedlungen, beide im 13. Jahrhundert von Kolonisten deutscher Zunge besiedelt. Sowohl von Lunow als auch von Stolzenhagen aus lässt sich sehr schön die **Polderlandschaft** erkunden, die sich zwischen der Hohensaaten-Friedrichsthaler-Wasserstraße und der Stromoder ausdehnt. Die **Lunower Dorfkirche**, ein Feldsteinsaal aus der zweiten Hälfte des 13. Jahrhunderts, birgt als besonderen Schatz einen barocken Kanzelaltar, den der Moriner Bildschnitzer Heinrich Bernhard Hattenkerell von 1720 bis 1725 schuf.

Das nördliche, kleinere **Stolzenhagen** schmiegt sich an die Hänge eines tief eingeschnittenen, eiszeitlichen Erosionstals abwärts zum Unteren Odertal. Sein vom Deich aus zwischen den Hügeln weithin sichtbarer Fachwerkkirchturm dient Kanal-Schiffern wie Radlern auf dem Oder-Neiße-Radweg als Wegmarke. Unten im Ort finden Wohnmobilisten, Rad- und Wasserwanderer einen Ankerplatz für die Nacht. Auf der Camping-Wiese am Ufer der Hohensaaten-Friedrichsthaler-Wasserstraße ist in der Saison für Strom, Sanitär und einen Imbiss gesorgt.

Wie die Lunower, geht auch die **Stolzenhagener Dorfkirche** auf das 13. Jahrhundert zurück. Zu ihren Kostbarkeiten gehören ein hölzerner Kanzelaltar von 1737, ein spätklassizistischer Orgelprospekt sowie die Grabplatten des Gönners Carl Dietrich von Holzendorf und seiner Frau, der 1737 die mittelalterliche Kirche erneuern ließ.

Von Holzendorf ist auch der Bauherr des **Stolzenhagener Gutshauses**, von den Stolzenhagenern von jeher schlicht ›Schloss‹ genannt. 1730 ließ er es auf den Grundmauern eines Vorgängers errichten. In DDR-Zeiten Kindergarten und Sitz des Gemeinderats, stand es nach der Wende leer, wurde später vom neuen Eigentümer saniert und ist seitdem privat bewohnt. Daneben haben sich auch die Gutsgebäude wieder bevölkert, insbesondere mit Berliner Stadtflüchtlingen. Viele von ihnen sind Kunst- und Kulturschaffende, die sich im Verein ›Ponderosa‹ für zeitgenössische Kunst auf dem Land engagieren. In uralte Zeiten führt am südwestlichen Ortseingang der **Geologische Garten Stolzenhagen** zurück. In einer ehemaligen Sandgrube lassen sich die unterschiedlichen geologischen Formationen der Eiszeiten erkunden. Davor ist in einem kleinen, den historischen Vorlaubenhäusern nachempfundenen Gebäude eine Ausstellung zu den Erscheinungsformen der Eiszeit im Landkreis Barnim untergebracht.

Amt Oderberg-Chorin

Touristeninformation Oderberg, Herrmann-Seidel-Straße 44 (im Binnenschifffahrts-Museum), 16248 Oderberg, Tel. 033369/539321, April–Okt. tgl. 10–17 Uhr, Nov.–März tgl. 10–15 Uhr. www.bs-museum-oderberg.de

Landhof Liepe, Gutshof 1, 16248 Niederfinow/OT Liepe, Tel. 033362/619230, DZ 80 €, Frühstück geht extra. Moderne freundliche Zimmer im 1753 erstmals erwähnten Gutshof in Liepe; das Restaurant bietet wohlschmeckendes Regionales wie Lieper Weiderind oder frischen Fisch aus den umliegenden Gewässern. Der Landhof ist ein Integrationsunternehmen und beschäftigt Menschen mit Behinderungen. www.landhof-liepe.de

Hotel Haus Chorin, Neue Klosterallee 10, 16230 Chorin, Tel. 033366/500, DZ/F ab 84 €. Drei-Sterne-Hotelanlage auf einer Anhöhe über dem Amtssee, gepflegter Mittelklassekomfort; angeschlossenes Restaurant. www.chorin.de

Seehotel Mühlenhaus, Ragöser Mühle 1, 16230 Chorin/OT Sandkrug, Tel. 033366/52360, DZ/F ab 114 €. Solides Drei-Sterne-Anwesen am Großen Heiligen See südlich vom Kloster Chorin beim Weiler Sandkrug; das Restaurant serviert leichte saisonale deutsche Küche von regionalen Produkten. www.hotel-muehlenhaus.de

▶ Karte S. 104

Marina Oderberg, Altes Bruch 5, 16248 Oderberg, Tel. 033369/75540, April–Okt. Boot-Gastliegeplätze mit Strom- und Wasseranschluss, Wiesenplatz an der Alten Oder für Zelt und Caravan, mit WC, Dusche und Gaststätte im Hafengebäude, Radverleih. www.marina-oderberg.de

Campingplatz Parsteiner See, Seestraße 1, 16248 Parsteinsee, Tel. 033365/362, April–Okt. Wiesenplatz am Südostufer des Parsteiner Sees; Ferienbungalows, Gaststätte, Imbiss, Minimarkt, Ruder- und Tretbootverleih, große Badewiese. Keine Hunde! https://parsteiner-see-camping.de

Natur- und Familiencampingplatz Pehlitzwerder, 16230 Brodowin/OT Pehlitz, Tel. 033362/284, April–Okt. Uriger Campingplatz auf der Halbinsel Pehlitzwerder im Parsteiner See. Auf dem ausgedehnten Gelände nimmt zwischen Gehölzen und Bäumen jedes Zelt seinen eigenen lauschigen Platz ein. Im Herzen der Anlage liegen die Überreste des Klosters Mariensee. Keine Autos, kein Caravan, es gibt zwei Badestellen.

Camping an der Oder (Camping nad Odrą), Osinów Dolny 50, 74-520 Cedynia, Polen, Tel. 0800/5533232. Große Wiese direkt an der Oder neben dem Polenmarkt (Oder-Center-Berlin), gut ein Dutzend Stromsäulen; die Sanitäranlagen im Basar, einen kleinen Fußmarsch weit weg, kann man mitbenutzen, keine weitere Ver-/Entsorgung.

Camping Stolzenhagen, Kietz 14, 16248 Lunow-Stolzenhagen, Tel. 0159/06164542. Idyllischer stiller Wiesenplatz an der Hohensaaten-Friedrichsthaler-Wasserstraße, Wasserver-/Entsorgung, Dusche/WC. www.camping-stolzenhagen.de

Kloster Chorin, Amt Chorin 11, 16230 Chorin, Tel. 033366/70377, April–Okt. tgl. 9–18 Uhr, Nov.–März tgl. 10–16 Uhr. www.kloster-chorin.org

Binnenschifffahrts-Museum, Herrmann-Seidel-Straße 44, 16248 Oderberg, Tel. 033369/539321, April–Okt. tgl. 10–17 Uhr, Nov.–März tgl. 10–15 Uhr. www.bs-museum-oderberg.de

Geologischer Garten Stolzenhagen, Elsengrund 7, 16248 Lunow-Stolzenhagen, April–Okt. ohne feste Öffnungszeiten.

Schiffshebewerk- und Oderfahrten, ab Bollwerk Oderberg, Fahrgastschifffahrt Oderberg, Galgenberg 3, 16248 Oderberg. Tel. 033369/779983, tgl. April–Okt. www.oder-schiff.de

Kanuverleih, Hermann-Seidelstraße 62a (in Nachbarschaft zum Museumsschiff Riesa), 16248 Oderberg, Tel. 0174/5315452. www.kanu-oderberg.de

Bootsverleih am Campingplatz Parsteiner See, Ruder- und Tretboote, s. o.

Fahrradverleih im Bahnhof Chorin, Bahnhofstraße 2, 16230 Chorin, Tel. 0162/4664051. https://rentabike-chorin.de

Fahrradverleih an der Marina Oderberg, s. o.

Badewiesen am Parsteiner See an den Campingplätzen ›Parsteiner See‹ und ›Pehlitzwerder‹, s.o.

Choriner Musiksommer, Ende Juni bis Ende Aug. im Kloster Chorin, Programminfo: Choriner Musiksommer e.V., Eisenbahnstraße 3, 16225 Eberswalde, Tel. 03334/818472. www.choriner-musiksommer.de

Chorinale, Klassik- und Musical-Evergreens bis Synphonic-Rock, aufgespielt vom Brandenburgischen Konzertorchester Eberswalde im Juni im Kloster Chorin. Programminfo: Brandenburgisches Konzertorchester Eberswalde, Naumannstraße 3c, 16225 Eberswalde, Tel. 03334/25650. www.klassikauseberswalde.de

Ostertage mit Ostermarkt im Kloster Chorin, bunter Markt mit Kunsthandwerkern, Pflanzenmarkt, leckeren Futterbuden, Kinderprogramm, Vorführungen, Konzerten u.v.m. von Ostersamstag bis Ostermontag im Kloster Chorin. www.kloster-chorin.org

Hoffest Brodowin, großer bunter Aufgalopp auf dem Gelände der Ökodorf Brodowin GmbH (s.u. Hofladen Brodowin) an einem Wochende Ende Mai oder im Juni, mit zahlreichen Ausstellern von Bioprodukten über Keramik bis Kunsthandwerk, leckerer Biokost, Führungen, Treckerfahrten, riesiger Strohhüpfburg und Livemusik. www.brodowin.de

Polenmarkt Hohenwutzen/Osinów Dolny, Tel. 0800/5533232, tgl. 9–17 Uhr, allerdings haben zahlreiche Händler an Sonn- und christlichen Feiertagen geschlossen; die Tankstellen sind rund um die Uhr geöffnet. www.hohenwutzen.de

Hofladen Brodowin, Dorfstraße 89, (Ortseingang via Weißensee), 16230 Chorin/OT Brodowin, Tel. 033362/60022 April–Okt. tgl. 9–18 Uhr, Nov.–März tgl. 10–17 Uhr. www.brodowin.de

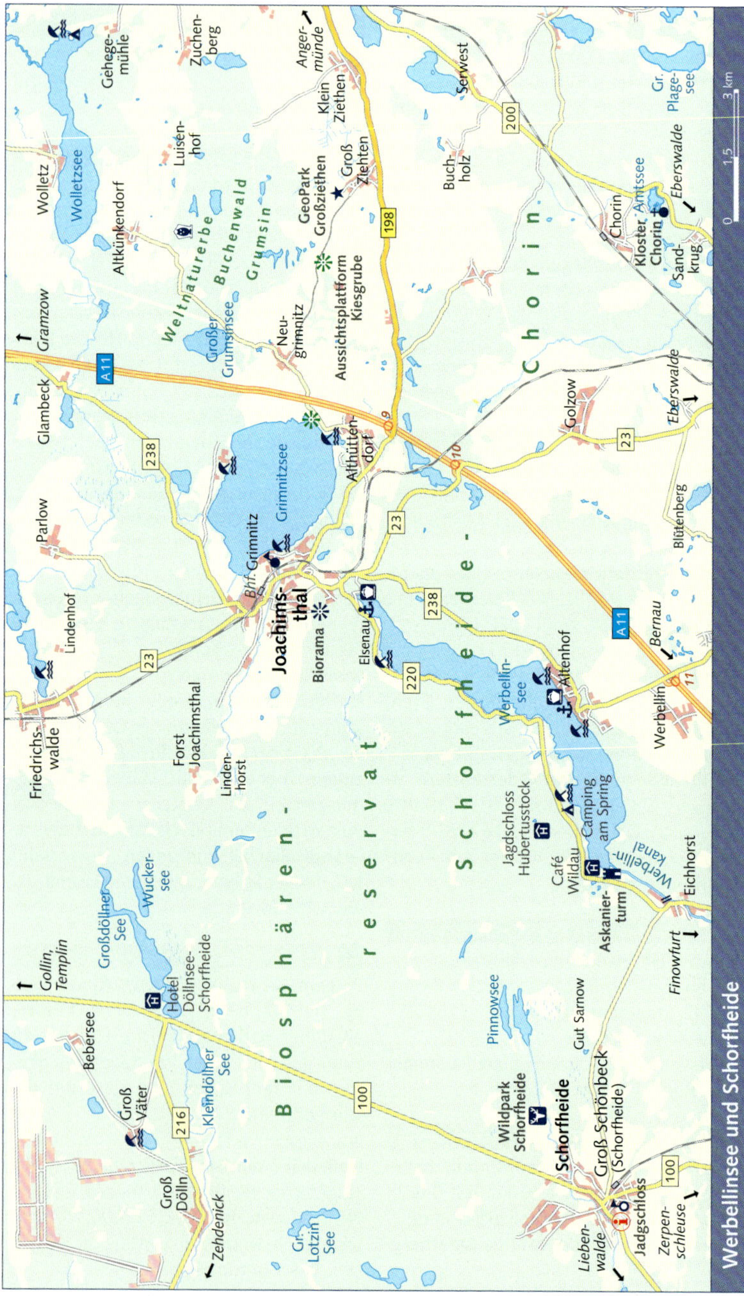
Werbellinsee und Schorfheide
Wolletzsee
Wolletz
Gehegemühle
Zuchenberg
Angermünde
Luisenhof
Altkünkendorf
Weltnaturerbe Buchenwald Grumsin
GeoPark Großziethen
Groß Ziethen
Klein Ziethen
Serwest
Buchholz
Chorin
Kloster Chorin
Amtssee
Eberswalde
Sandkrug
Gr. Plagesee
Gramzow
Großer Grumsinsee
Neugrimnitz
Aussichtsplattform Kiesgrube
Glambeck
Grimnitzsee
Althüttendorf
Golzow
Parlow
Bhf. Grimnitz
Joachimsthal
Biorama
Lindenhof
Elsenau
Blütenberg
Bernau
Altenhof
Werbellinsee
Werbellin
Friedrichswalde
Forst Joachimsthal
Lindenhorst
Biosphärenreservat Schorfheide-Chorin
Jagdschloss Hubertusstock
Camping am Spring
Café Wildau
Askanierturm
Werbellinkanal
Eichhorst
Finowfurt
Wuckersee
Großdöllner See
Gollin, Templin
Hotel Döllnsee-Schorfheide
Pinnowsee
Gut Sarnow
Bebersee
Kleindöllner See
Groß Väter
Wildpark Schorfheide
Schorfheide
Groß Schönbeck (Schorfheide)
Groß Dölln
Zehdenick
Gr. Lotzin See
Liebenwalde
Jadgschloss
Zerpenschleuse
A11
23
238
198
200
220
100
216
0 1,5 3 km

Rund um den Werbellinsee

»Es ist ein Märchenplatz, auf dem wir sitzen, denn wir sitzen am Ufer des Werbellin«, schwärmte einst Fontane von dem nur 1,3 Kilometer breiten, aber 13 Kilometer langen und bis zu 60 Meter tiefen Rinnensee im Herzen der Schorfheide. Sagen sind mit ihm verbunden: Von einer Stadt namens Werbellow erzählte man sich, deren Bewohner vor lauter Reichtum so hochmütig geworden waren, dass sie Bedürftige an ihren Toren abwiesen und die Stadt zur Strafe dafür im See versank.

Über den Werbellinkanal ist der Werbellinsee direkt mit dem Oder-Havel-Kanal und auf diese Weise, zur Freude der Segler und Paddler, mit den ausgedehnten Wasserwanderrevieren im nördlichen und westlichen Brandenburg verbunden.

Eichhorst

Wollen die Wassersportler vom Werbellinsee aus weiterziehen, müssen sie zunächst die Schleuse in Eichhorst passieren. In dem kleinen Ort nahe dem südlichen Werbellinseeufer ist man mit Gaststätten, ein paar Ferienwohnungen und sogar einer Hotel-Pension ganz auf Ausflügler eingestellt.

Obwohl die ältesten Dokumente eine Besiedlung schon im 13. Jahrhundert vermuten lassen, fällt die tatsächliche Gründung von Eichhorst erst in das Jahr 1709. Dazumal veranlasste König Friedrich I. auf Höhe des heutigen Orts die Errichtung einer Papiermühle, ab 1761 folgte in fünfjähriger Bautätigkeit die Kanalisierung des Werbellinfließes. 1766 konnte der Werbellinkanal eingeweiht werden. Genau ein Jahrhundert später brannte die Mühle ab. Der Ort aber blieb und wird seit 1878 Eichhorst genannt.

Dort, wo der Kanal etwa zwei Kilometer von der Schleuse entfernt in den Werbellinsee einmündet, soll eine Askanierburg von Anfang des 13. Jahrhunderts gestanden haben. Ihre Existenz konnte nie sicher bewiesen werden. Allerdings kamen bei den Kanalbauarbeiten im 18. Jahrhundert alte Mauerreste und mittelalterliche Waffen zutage.

Als Reminiszenz an diese längst verschwundene Burg erhebt sich an eben der Stelle seit 1879 der **Askanierturm**. Der runde Feldsteinturm wuchs im Auftrag Prinz Carls von Preußen (1801–1883) unter den Händen des Eberswalder Baumeisters Oskar Büschner empor. Seine backsteinernen Zinnen kann man erklimmen und von oben hinuntergucken. Das Café Wildau nahebei am Werbellinseeufer hütet den Turmschlüssel.

Bei dem **Wisent-Denkmal** am Platz vor der Schleuse im Herzen von Eichhorst handelte es sich ursprünglich um ei-

Der Askanierturm

ne Arbeit, die der nationalsozialistische Reichsmarschall Hermann Göring in Auftrag gegeben hatte. 1934 wurde die von Max Esser (1885–1945) geschaffene Halbplastik am Eingang des Göringschen Urwildparks auf Höhe der heutigen Oberförsterei Pechteich enthüllt. Fortan leitete sie jährlich bis zu 150 000 Besucher in das Gehege, in dem Göring, in Personalunion Reichsjägermeister, ein Rückzüchtungsprogramm für ausgestorbene nordische Wildtierrassen wie Wisente oder Auerochsen betreiben ließ. Nach Ende des Zweiten Weltkriegs gab es den Park nicht mehr, aber das Denkmal stand immer noch da. Erst 1958 wurde es entfernt und im Wald vergraben. Nach der Wende wiedergefunden, von allen Nazi-Symbolen befreit und restauriert, wurde es dann am gegenwärtigen Standort aufgestellt.

■ Ausflug zur Silkebuche

Eine natürliche Eichhorster Schönheit, eine über 700-jährige Stieleiche, steht an der Schleusenbrücke. Der noch berühmteren Baumkönigin Silkebuche kann man mit einem gut dreistündigen markierten Rundwanderweg vom Parkplatz am Ortsausgang via Groß Schönebeck aus seine Aufwartung machen (alternativ ab Parkplatz Gasthaus am Spring/Werbellinsee). Geschätzte 300 Jahre alt ist die Dame. Über sechseinhalb Meter maß ihr Stammumfang mit einer Vielzahl an Kronenstämmen, die sich auf phänomenale 25 Meter Kronendurchmesser ausbreiteten. Ihren Namen, erzählt die Sage, erhielt die mächtige Rotbuche nach folgender Begebenheit: Ein Förster, untröstlich, weil er den Geburtstag seiner geliebten Silke verschwitzt hatte, war deshalb drauf und dran, sich am Baum aufzuknüpfen. Ein Waldmännlein erschien und riet, statt in den Tod zu gehen doch lieber seiner Frau die Buche zu schenken. Gesagt, getan, und als der Förster und seine Silke zur Buche zurückkehrten, erwartete sie unter der weiten Krone zur Feier des Tages eine reich gedeckte Geburtstagstafel. Ihr gigantischer Wuchs wurde der Silkebuche nun zum Verhängnis. Ende Juli 2021 brach sie mitten entzwei. Kein Sturm und kein Starkregen hat sie gefällt, sondern Altersschwäche und dadurch bedingt Weißfäule. Als enorme Holzmasse liegt sie seitdem am Boden und bildet auch in dieser Gestalt ein schönes Picknickziel. Aus ihrem verbliebenen Baumstumpf reckt sich ein zarter grüner Zweig dem Himmel entgegen – und läutet damit vielleicht die nächste 300-jährige Silkebuche-Generation ein.

▶ Karte S. 112

Hubertusstock

Nahe dem südwestlichen Werbellinseeufer verbirgt sich im Wald das vom Namen her gewiss bekannteste Anwesen am Werbellinsee: **Jagdschloss Hubertusstock**. Der Romantiker unter den preußischen Königen, Friedrich Wilhelm IV. (reg. 1840–1861), hatte das Fachwerkgebäude zwischen 1847 und 1849 für den Aufenthalt seiner Jagdgesellschaften bauen lassen, aus Liebe zu seiner Gemahlin Elisabeth von Bayern nach der Art bayerischer Forsthäuser. Es diente den Hohenzollerherrschern als Jagdquartier, nachfolgend Reichspräsident Hindenburg, im Dritten Reich den ranghöchsten Nationalsozialisten und ab 1952 schließlich erholungsbedürftigen leitenden Angestellten des DDR-Innenministeriums. Von 1971 bis 1973 wurde das morsche Jagdhaus bis auf die Grundmauern abgetragen und mit Schwimmbad und zeitgenössischem Komfort in gleicher Art wieder aufgebaut. Fortan fungierte Hubertusstock als Gästehaus der DDR-Regierung. Staatschefs wie Leonid Breschnew und Fidel Castro logierten hier, und mit dem Treffen 1981 zwischen dem SED-Generalsekretär und

Das Jagdschloss Hubertusstock

Vorsitzenden des Staatsrats der DDR, Erich Honecker, und dem Bundeskanzler der BRD, Helmut Schmidt, wurde in Hubertusstock deutsch-deutsche Geschichte geschrieben.
Gleichwohl muss es im Jagdschloss verhältnismäßig bescheiden zugegangen sein. »In seinem Inneren erfreut ein alter Kamin; sonst allerdings herrscht eine Kleinbürgereleganz, wie sie Versandhauskatalogen zur Zierde gereicht«, schrieb Christian Graf von Krockow, der das Gebäude 1990 noch original besichtigen konnte. Die nächsten zehn Jahre Hotel und anschließend lange Zeit leer stehend, werden die Räume heute für Seminare, Familienfeiern und vom Joachimsthaler Standesamt genutzt. Park und Schloss Hubertusstock gehören gegenwärtig zum Ringhotel Schorfheide, dessen Neubau in unmittelbarer Nachbarschaft steht. Gegen einen kleinen Obolus ist die Besichtigung des Gelände nach vorheriger Anmeldung an der Hotelrezeption jederzeit möglich. Das unbefugte Betreten ist dagegen verboten. Und dies nicht ganz zu Unecht. Denn Diebe sind unterwegs. 2015 wurde das 150 Jahre alte, tonnenschwere Standbild und Wahrzeichen von Hubertusstock, der berühmte kupferne Hirsch vom Gelände gestohlen.
Der Flecken **Elsenau** am Nordufer des Werbellinsees besteht aus der **Fischerei Werbellinsee** mit Fischverkauf und kleiner Gaststätte, einem Seniorenwohnsitz und direkt nebenan der **Marina Werbellinsee**, wo zahlreiche Segelboote vor Anker liegen. Nicht weit südlich davon dehnt sich zwischen Landstraße und Seeufer an der historischen **Holzablage Michen** die gleichnamige Badewiese aus, mit Bushaltestelle und Volleyballfeld.

Altenhof

Die 600 Einwohner kleine Sommerfrische Altenhof am östlichen Werbellinseeufer bietet eine hübsche Uferpromenade und eine große Badewiese am Wasser. Archäologische Funde weisen auf eine Besiedlung von über 5000 Jahren zurück. Überreste der slawischen Periode ab dem 7. Jahrhundert hat man östlich vom Restaurant ›Alte Fischerei‹ gefunden. 1375 taucht die Ortslage erstmals schriftlich als ›Breten est castrum sine oppido et sine villa iacens in magna merica Werbelyn‹ auf (Breten ist Burg ohne Stadt in der großen Werbellin-Heide).

Die Alte Fischerei in Altenhof

Die besagte askanische Burg Breten gibt es schon lange nicht mehr. An ihrer Stelle entstand die Försterei Altenhof und eine umgebende Fischersiedlung. An der Wende zum 20. Jahrhundert setzte der Fremdenverkehr ein. In der DDR wuchs nördlich vom Ort am Seeufer ab 1951 die Pionierrepublik ›Wilhelm Pieck‹ aus dem Boden, zentrales Pionierlager der Pionierorganisation Ernst Thälmann und zugleich Urlaubsstätte für tausende Kinder aus der ganzen sozialistischen Welt. Bis zur Wende war Altenhof darüber hinaus Erholungsort des Freien Deutschen Gewerkschaftsbunds (FDGB). Nach der Wiedervereinigung wurde die Ferienanlage, die mit 105 Hektar zu den größten in Deutschland zählt, zur Europäischen Jugendbildungs- und Erholungsstätte (EJB) umfunktioniert. Mit ihren denkmalgeschützen Gebäuden der späten Stalin-Ära, mit Gastronomie, Kino, Kegelbahn, Sauna, Fitness und großem Badestrand firmiert sie seit einem weiteren Neustart 2021 nun unter dem Namen **seezeit-resort** als Urlaubsdomizil für Einzelreisende, Familien und Gruppen.

Südlich davon geht es im alten Ort **Altenhof** beschaulich zu. Gepflegte Häuser am Uferhang und unten am Wasser Gastronomie und Bootsverleih laden zum geruhsamen Aufenthalt ein. Vom Schiffsanleger stechen Ausflugsdampfer in See und verbinden den Ort mit dem Nord- und dem Südufer am Werbellinsee.

Rund um den Werbellinsee

Café Wildau, Wildau 19, 16244 Schorfheide/OT Eichhorst, Tel. 033363/52630, DZ/F ab 89 €, in der Pension (Mai–Sept.) 79 €. Traumhaft am südwestlichen Werbellinseeufer gelegen, mit Gartenterrasse und eigenem Schiffsanleger; ab 1894 Gästehaus des nahen Jagdschlosses Hubertusstock, in der DDR beliebtes Ausflugslokal, 2006–2009 als Hotel und Restaurant komplett neu aufgebaut. Die Speisekarte bietet leichte kreative Gerichte in einem Mix aus frischen Erzeugnissen der Region kombiniert mit mediterranen Einflüssen. www.cafe-wildau.de

Ringhotel Schorfheide, Hubertusstock 2, 16247 Joachimsthal, Tel. 033363/505, DZ/F ab 112 €. Schickes Businesshotel auf dem Gelände vom Jagdschloss Hubertusstock, die Zimmer im Haupthaus und in den Gästehäusern elegant designt, zwei Suiten im Jagdschloss; das Restaurant ›Von Hövel‹ serviert gehobene saisonale Küche, aber auch das notorische Schnitzel fehlt nicht auf der Karte. www.ringhotel-schorfheide.de

Fontane Hotel, Am See 7, 16244 Schorfheide/OT Altenhof , Tel. 033363/52390, DZ/F ab 130 €. Neubau direkt am Werbellinsee, mit Sauna und eigener Badewiese, die Zimmer im zeitgenössischen Schick; das Restaurant mit Terrasse zum See bietet leichte moderne europäische Küche. https://fontanehotel.com

Gut Sarnow, Eichhorster Chaussee 5, 16244 Schorfheide/OT Groß Schönebeck, Tel. 033393/65825, DZ/F um 100 €. Alleinlage zwischen Wald und Pferdekoppeln auf halbem Weg zwischen Eichhorst und Groß Schönebeck; behagliche schöne

▶ Karte S. 112

Zimmer, großes Frühstücksbüffet im gläsernen Wintergarten, im Restaurant feine regionale Küche und Spezialitäten vom Wild aus der eigenen Jagd; Reiterferien. https://gut-sarnow.com

seezeit-resort, Joachimsthaler Straße 20, 16247 Joachimsthal/OT Altenhof, Tel. 033363/6200. Großes Ferienareal mit Unterkünften inkl. Vollpension wahlweise als Jugendherberge (ab 38 € pP), Häuser für Gruppenreisende (ab 41 € pP), Familienhaus (ab 51 € pP) oder Hotel (DZ/F ab 64 € pP). Mit Gastronomie, Sauna, Fitness und Badestrand und zahlreichen weiteren Freizeitaktivitäten. www.seezeit-resort.de

Campingplatz Am Spring, Seerandstraße am Hubertusstock, 16247 Joachimsthal, Tel. 033363/4232, ganzjährig. Sehr gepflegter Vier-Sterne-Platz am Südwestufer des Werbellinsees; Minimarkt, Gaststätte, Badewiese, SUP-Verleih. www.camping-spring.de

Alte Fischerei, Am See 3, 16244 Schorfheide/OT Altenhof, Tel. 033363/3141. Fischräucherei und Fischrestaurant in wunderbarer Lage am Werbellinsee, die Speiseterrasse schwebt mit Blick auf den Sonnenuntergang über dem Wasser (für die besten Plätze unbedingt reservieren!). Die Karte verzeichnet Süßwasserfisch aus heimischen Gewässern und zugekauft Meeresfisch, dazu einige Fleischgerichte. Pommes, Suppen, und Salat gibt es natürlich auch. Was hier zählt ist vor allem die traumhafte Lage.

Gaststätte ›Zum Seewolf‹, Seerandstraße 16, 16247 Joachimsthal, Tel. 033361/71045, Mi–Fr 9–16, Sa/So 10–14 Uhr. Rustikale ›Kombüse‹ im Hafen der Fischerei Werbellinsee am Nordufer neben der Marina Werbellinsee. ›Fastfood vom Feinsten‹ hat 2015 der ›Der Feinschmecker‹ zu den Fischgerichten geschrieben. Dem ist nichts weiter hinzuzufügen. www.fischerei-werbellinsee.de

Jagdschloss Hubertusstock, Ringhotel Schorfheide, Hubertusstock 2, 16247 Joachimsthal, Besichtigung des Geländes nach spontaner Anmeldung an der Rezeption im Ringhotel; Besichtigung von Jagdschloss Hubertusstock nach schriftlicher Voranmeldung (s.o. Ringhotel Schorfheide).

Marina Werbellinsee, Seerandstraße 17, 16247 Joachimsthal, Tel. Hafenmeister 0173/494227. Gastliegeplätze mit Strom, Frischwasser/Grauwasser, modernes Sanitär und Restaurant am Nordwestufer vom Werbellinsee. http://www.marina-werbellinsee.de

Werbellinsee Marina Altenhof, Altenhofer Dorfstr. 18, 16244 Schorfheide/OT Altenhof, Tel. Hafenmeister 0151/26115393. Gastliegeplätze am Steg mit Strom- und Wassersäule. www.werbellinsee-marina-altenhof.de

Werbellinsee-Kreuzfahrten, Reederei Wiedenhöft, Seerandstraße 23, 16247 Joachimsthal, Fahrplaninfo: Tel. 033361/474, Mai–Mitte Sept. www.werbellinsee-schorfheide.de

Boots- und Fahrradverleih Am Breten, Am See 4, 16244 Schorfheide/OT Altenhof, Tel. 0172/3063034. Leihstationen Am See 4 und am seezeit-resort (s.o.), April–Okt. tgl. 10–19 Uhr. Fahrräder, Tret-, Elektro- und Motorboote. www.bootsvermietung-werbellinsee.de

Werbellinsee: bewirtschaftete Badewiese in Altenhof (Ostufer); große bewachte Badewiese mit Nichtschwimmerbereich, Gastronomie und WC am seezeit-resort Werbellinsee (Ostufer); zwei Badewiesen am Nordwestufer an der Landstraße sowie zwei weitere am Südwestufer beim Gasthaus am Spring/La Fonte und nebenan auf dem Campingplatz Am Spring.

Schorfheide

Neben Chorin hat auch die Schorfheide ihren namenstiftenden Teil zum Biosphärenreservat Schorfheide-Chorin beigetragen. Während auf den schweren Grundmoränenböden zwischen Parsteiner See und Grimnitzsee auf weiten Flächen Ackerbau getrieben wird, sind die unfruchtbaren Sandergebiete im westlichen Teil des Biosphärenreservats überwiegend mit Wald bedeckt. Eichen und anspruchslose Kiefernheide sowie in den hügeligen Gebieten der Endmoräne auch einmal Buchenhaine schmücken die Schorfheide, die mit 65 000 Hektar zu den größten zusammenhängenden Waldgebieten Deutschlands gehört. Im Buchenwald Grumsin, 2011 zum Weltnaturerbe erklärt, hat sie mit dem Blocksberg auf 139 Meter über dem Meeresspiegel ihren höchsten Punkt erreicht.

In der wildreichen Region gingen einst brandenburgische Markgrafen und Kurfürsten, preußische Könige und deutsche Kaiser, Nazi-Größen und DDR-Obere auf die Pirsch. Heute lädt ein weit verzweigtes Rad- und Wanderwegenetz zu ausgiebigen Erkundungen ein. Zahlreiche große und kleine Seen bieten an ihren schilfwogenden Ufern wahlweise stillen Naturgenuss ebenso wie aktiven Wassersport und Badevergnügen.

Der alte Wasserturm wurde zum Biorama

▲ Karte S. 112

Joachimsthal

Zwischen nördlicher Werbellinseespitze und Grimnitzsee gibt es im Bahnhof Joachimsthal etwas zu hören! 1898 wurde Joachimsthal an die Berlin–Stettiner Eisenbahn angeschlossen. In diesem Zuge entstand im nämlichen Jahr für den repräsentativen Empfang des zur Jagd anreisenden Kaisers Wilhelm II. (reg. 1888–1918) der **Kaiserbahnhof**. Im Fachwerkstil und mit Giebeln, Erkern und Türmchen verziert, fungiert er heute als **Hörspielbahnhof**, wo in den Sommerferien in Berlin und Brandenburg für Jung und Alt spannendes Ohrentheater zum Besten gegeben wird. Außerdem finden auf Anfrage Führungen durch den historischen Bahnhof statt.

Nicht weit entfernt ragt noch vor dem Kreisel am südlichen Ortseingang der **alte Wasserturm** auf. 1959/60 errichtet, ging er 1987 schon wieder außer Betrieb und verfiel, ebenso wie eine zu seinen Füßen liegende Villa. 2003 entdeckten die Londoner Sarah Phillips und Richard Hurding auf einer Schorfheide-Radtour das verwilderte Anwesen. Kurzerhand kehrte das Ehepaar, sie Kulturmanagerin, er Innenarchitekt, der Themse den Rücken, um den maroden Turm 2005/06 zu sanieren und zu ihrem neuen Lebensmittelpunkt auszubauen. An die Joachimsthaler und ihre Gäste wurde dabei ebenfalls gedacht und das alte Gemäuer um einen modernen Treppenturm und obenauf eine Aussichtsplattform bereichert. So steht das **Biorama-Projekt** seitdem den Besuchern offen: 118 durchscheinende Metallgitterstufen oder alternativ ein Fahrstuhl führen auf die Plattform hinauf, die in 123 Meter Höhe über dem Meeresspiegel einen großartigen Rundumblick auf die Schorfheide, Joachimsthal und den Grimnitzsee verspricht.

In der Nachbarschaft zum Biorama, kurz für ›Biosphärenreservat-Panorama‹, steht die **Weiße Villa** des Joachimsthaler Fabrikanten und Gönners Rudolf Protz. Nach der Reichsgründung 1871 war er mit der seriellen Produktion zunächst hölzerner, dann gusseiserner Bedürfnisanstalten – die berühmten Berliner ›Cafés Achteck‹ – zu Wohlstand gelangt. 1897 ließ er in Joachimsthal sein neues Domizil errichten; knapp 120 Jahre später wandelten Sarah Phillips und Richard Hurding die Protz'sche Villa in ein Kunst- und Kulturhaus um. In einem beeindruckenden Ambiente aus rauen Backsteinwänden und vom Plafond bis zum hölzernen Dachstuhl herausgenommen Zwischendecken werden dort seitdem wechselnde Kunstausstellungen und -projekte präsentiert, insbesondere solche mit Bezug zur Region und zum Biosphärenreservat. Eine ständige Ausstellung erinnert darüber hinaus an Rudolf Protz.

Unten im Ort

Joachimsthal selbst, 3400 Einwohner klein, ist eine Gründung von 1604 durch Kurfürst Joachim Friedrich (reg. 1598–1608). In der Abgeschiedenheit der Schorfheide sollte eine Knabenschule entstehen, die den brandenburgischen Spitzennachwuchs auf ein Universitätsstudium vorbereitete. Doch die Geschichte reicht noch viel weiter zurück: Die umkämpfte Grenzlinie zwischen Pommern und Brandenburg verlief im Mittelalter am Grimnitzsee. Um 1247 begannen die brandenburgischen Markgrafen deshalb mit der Errichtung der Burg Grimnitz, die, 1298 das erste Mal erwähnt, als Grenzfeste gegen die pommersche Uckermark über die Landenge zwischen Werbellinsee und Grimnitzsee wachte.

Von der einst stolzen Burg ist heute wenig übrig geblieben. Die **Burgruine Grimnitz** über dem Ufer des Grimnitzsees besteht nur noch aus einem Kellergewölbe mit altem Brunnen; außerdem haben ein paar Fundamente und Reste der alten Ringmauer den Zeiten getrotzt. Die Feldsteintrümmer liegen auf einem Privatgrundstück und sind daher nicht zu besichtigen. Von unterhalb, von der

Die Marina Joachimsthal am Werbellinsee

großen Badewiese am Seeufer aus, lässt sich jedoch aus angemessener Entfernung ein Blick darauf werfen.

Die Ruine wird vom Grimnitzer Glashüttenverein betreut, der sich in Joachimsthal der Pflege der Glastradition widmet. Denn von der Burg Grimnitz ging die brandenburgische Glasmacherkunst aus. 1601 wurde ganz in der Nähe die erste märkische Glashütte eingerichtet. Böhmische Handwerker siedelten sich an. 1603 fand sich ›Joachimsthall‹ erstmals in einer Urkunde wieder, 1604 verlieh Kurfürst Joachim Friedrich dem Ort, der seinen Namen trägt, die Stadtrechte.

Weitere Glashütten nahmen im 17. und 18. Jahrhundert nahebei die Produktion auf, so in Althüttendorf und in Neugrimnitz, in denen man vorwiegend grünes Gebrauchsglas, aber auch feineres Tafelglas, Reagenzgläser, Kirchen- und Butzenfenster, Vasen, Schmuck und anderes fertigte. Einmal jährlich Ende Juli, Anfang August lebt diese Tradition während der ›**Grimnitzer Glastage**‹ wieder auf. Fast am historischen Ort lassen sich dazu Glasmacher, Glasbläser, Glaskünstler sechs Tage lang bei ihrer Arbeit in der **Glaswerkstatt des Grimnitzer Glashüttenvereins** über die Schulter schauen. Die kleine Glaswerkstatt bildet einen Punkt des so genannten ›Grimnitzer Dreiecks‹. Zu diesem zählt weiterhin gegenüber die Burgruine und als dritter Punkt in der Nachbarschaft die **Kommunität**. Die christlich-evangelische Gemeinschaft, die sich der Theologie Dorothee Sölles und Dietrich Bonhoeffers verbunden fühlt, bewohnt und bewirtschaftet seit 1998 das Gelände der Alten Försterei Grimnitz direkt neben der Glaswerkstatt. Jeden ersten Samstag im Monat zwischen Mai und September öffnet das **Grimnitzer Dreieck** gemeinsam für Besucher die Tore. In der Glaswerkstatt wird dann zu Kaffee und Kuchen die Glasherstellung erlebbar gemacht. Es finden Führungen durch das Kellergewölbe der Burgruine statt, und die Kommunität lädt im Hof zur Kleidertauschbörse und zu kleinen Konzerten ein.

Die kurfürstliche Knabenschule und in der Nachbarschaft eine Kirche konnten 1607 eingeweiht werden. 1636 plünderten schwedische Truppen die Stadt und zerstörten Schule und Gotteshaus. Und auch ihr Wiederaufbau nach dem Dreißigjährigen Krieg hatte nicht lange Bestand. 1814 ging Joachimsthal bei einem Stadtbrand in Flammen auf. Anschließend entstanden Schule – nun im Fachwerkbau als Gemeindeschule –, Amtshaus mit Scheunen, Kirche und Pfarrei sowie die Brauerei neu.

Bei der Errichtung des neuen Gotteshauses hatte sogar Karl Friedrich Schinkel (1781–1841) seine Feder im Spiel. Nach den Bauplänen des berühmten preußischen Baumeisters wurde es 1817–1820 im neugotischen Geschmack wieder hergestellt. Vor allem die Giebelgestaltung und der Einsatz eines bestimmten Formziegels gehen wohl auf Schinkels Einfluss zurück – weshalb die neugotische kleine Joachimsthaler Stadtkirche auch **Schinkelkirche** heißt. 1817 wurde sie geweiht und ist seitdem Joachimsthals besondere Sehenswürdigkeit.

Die Schinkelkirche

▸ Karte S. 112

Eingang zum GeoPark Groß-Ziethen

Althüttendorf

Der Flecken Althüttendorf am südlichen Grimnitzseeufer geht auf eine 1653 gegründete Glashütte zurück. Doch kaum zwei Jahrzehnte währte der Betrieb. 1674/75 zerstörten schwedische Truppen die Hütte bei ihrem Einfall in Brandenburg im Nordischen Krieg. Den Althüttendorfern verblieb die Waldwirtschaft für den Broterwerb, bis sich Mitte des 19. Jahrhunderts als zweites Standbein die Steinschlägerei dazugesellte. Bei diesem schweißtreibenden Handwerk zerlegten die Arbeiter eiszeitliche Findlingssteine - bis zu acht Meter mächtige Blöcke - wie man sie in den nahen Steinbrüchen bei Sperlingsherberge und in den Ihlowbergen vorfand, um Baumaterial für Gebäude und vor allem für Straßenpflaster und Gleisbettbefestigungen herzustellen.

Die efeuumrankte **Dorfkirche** von Anfang des 19. Jahrhunderts steht als Wandererkirche Besuchern offen. Bereits aus dem Jahr 1828 stammt die **Althüttendorfer Bockwindmühle** am südöstlichen Seeufer. Sie befindet sich in Privatbesitz und kann nicht besichtigt werden. Ohnehin zieht viel eher die **Naturbeobachtungsstation** ein paar Häuser weiter die Ausflügler an. Vor allem Vogelkundler reisen mit großem Tele-Objektiv an, um während des Vogelzugs im Frühjahr und Herbst die Scharen von gefiederten Gesellen am Ufer des Grimnitzsees zu studieren - wobei man sich fragt, wie lange sie bei dem Lärm der sehr nahen Autobahn hier noch anlanden werden. Eine kleine **Ausstellung** informiert außerdem über die Geschichte der örtlichen Fischerei.

Groß-Ziethen

Sowohl der Werbellinsee als typischer Rinnensee wie auch der beinahe kreisrunde Grimnitzsee als Zungenbeckensee sind Kinder der letzten Eiszeit. Beide Gewässer gehören zum 2007 ausgerufenen **Nationalen GeoPark Eiszeitland am Oderrand**, der sich auf einer Fläche von fast 3500 Quadratkilometern über weite Teile der Landkreise Barnim, Uckermark und Märkisch Oderland erstreckt. Bei Geoparks handelt es sich um deklarierte Landschaften, die in besonderer Form die geologische Geschichte einer Region repräsentieren. Während Großschutzgebiete wie das Biosphärenreservat Schorfheide-Chorin mit Fauna und Flora das belebte Naturerbe wahren, macht der Geopark auf die unbelebte Natur aufmerksam, wie sie sich über Jahrhunderttausende hinweg gestaltet hat. Geradezu beispielhaft liegen in der nordbrandenburgischen Jungmoränenlandschaft alle eiszeitlichen Erscheinungsformen dicht beieinander: Grundmoränen, Endmoränen, Sanderflächen und Urstromtäler, dazwischen Drumlins und Sölle, Binnendünen, Moore und Trockentäler. In den Räumen einer historischen Dampfmühle vermittelt das **Besucher- und Informationszentrum** des GeoParks Eiszeitland am Oderrand im Weiler Groß-Ziethen, etwa zehn Kilometer östlich von Althüttendorf, viel Wissenswertes über

Der Taubenturm ist das Wahrzeichen von Glambeck

die erdgeschichtlichen Phänomene und entführt seine Gäste in die vergangenen Eiszeiten. Wanderungen gehen vom Besucherzentrum aus zur **Aussichtsplattform Kiesgrube**, wo man einen Blick auf einen aktiven Kies-Tagebau werfen kann; zum weiträumigen **Naturrondell Sperlingsherberge** zwischen Neugrimnitz und Groß-Ziethen, das Einblick in das Innere einer Blockendmoränenpackung gewährt; oder zur ehemaligen **Steingrube und Aussichtsplattform Ihlowberge**; und in den **Buchenwald Grumsin**, seit 2011 Weltnaturerbe (→ S. 159).

Auch das Angerdörfchen Groß-Ziethen selbst lädt zum Spaziergehen ein. Zusammen mit dem Nachbarort Klein-Ziethen zählt es 450 Einwohner und besitzt als besonderes Schmuckstück eine **Feldsteinkirche aus dem 13. Jahrhundert**. Im Dreißigjährigen Krieg in Schutt und Asche gefallen, wurde sie von den ab 1690 angesiedelten hugenottischen Kolonisten wieder aufgebaut. Noch heute dient sie als Gotteshaus der französisch-reformierten Kirchengemeinde.

Walddorf Glambeck

Ein schmales Asphaltband führt von Joachimsthal am Rande des Grumsiner Forsts durch herrlichen Buchenwald in das ›Grüne Herz des UNESCO-Biosphärenreservats Schorfheide-Chorin‹. So nennt sich der Flecken Glambeck, der, ca. fünf Kilometer Vogelfluglinie nördlich vom Grimnitzsee, aus keinen drei Dutzend Häusern besteht. 1375 erstmals erwähnt, darf man als außergewöhnlichste historische Tat der Einwohner nennen, dass sie, trotz der Jahrhunderte währenden Armut in der Region, nicht wie ihre Nachbarn im verschwundenen Dörfchen Mellin 1860 alle nach Amerika ausgewandert sind.

1862 erwarb der einflussreiche Politiker am Hohenzollernhof, Generalintendant für Schauspiel und Musik und einer der reichsten Großgrundbesitzer Preußens, Graf Friedrich Wilhelm von Redern (1802–1883), das Gut Glambeck. Den alten Gutspark ließ er herrichten und im Dorf außerdem 1880 einen **Taubenturm** bauen – der seither das Glambecker Wahrzeichen ist. Folgerichtig wird dort heute im Turm neben Wechselausstellungen auch der Bedeutung des Grafen in seiner Zeit gedacht. Vis-à-vis erzählt das winzige **Glambecker Dorfmuseum** von der Ortsgeschichte.

Im **Fachwerkkirchlein Am Welsetal**, 1708 auf einem im Dreißigjährigen Krieg zerstörten Vorgänger aufgebaut, werden mit hochkarätigen Künstlern die ›Glambecker Claviermusiken‹ veranstaltet. Am Radfernweg Berlin–Usedom und am Uckermärkischen Radrundweg gelegen, finden im kleinen Gotteshaus nach Anmeldung außerdem Radler-Andachten statt. Die benachbarte **Kirchenklause** bietet von den Osterferien bis zum Ende der Herbstferien freitags bis dienstags sowie zu allen Konzert- und Veranstaltungstagen immer von 11 bis 18 Uhr Souvenirs, Touristeninformationen, Speis' und Trank. Die Besichtigung eines vermutlich in der Mitte des 19. Jahrhunderts erbauten **Eiskellers** im ehemaligen Gutspark, den seit langer Zeit Fledermäuse als Winterquartier bewohnen, rundet das reizvolle Glambecker Ausflugsangebot ab.

Kranichdorf Parlow

Auf weiter Strecke gleicht der Weg von Glambeck nach Parlow einer malerischen Fahrt durch endlose grüne Baumtunnel. Erst kurz vor Parlow geben sie den Blick frei auf die Kernzone des naturgeschützten **Mellnsee-Moores**. Dort wie in den weiteren Sümpfen und Brüchen rund um Parlow brüten im Frühjahr Scharen von Kranichpaaren. Mit etwas Glück und einem guten Fernglas kann man ihnen in der Morgendämmerung beim ›Kranichtanz‹, ihrem anmutigen Balzritual zuschauen.

Im Dörfchen Parlow, 1699 erstmals als Rittergut erwähnt, beherbergt der 1860 erbaute und liebevoll sanierte historische Speicher denn auch folgerichtig ein **Kranich-Informationszentrum**. Es werden Filme vorgeführt und Kranichbilder des Naturfotografen Carsten Linde gezeigt. Darüber hinaus liegen zahlreiche Informationsmaterialien zu Lebenswelt und Verhalten der eleganten grauen Glücksvogel aus. Dorfgeschichtliches kann man im Erdgeschoss des Speichers in Erfahrung bringen. Für das leibliche Wohl sorgt der benachbarte Gasthof ›Am Speicher‹ von Kaffee und Kuchen bis zum herzhaften Mahl.

Die Kirche von Friedrichswalde

Holzschuhmacherdorf Friedrichswalde

Immer am Muttertag bebt im verschlafenen Dorf Friedrichswalde die Erde. Aus allen vier Himmelsrichtungen rollen gut 2000 Biker an und hüllen den stillen Ort in eine Donnerwolke. Anlass für das insgesamt drei Tage währende Großereignis ist der **Motorradgottesdienst**, der seit 1995 auf dem Kirchplatz vor dem Friedrichswalder Gotteshaus stattfindet – begleitet vom Tanz in den Gottesdienst am Abend zuvor sowie zwei Tage vor dem Kirchgang einem ›Rudelsingen‹ mit dem Schorfheider-Uckermärker Bikerchor. Die **Kirche** selbst datiert auf 1783 und wurde 1890 neuromanisch in Backstein ummantelt, ihr Kanzelaltar stammt noch aus der Zeit der Erbauung. Auf Erlass des Preußenkönigs Friedrich II. (reg. 1740–1786) wurde das Dorf anno 1748 gegründet und mit flämischen Kolonisten besetzt. Sie brachten das Holzschuhmacherhandwerk ins Land. Schnell war Friedrichswalde als Holzschuhmacherort bekannt und blieb es über 200 Jahre lang. Zwischen 1940 und 1954 wurden in einer eigens montierten Fabrik Holzpantinen en gros hergestellt. Heute wartet das 666 Einwohner kleine Dorf – zusammen mit den Ortsteilen Glambeck und Parlow sind es sogar 800 – mit einer **Badewiese am See** und im Schatten der Kirche einem **Holzschuhmachererlebniszentrum** auf. Nach rechtzeitiger Anmeldung erhält man Einblick in den ›Klompen‹-Produktionsprozess vom historischen Handwerk bis hin zu modernen Maschinen von Anfang des 20. Jahrhunderts und kann unter Anleitung seine eigenen Pantinen fertigen.

▶ Karte S. 112

Groß Schönebeck

An der südwestlichen Grenze des Biosphärenreservats bildet Groß Schönebeck, rund 1750 Einwohner groß, das Tor zur Schorfheide. Seine erste Erwähnung im Jahr 1313 datiert in eine Zeit, in der überall in der nördlichen Mark Trutzburgen zum Schutz gegen die feindlichen

Pommern entstanden. So wohl auch in Groß Schönebeck, worauf Feldsteinfundamente hindeuten, die man 1993 nicht weit vom heutigen Schloss entfernt aus dem Boden grub. Ein weiteres denkwürdiges Datum in den Groß Schönebecker Annalen markiert das Jahr 1522, in welchem der junge Kurfürst Joachim II. (reg. 1535–1571) in der Schorfheide einen ernsten Strauß mit einem Bären ausfocht. Und für das Jahr 1585 ist bekannt, dass sich Joachims Sohn und Nachfolger im Kurfürstenamt, Johann Georg (reg. 1571–1598), auf der Pirsch in der Heide befand. Die Tradition der Vornehmen und Mächtigen, in der ›Magna Merica‹, der Großen Heide, die Büchse zu führen, wurde demnach schon im 16. Jahrhundert begründet. Von den brandenburgischen Kurfürsten über die Hohenzollern bis hin zu Nazi-Größen und DDR-Oberen frönte man der Jagdleidenschaft in einem Wildzaun, der 1937 schließlich sagenhafte 50 000 Hektar umfasste und zu DDR-Zeiten als ›personenbezogenes Sonderjagdgebiet‹ galt.

Doch zurück zu den Anfängen von Groß Schönebeck: Im Dreißigjährigen Krieg zerstörten dänische Truppen Burg und Dorf. Nur der **Kirchturm von Ende des 14. Jahrhunderts** blieb stehen, weshalb er am Ort heute das älteste Gemäuer darstellt. Das langgestreckte Schiff der **Kirche St. Immanuel** wurde zwischen 1664 und 1673 aus Backstein neu aufgebaut. Im Inneren birgt es eine Orgel mit schönem Orgelprospekt, auf 1749 datiert, aus der Ruppiner Werkstatt von Gottlieb Scholtze sowie einen hölzernen Kanzelaltar, der aus der zweiten Hälfte des 18. Jahrhunderts stammt.

Groß Schönebeck

1860 veranlasste der Große Kurfürst Friedrich Wilhelm von Brandenburg (reg. 1640–1688) den Bau eines **Jagdschlosses**, das zusammen mit seinen Nebengelassen bis etwa 1715 Gestalt annahm. Fortan fungierte der große quadratische zweigeschossige Putzbau mit einem spitzen Zeltdach obenauf als Domizil für hochherrschaftliche Waidmänner und ihr Gefolge.

Seit 1991 ist im Schloss nun das **Schorfheidemuseum** zu Hause. Die Ausstellung ›Jagd und Macht‹ erzählt in Bild und Schrift, Ton- und Videoprojektionen die Historie der Schorfheide als Jagdgebiet der Herrschenden von der Kaiserzeit über die Weimarer Republik und das Dritte Reich bis zum Ende der DDR. In der Jagdschloss-Remise wird das spannende Programm abgerundet durch eine filmische Inszenierung der allgemeinen Schorfheide-Geschichte. Historische Kutschen und Schlitten kann man auf dem **Kutschenhof Groß Schönebeck** bewundern. Gut hundert dieser altertümlichen Fuhrwerke mit Rädern oder Kufen hat Jürgen Bohm auf seinem Bauernhof zusammengetragen und eigenhändig restauriert. Ergänzt wird die Ausstellung durch allerlei Landwirtschaftsgeräte und außerdem, wie es sich für einen traditionellen Hof gehört, Pferde, Kühe und Federvieh.

Wer gerne mehr zum Naturraum Schorfheide erfahren möchte, kann dies im restaurierten **Bahnhof Groß Schönebeck** tun. Seit 2012 hat dort die **Naturwacht** ihren Sitz und wartet im ehemaligen Wartesaal mit einer Ausstellung zu Fauna und Flora der Schorfheide sowie der Arbeit der Schorfheide-Ranger auf.

Wildpark Schorfheide

Wenige Kilometer nördlich von Groß Schönebeck beginnen die Gehege des Wildparks Schorfheide. Auf 100 Hektar durchziehen sieben Kilometer Wanderwege das Gelände, auf dem heimische Wildtierarten in freier Wildbahn beobachtet werden können: Rot-, Dam-, Schwarz- und Muffelwild, alte Schweinerassen wie das urige Schwalbenbauch-Wollschwein und seine Ferkelchen oder auch Herden urtümlicher Wisente. Mit scharfem Auge lassen sich im Unterholz Elche ausmachen, während sich die scheuen Luchse meist nur zur Fütterung (Mi–Mo 11 Uhr) am Gehegezaun blicken lassen.

Einen nicht weniger hinreißenden Hingucker bildet täglich 11.30 Uhr die Fischotterfütterung. Denn auch die putzigen kleinen Wassermarder – gleichwohl ziemlich gefräßige Raubtiere – bekommt man im dichten Röhricht sonst nicht zu sehen. Aus sicherem Abstand kann man von einer Aussichtsplattform herab außerdem Wölfe in Augenschein nehmen. Zusätzlich macht das ›Wolfsinformationszentrum Brandenburg‹ im Dachgeschoss des Besucherhauses über Meister Isegrim kundig und spart in der Ausstellung ›Wolf und Mensch‹ auch das problematische Verhältnis zueinander nicht aus.

Wolf im Wildpark

▸ Karte S. 112

Damit auch die Kleinsten die Entfernungen im Wildpark bewältigen können, steht am Eingang ein Bollerwagen-Verleih parat. Ein Abenteuerspielplatz und ein Streichelzoo zählen zu den weiteren Kids-Lieblingsplätzen. Eine Kantine im Besucherhaus, ein Imbiss und in der schönen Jahreszeit Grillbuden sorgen für das leibliche Wohl.

Den großen Besucherparkplatz teilt sich der Wildpark mit dem benachbarten **Kletterwald Schorfheide.** Der große Waldseilgarten lädt mit sieben Parcours verschiedener Schwierigkeitsgrade zum Klettern und Hangeln ein.

Am Großen Döllnsee

Nicht nur das Jagdschloss Hubertusstock, noch ein weiteres großes Staatsdomizil der deutschen Vergangenheit findet sich in der Schorfheide, das seit dem Ende der DDR als Hotel fungiert. 1994 eröffnete am Großen Döllnsee das **Vier-Sterne-Haus ›Döllnsee-Schorfheide‹** in einem großzügigen Anwesen, das 1934/35 Hitler-Stellvertreter und NS-Reichsjägermeister Hermann Göring für einen Günstling hatte erbauen lassen. Es diente zunächst als Gästehaus für Görings Jagdschloss und Weihestätte Carinhall, die sich vor ihrer Sprengung gegenüber am Südostufer des Großen Döllnsees befand. Das malerisch auf einer Landnase im Großen Döllnsee dra-

Überwachsen: die Reste von Carinhall

pierte heutige Hotel-Gebäudeensemble – weit mehr eines Schlosses würdig als das nicht weit entfernte Hubertusstock –, wurde zum Alterssitz Walter Ulbrichts. Von seiner Entmachtung 1970 bis zu seinem Tod 1973 verbrachte der einstige DDR-Staatschef am Großen Döllnsee seinen Lebensabend.

Die spärlich verbliebenen **Trümmer von Carinhall** lassen sich auf einem Spaziergang am Döllnseeufer entlang auffinden – am besten in einer vegetationsärmeren Jahreszeit, etwa im Vorfrühling oder im Spätherbst. Denn sonst sind sie nahezu vollständig überwuchert bzw. verschneit und daher schwer auszumachen. Um zu vermeiden, dass die wenigen Mauerreste zu einem Wallfahrtsort Ewig-Gestriger werden, hat man zwar eine Informationstafel aufgestellt, aber von einer Wegemarkierung abgesehen. Werner March (1894–1976), der Architekt des Berliner Olympiastadions, lieferte die Pläne für die Göringsche Sommerresidenz. Nach 1933 wuchs sie in mehreren Bauabschnitten aus dem Waldboden empor und erhielt den Namen von Görings 1931 verstorbener Frau Carin. In den Räumlichkeiten empfing der nationalsozialistische Reichsmarschall Staatsgäste, hielt rauschende Jagdgesellschaften ab und stellte seine geraubten Kunstschätze aus. 1945, als die Sowjetarmee nur noch wenige Kilometer entfernt stand, ließ Göring Carinhall in die Luft sprengen. Die beiden Wächterhäuser mitten im Wald am Ende der Auffahrtsstraße nach Carinhall sind dagegen bis heute erhalten und werden privat bewohnt.

Anfahrt ab Hotel Döllnsee-Schorfheide: 700 Meter südlich vom Hotel in die Straße ›Wucker‹ einbiegen, dem breiten Tennenweg etwa vier Kilometer bis zu einer breiteren Ausbuchtung mit einer mächtigen Eiche folgen. Neben der Eiche zweigt ein verkrauteter Waldweg ab. Was mit umgestürzten Bäumen zunächst wie ein Pfad erscheint, entpuppt sich, sobald man die Laub- und Moosschicht abkratzt, als schmales Asphaltband; es handelt sich um die Zufahrtsstraße nach Carinhall. Im Halbrund führt sie in Richtung See und mündet östlich auf Höhe der beiden Wächterhäuser wieder in den breiten Tennenweg ein. Am Uferhang zwischen Asphaltband und Gewässerrand dehnte sich das Anwesen aus und können Hobbyarchäologen noch ein paar Trümmer entdecken.

In die Uckermark hinein

Groß Dölln, wenige Kilometer westlich vom gleichnamigen See, liegt bereits jenseits der Regionalgrenze im Landkreis Uckermark. In seinen Ursprüngen geht das reizende Straßendorf mit geschlossenen Reihen niederer Kolonistenhäuschen auf eine im 18. Jahrhundert errichtete Glashütte am Döllnfließ zurück. In den internationalen Fokus geriet es zu DDR-Zeiten, als in seiner Gemarkung von 1952 bis 1956 für die sowjetischen Luftstreitkräfte der größte Militärflugplatz Europas entstand, zugleich Ausweichflughafen für das sowjetische

Raumfahrtprogramm. 1994 zog die Rote Armee ab. 2013 ging ein Solarpark ans Netz, ein kleiner Flugplatz ging in Konkurs, und den größten Teil des riesigen Geländes nimmt seither das ›Drivingcenter Groß Dölln‹ ein. PKW-Hersteller testen hier ihre neuen Entwicklungen und die Bundeswehr oder deutsche Sicherheitsbehörden nutzen die Pisten für Fahrsicherheitstrainings.

Im winzigen **Groß Väter a**m Großvätersee, eine Gründung des Großen Kurfürsten, kommen vor allem Feriengäste auf ihre Kosten. Ein Erholungsheim der Staatssicherheit wurde nach der Wende von der Berliner Stadtmission übernommen, saniert und ausgebaut und bietet heute viele Möglichkeiten zum Gruppenaufenthalt sowie Urlaub für die ganze Familie. In seiner ursprünglichen Siedlungsstruktur noch nahezu original erhalten ist das **Kolonistendorf Bebersee**. Der idyllische Flecken geht auf eine Gründung in der Zeit Friedrichs des Großen im 18. Jahrhundert zurück und steht heute, mit nur wenigen Veränderungen in späterer Zeit, insgesamt unter Denkmalschutz. Einen Namen weit über Brandenburgs Grenzen hinaus hat sich das Dörfchen mit dem Bebersee Festival gemacht. Seit 2001 findet das hochkarätige internationale **Kammermusikfestival** in einem Hangar des ehemaligen sowjetischen Militärflughafens statt.

Schorfheide

Schorfheide-Info Joachimsthal, Töpferstraße 1, 16247 Joachimsthal, Tel. 033361/64646, April–Okt. Mo–Fr 10–16 (Di bis 18), Sa 10–14 Uhr, Nov.–März Mo–Fr 10–15 (Di bis 18) Uhr. www.schorfheide.de

Touristeninformation Groß Schönebeck, Schloßstraße 6 (in der Remise des Jagdschlosses), 16244 Schorfheide/OT Groß Schönebeck, Tel. 033393/65777, Mai–Sept. tgl. 10–12.30 und 13–17 Uhr, sonst bis 16 Uhr. www.schorfheide.de

Hotel Döllnsee-Schorfheide, Döllnkrug 2, 17268 Templin/OT Groß Dölln, Tel. 039882/630, DZ/F um 68–259 €. Vier-Sterne-Anwesen auf einer Landnase im Großen Döllnsee; Hallenbad, Wellness, Badehaus am See; im Restaurant Fisch- und Wildgerichte sowie verfeinerte uckermärkische Küche. www.doellnsee.de

Fahrradpension Joachimsthal, Töpferstr. 4, 16247 Joachimsthal, Tel. 0170/9337851, DZ/F um 90 €. Hübsche ruhige Zimmer im Landhausstil, Garten und Grillplatz, mit allem, was Radwanderer brauchen: abschließbarer Radraum, Waschmaschine mit Trockner, Reparaturservice. Nicht nur für Radler schön! https://fahrradpension-joachimsthal.de

Pension Altermann, Liebenwalder Straße 31, 16244 Schorfheide/OT Groß Schönebeck, Tel. 0172/9107690, DZ/F 75 €. Hübscher eingeschossiger Klinkerbau am Ortsrand mit Blick auf weite Wiesen und Weiden bei der Familie Altermann; die Zimmer sind hell und freundlich in Kiefernholz.
www.pension-schorfheide.de

Biorama, Am Wasserturm 1, 16247 Joachimsthal, Tel. 033361/64931; Mitte April bis Ende Okt. Do–So 11–18 Uhr.
www.biorama-projekt.org

Hörspielbahnhof im Kaiserbahnhof, Bhf. Werbellinsee 2, 16247 Joachimsthal, Tel. 0174/8344366, in den Sommerferien Berlin-Brandenburg Juli–Mitte Aug. Sa/So 14–17 Uhr, Führungen auf Anfrage.

Taubenturm Glambeck und Dorfmuseum, Wolletzer Weg, 16247 Friedrichswalde/OT Glambeck, Tel. 033361/70521, April–Okt. tgl. 10–18 Uhr.
www.glambeck-schorfheide.de

Holzschuhmachererlebniszentrum, Dorfstraße 101, 16247 Friedrichswalde, Tel. 033367/371, April–Okt., für Gruppen

▸Karte S. 112

Anmeldung mindestens 14 Tage vorher erforderlich.
Schorfheidemuseum, Schloßstraße 7 (im Jagdschloss Groß Schönebeck), 16244 Schorfheide/OT Groß Schönebeck, Tel. 033393/662578, Mai–Sept. tgl. 10–12.30 und 13–17 Uhr, Okt.–April tgl. 10–12.30 und 13–16 Uhr.
https://schorfheide-museum.de
Kutschenhof Groß Schönebeck, Ernst-Thälmann-Straße 4, 16244 Schorfheide/OT Groß Schönebeck, Tel. 0171/7819048, ein Besuch ist jederzeit möglich, vorher bitte anrufen!
www.kutschenhof.gross-schoenebeck.de

Naturbeobachtungspunkt Althüttendorf, Grimnitzer Straße 1b, 16247 Althüttendorf, der Aussichtspunkt ist ganzjährig geöffnet, die Fischereiausstellung Mai–Sept. sonntags 13–17 Uhr.
Besucher- und Informationszentrum Geopark, Zur Mühle 51, 16247 Ziethen/OT Groß-Ziethen, Tel. 01573/1359023, April–Okt. Mi–So 10–15 Uhr.
www.geopark-eiszeitland.de
Kranich-Informationszentrum Parlow, Hof 25b, 16247 Friedrichswalde/OT Parlow, geöffnet nach Absprache unter Tel. 0172/3261069 (der Vorsitzende des Fördervereins Kranichdorf Parlow, Herr Westphal). www.kranichdorf.de
Naturwacht Groß Schönebeck, Bahnhof Groß Schönebeck, Bahnhofstraße 2, 16244 Schorfheide/OT Groß Schönebeck, Tel. 033393/6380, Mo–Fr 9–15 Uhr.
Wildpark Schorfheide, Prenzlauer Straße 16, 16244 Groß Schönebeck, Tel. 033393/65855, tgl. 9–19, im Winterhalbjahr bis 18 Uhr.
www.wildpark-schorfheide.de
Kletterwald am Wildpark Schorfheide, Prenzlauer Straße 16, 16244 Schorfheide/OT Groß Schönebeck, Tel. 03338/330841, 0176/21476112. Die pandemiebedingt variierenden Öffnungszeiten bitte der Website entnehmen.
www.kletterwald-schorfheide.de

Grimnitzer Glastage, sechs Tage Ende Juli, Anfang Aug. 11–17 Uhr Schauvorführung, Ausstellungen und Veranstaltungen in der Grimnitzer Glashütte in Joachimsthal, Infos in der Touristeninformation Joachimsthal und beim Förderverein ›Grimnitzer Glashütten, Grimnitzer Straße 11g, 16247 Joachimsthal, Tel. 0173/9387737.
www.glashuettegrimnitz.de
Grimnitzer Dreieck, jeden ersten Samstag im Monat von Mai bis Sept. öffnen in Joachimsthal Glaswerkstatt, Burgruine und Kommunität zur Besichtigung, Mitmachen und Miterleben für Besucher die Tore. Infos beim Grimnitzer Glashüttenverein, s.o. ›Grimnitzer Glastage‹.
Glambecker Claviermusiken, Konzertreihe ernster Musik, nicht nur mit Klavier, in der kleinen Glambecker Dorfkirche, Infos unter Tel. 033361/70251.
www.glambecker-claviermusiken.de
Bebersee Festival, Kammermusikfestival fünf Tage Ende Aug., Anfang Sept., Infos bei der Uckermärkischen Kulturagentur, Tel. 03984/833974. www.bebersee.de

Schorfheide-Rad, Rad- und E-Bikeverleih, Töpferstraße 4, 16247 Joachimsthal, Tel. 0170/9337851. www.schorfheiderad.de

Grimnitzsee: Badewiese in Joachimsthal unterhalb der Burgruine Grimnitz; Strand bei Althüttendorf kurz vor dem nördl. Ortsausgang; Wiese am Nordufer bei der Gaststätte ›Leistenhaus‹ (2 € Erw., 1 € Kinder).
Groß-Väter-See: Badewiese mit kleinem Sandstrand im Feriendorf; Naturbadewiese gegenüber am Nordufer kurz nach dem Ortseingang; Waldbadestelle am Südscheitel der Bucht.
Krummer See: Badewiese in Friedrichswalde, auf Höhe der Kirche in die Seestraße einbiegen.
Weißer See, Badewiese ca. 3 km südwestlich von Groß Schönebeck im Örtchen Böhmerheide.

›Toskana des Nordens‹ wird die Uckermark auch genannt – nicht nur wegen der zahlreichen Seen, dem reizvollen Hügelland oder den schmucken Ackerbürgerstädtchen mit ihren oft noch mittelalterlichen Mauern. Schon zu DDR-Zeiten hat es Künstler in den Brandenburger Nordosten gezogen. Heute folgen ihnen Naturliebhaber, die mit dem Rad, dem Boot oder auf Schusters Rappen das Geheimnis der Entschleunigung für sich entdecken.

Am Marktplatz von Angermünde

UCKERMARK

Templin und Umgebung

›Perle der Uckermark‹ wird Templin genannt. Eingebettet in sanfte Hügel, Wiesen und Wälder und von sechs Seen umgeben, ist das historische Zentrum des 16 000-Einwohner-Städtchen von einer 1735 Meter langen, bis zu 7 Meter hohen, komplett erhaltenen Feldsteinmauer umzogen. Die Ende des 13./Anfang des 14. Jahrhunderts errichteten Wehrmauern, die im Oval die Altstadt umschließen, sind die größte Sehenswürdigkeit von Templin und auf jeden Fall einen Spaziergang über die schmale Gasse in ihrem Schatten wert. Hübsche Fachwerkhäuser und Wohnhäuser mit klassizistischen Fassaden zieren die kopfsteingepflasterten Straßen im historischen Zentrum. Darüber hinaus punktet die flächenmäßig achtgrößte (!) deutsche Stadt und staatlich anerkannter Erholungsort mit einem hohen Freizeitwert. Radeln, Wandern, Paddeln in der schönen Natur, Baden im frischen Seewasser oder in warmer Thermalsole, die Fahrrad-Draisine oder auch die Westernstadt El Dorado stehen auf dem Programm.

Geschichte

Wann genau Templin gegründet wird, lässt sich nicht mit Sicherheit sagen. Dokumentiert ist das Jahr 1270, in dem ›Templyn‹ erstmals in einer Urkunde erscheint; die Ortsgründung findet vermutlich schon ein halbes Jahrhundert früher statt. Trotz der günstigen Lage am Schnittpunkt mehrerer Handelswege ist den Templinern kein Glück beschieden. Immer wieder wird das Städtchen von Dürren und Hochwassern und vor allem verheerenden Stadtbränden heimgesucht. Im Dreißigjährigen Krieg erleidet es weitere schlimme Verwüstungen. Die Region ist Durchmarschgebiet der schwedischen Truppen, und auch der Schwarze Tod rafft die Menschen dahin. Am Ende des Krieges 1648 sind von einst 413 Templiner Familien nur noch 30 übrig geblieben.

Ein nächstes einschneidendes Ereignis stellt der große Stadtbrand von 1735 dar. Innerhalb weniger Stunden verschlingen die Flammen Templin. Der Wiederaufbau erfolgt als regelmäßige, schachbrettartige Anlage, so wie man sie heute noch, über Kopfsteinpflaster spazierend, erkunden kann.

Obwohl Kreisstadt ab 1817, baut man die neuen Fernstraßen am Ort vorbei. Templin wird dadurch wirtschaftlich buchstäblich abgehängt. Hundert Jahre später löscht ein Bombenangriff 1944 viele Menschenleben und zwei Drittel der Innenstadt aus. Nach dem Ende des Zweiten Weltkriegs machen sich die Templiner an den Wiederaufbau. Neben Land- und Forstwirtschaft bringen der VEB Bekleidungswerk, der VEB Sägewerk und der VEB Möbelwerk die Einwohner in Lohn und Brot.

Das Berliner Tor

▲ Karte S. 133

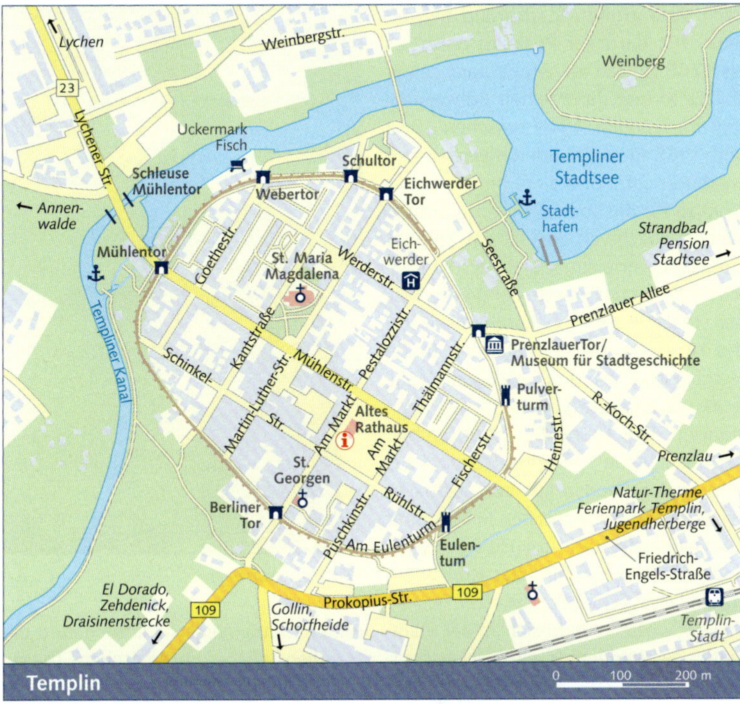

Mit dem Sommerzeltlager ›Klim Woroschilow‹, 1958 bei Hindenburg am Röddelinsee eröffnet, wird Templin auf die touristische Landkarte gesetzt. Zwei Jahre später entstehen dort die ersten festen Bauten und ab 1975 immer mehr Bungalows, bis das Templiner Pionierferienlager eines der größten der DDR ist. Eine weitere Wegmarke in Templins Karriere als Sommerfrische ist 1984 die Einweihung des zwölfgeschossigen FDGB-Ferienheims ›Friedrich Engels‹ am Lübbesee (heute das Ahorn-Seehotel). Bereits im Jahr darauf bekommt die Stadt den Titel ›Staatlich anerkannter Erholungsort‹ verliehen. 1994 und 1998 wird er erneuert, und seit der Eröffnung der NaturTherme im Jahr 2000 darf sich Templin außerdem ›Thermalsoleheilbad‹ nennen.

Ein Altstadtrundgang

Auf den Mauerresten des während der Feuersbrunst 1735 niedergebrannten Vorgängers wurde die **Maria-Magdalenen-Kirche** im Herzen der Altstadt errichtet und 1749 eingeweiht. Der Rokoko-Orgelsprospekt stammt noch aus jener Zeit, die Schnitzmöbel in der Sakristei datieren auf das 17. und 18. Jahrhundert. Man kann den Kirchturm erklimmen, bekommt unterwegs im Dachstuhl die drei eindrucksvollen Kirchglocken und das alte Uhrwerk zu sehen und kann, oben angelangt, einen herrlichen Rundblick über die Dächer Templins genießen. Ein zweites bedeutendes Templiner Bauwerk ist das **Alte Rathaus** am Markt. Wie die Maria-Magdalenen-Kirche wurde es nach Plänen des königlich-preußischen Oberbaudirektors Karl Samuel Schmidt nach dem großen Stadtbrand neu erbaut. Als barocker Putzbau nahm es bis 1748 Gestalt an, wurde nach seiner Teilzerstörung durch einen Bombenangriff im Frühjahr 1944 zwischen 1963 und 1966 in seiner überlieferten Form wiedererrichtet und dient heute u.a. als Domizil für die Touristeninformation.

Wenig südlich von dort ist das **Berliner Tor** schnell erreicht. Der backsteingotische Turm ist das jüngste der drei Templiner Stadttore, die von Anfang bis Mitte des 14. Jahrhunderts entstanden. In der Nachbarschaft hat die **St.-Georgen-Kapelle** den Stadtbrand von 1735 heil überstanden. Der kleine Backsteinsaalbau des ehemaligen St.-Georgs-Hospital aus dem 14. Jahrhundert hütet als kostbaren Schatz einen spätgotischen Schnitzaltar mit Heiligenfiguren (um 1500). Woher und von wessen Hand das Kunstwerk stammt, ist nicht bekannt.

Im Nordwesten erhebt sich an der Stadtmauer das **Mühlentor**, ein zweigeschossiger quadratischer Turm mit schönem Maßblendwerk im Giebel, durch dessen spitzbogige Tordurchfahrt einst die Fuhrwerke von Lychen her in die Stadt rollten. Ihren Wegezoll entrichteten die Händler nahebei im Akzisehaus (heute Mühlenstraße 11). Das zierliche Fachwerkhaus, 1768 erbaut, steht noch annähernd originalgetreu. Um die Ecke liegt am **Templiner Kanal**, unterhalb der 1895 erbauten Schleuse Templin, die ›Uckerperle‹ vor Anker, die ihre Passagiere zu Rundfahrten über den Röddelinsee trägt.

Das Alte Rathaus von Templin

Der Pulverturm

Das **Prenzlauer Tor** mit Vortor und Zwinger schließt die Altstadt im Osten ab. Bereits 1957 eröffnete in seinen Mauern ein Heimatmuseum. Bis 2010 fungierte es als Volkskundemuseum und präsentiert sich nach umfassender Sanierung seit 2012 als **Museum für Stadtgeschichte**. Es zeigt die Historie Templins und der Region in mannigfaltigen Dokumenten, Kunstartefakten und Gegenständen des täglichen Gebrauchs über die Jahrhunderte. Nicht weit entfernt ragt der backsteinerne **Pulverturm** auf. Im 15. Jahrhundert wurde er aus einem der insgesamt 50 Wiekhäuser heraus, die die

▲ Karte S. 133

Templiner Stadtmauer zählt, als Schießpulver-Lagerstätte aufgebaut.

Ein weiteres zum Turm ausgebautes Wiekhaus stellt der **Eulenturm** dar. Rund und klobig steht der massige Feldsteinbau seit dem 14. Jahrhundert am Ende der Rühlstraße an der südlichen Stadtumwallung. In seinen Mauern wurden im Mittelalter Gauner gefangengesetzt. Heute schmückt den Turm die Templiner Stadtfahne.

Aus den Toren zur Altstadt hinaus

Folgt man dem Prenzlauer Tor zur Altstadt hinaus, ist man nur einen Katzensprung entfernt am **Templiner Stadtsee** mit Stadthafen, Bootsverleih und Dampferanleger für Ausflugspartien über das Templiner Seenkreuz angelangt. Einen etwa 20-minütigen Spaziergang weiter kann man im Strandbad am Stadtsee in die Fluten eintauchen.

Spaziert man in die entgegengesetzte Richtung aus dem Berliner Tor zur Innenstadt hinaus, warten an der Basisstation südlich vom Templiner Bahnhof **Fahrrad-Draisinen** auf Ausflügler. Mit der Stilllegung der Eisenbahnstrecke Templin–Lychen–Fürstenberg schlug 1996 die Geburtsstunde der beliebten touristischen Raddraisinenlinie. Auf 30 Kilometern Länge führt sie über das alte Bahngleis durch die stille Landschaft des Naturparks Uckermärkische Seen über Lychen nach Fürstenberg. Im Angebot sind auch Draisinen mit Elektro-Motor.

Wer mehr auf echte Rösser als auf Drahtesel schwört, auf Cowboy-Saloons und Indianer-Shows, ist in der **Westernstadt Eldorado** goldrichtig. Im Freizeitpark am Röddelinsee feiert der Wilde Westen in der Kulisse einer alten US-Goldgräberstadt Auferstehung und ist ein Spaß für die ganze Familie.

Mehr noch ist Templin für seine **Natur-Therme** bekannt. Aus 1650 Meter Tiefe tritt die 57 Grad warme Thermalsole an die Oberfläche und wird, auf wohlige Körpertemperaturen heruntergekühlt, für Dampfbäder drinnen und draußen, Wellen- und Sprudelbecken, Blubber-Geysir und Grottengang mit künstlichen Wasserfällen genutzt. Zum Wohlfühlprogramm zählen außerdem eine Saunalandschaft, Rasul und Hamam.

Mit Fahrrad-Draisinen auf dem Weg von Templin nach Lychen

Auch sonst bietet die Templiner Region Raum für zahlreiche Freizeitunternehmungen. Wasserwanderern steht am **Templiner Seenkreuz** zwischen Rödellinsee, Stadtsee und Fährsee der Weg in alle vier Himmelsrichtungen offen. Badestellen von karibisch, wie am Lübbener See vor dem Ahorn-Seehotel, bis hin zu idyllischen Waldbadewiesen finden sich zahlreich in der gewässerreichen Umgebung. Und wer sich im Boot nicht selbst in die Riemen legen mag, kann sich mit **Ausflugsdampfern** gemütlich über die Gewässer schippern lassen.

Auf dem **Radweg ›Spur der Steine‹** lässt sich von Templin aus die nördliche Uckermark von Templin über Boitzenburg und Fürstenwerder bis ins Mecklenburgische hinein entdecken.

Ausflüge in die Umgebung

Etwa acht Kilometer südlich von Templin liegt das 370 Einwohner kleine, idyllische **Vietmannsdorf** am Polsensee. Ein paar Kopfsteinpflasterstraßen, von Kolonistenhäuschen gerahmt, eine auf das Mittelalter zurückgehende Dorfkirche und für die zünftige Einkehr der Landgasthof ›Askanien‹ zählen zu den besonderen Attraktionen. Das benachbarte **Dagersdorf** ziert eine von 1749 stammende Fachwerkkirche.

Hammelspring

Das Dörfchen Hammelspring geht auf eine Kolonistensiedlung im 13. Jahrhundert zurück. An der Wende zum 18. Jahrhundert ließen sich hier, gut fünf Kilometer südwestlich von Templin, zehn Huge-

Templin, Umgebung

Die Kannenburger Schleuse vor ihrer Schließung

nottenfamilien nieder. Aus jener fernen Zeit noch erhalten ist das **Hugenottenhaus**, 1762 als Lehmfachwerkhaus errichtet. Infolge des Leerstands seit Ende der 1960er Jahre verfiel es zur Ruine und wird seit 2012 von einem regen Verein wieder aufgebaut. Dach und Außenhülle erstrahlen inzwischen neu im überlieferten Glanz, und eines schönen Tages soll der Fachwerkbau als Bürgerhaus mit **Hugenotten-Museum** eröffnen.

Am südlichen Ortsende zweigt ein schmales Asphaltband zur handbetriebenen **Kannenburger Schleuse** ab. Die Wasserstufe bildet das Tor zu den Templiner Gewässern und stellt für Paddler und Freizeitkapitäne auf ihrem Weg von der Oberhavel nach Templin zugleich ein romantisch eingewachsenes Nadelöhr dar. Eine erste Schleuse hier mitten im Wald, wo die Landkreise Uckermark und Oberhavel aneinandergrenzen, wurde bereits anno 1795 errichtet. Ihr Nachfolger musste Ende 2017 wegen irreparabler Schäden an der Schleusenkammer geschlossen werden. Das nordbrandenburgische Wasserwegenetz ist seitdem unterbrochen – ein riesiger Verlust vor allem für die Templiner Wassertouristiker. Im Frühjahr 2022 begannen nach langem Zank über Kosten und Zuständigkeiten endlich die Arbeiten an einem Ersatzneubau. 13 Monate sollen die Arbeiten dauern, und so hofft man, dass die Sportbootschleusung 2023 wieder aufgenommen werden kann. Immerhin für die Paddler hat man bis dahin eine Zwischenlösung gefunden und zwei Umtragestellen (inklusive Rollwagen) im Ober- und Unterwasser der Schleuse eingerichtet.

Auf den saftigen Koppeln rund um das Wasser grasen Tinker, das sind die kräftigen scheckigen irischen Kleinpferde, die sich durch wuschelige Mähnen und Schweife und lange Haare sogar an den Fesseln auszeichnen. Sie gehören zum **Tinkerhof Kannenburg**, der direkt an der Schleuse zu Kutschfahrten und in der kleinen Gaststätte mit Biergarten zur Jause einlädt. Solange, wie an der Schleuse noch gebaut wird, bleibt der Tinkerhof leider geschlossen. (Wer sich schon einmal vorab bei den Gastleuten über den Neustart informieren möchte, kann das unter berlindirk8@aol.com tun)

Uckermark

■ Annenwalde

Das Künstlerdorf Annenwalde, gut acht Kilometer nordwestlich von Templin, erscheint wie ein Bilderbuch-Dörfchen. Rund um die nach dem Schinkelschen Generalentwurf gebaute **Dorfkirche** ducken sich niedere Fachwerkhäuser. Dazu gesellen sich ein Pferdehof, ein kleiner Hofladen und gegenüber die Gastwirtschaft ›Kleine Schorfheide‹, die alle zusammen dem Ort einen entzückenden, geradezu malerischen Anstrich verleihen. Seinen Anfang nimmt es mit der Gründung einer Glashütte, die 1753 auf dem wüst gefallenen Siedlungsplatz Densow errichtet wird. Zwei Handvoll Kolonistenfamilien lassen sich auf dem Flecken mitten im Wald nieder, den man nach

Im Künstlerdorf Annenwalde

seiner Mitgründerin, der Amtsrätin Anna Magarethe Zimmermann, ›Annenwalde‹ nennt. Ins Jahr 1754 fällt seine erste urkundliche Erwähnung. Das neue Dorf Densow entsteht bald darauf keine zwei Kilometer nördlich. (Die romantische Allee dorthin aus holprigem Kopfsteinpflaster und uralten Linden wurde 2012 vom BUND zur ›Allee des Jahres‹ gekürt.)
Über 100 Jahre lang wird in der königlich-preußischen Glasmanufaktur in Annenwalde Grünglas produziert, bis sich 1865 der Betrieb nicht mehr rentiert. Noch einmal mehr als 100 Jahre verstreichen, als man sich auf das alte Glasmacherhandwerk zurückbesinnt und 1995 den Verein ›Glashütte Annenwalde‹ ins Leben ruft. Bereits im Jahr 2000 wird der Neubau der **Glashütte Annenwalde** feierlich eingeweiht, wo heute die Glaskünstlerin und Pädagogin Susan Jancke Glaskunstwerke schafft, Deko-, aber auch Gebrauchsglas kreiiert und außerdem Kurse zu Glasmalerei und Glasgestaltung anbietet. Ausstellungen der eigenen Glaskunst sowie von anderen Künstlern, in der Glashütte und im Gutspark, laden zum gemütlichen Rundgang ein.

▲ Karte S. 136

Vom ehemaligen Gut Annenwalde, 1754 von Johann Friedrich Zimmermann gegründet, besteht noch der **alte Gutspark** am Ufer des Densowsees. Neben den aufgestellten Kunstobjekten ist dort einer der **nördlichsten Weinberge Brandenburgs** die Attraktion. Aus seinen Reben wird ein edler Tropfen gekeltert, leider nur für den privaten Verzehr. Auch der Gutspark befindet sich in privater Hand, ist aber öffentlich für jedermann zugänglich.
Ein schöner Wanderweg führt vom Park aus rund um den Densowsee am Rande des **Naturschutzgebiets Kleine Schorfheide**. Die Sanderflächen des von Havel, Woblitz und Schulzenfließ durchzogenen Naturschutzgebiets sind von Moorwäldern, Zwergstrauchheiden und Trockenrasen geprägt und dienten bis zum Abzug der Sowjets 1994 als Truppenübungsplatz. Heute sind hier Kranich und Fischotter, Fisch- und Seeadler und vor allem der Biber zuhause. Wo der

In der Kirche von Annenwalde

Das Kirchlein im Grünen in Alt Placht

Ragöser Bach aus dem südlichsten Zipfel des Densowsees ausfließt haben die putzigen Nager eine gewaltige Biberburg errichtet, damit den Bachlauf gestoppt und eine Art Wiesenflachsee kreiert. Vom Aussichtsturm ›Biberblick‹ herab kann man Meister Bockerts Bautätigkeit trockenen Fußes beobachten.

Alt Placht

Nur ein paar Seeadlerflügelschläge von Annenwalde und Densow entfernt steht beim winzigen Flecken Alt Placht das ›**Kirchlein im Grünen**‹. Es wurde um 1700 anstelle eines mittelalterlichen Vorgängers als schlichter reetgedeckter Fachwerkbau für das Gut Alt Placht errichtet und überstand als einziges Gebäude den Großbrand, der 1758 das ganze Dorf vernichtete. 1899 erfolgte der Verkauf der Liegenschaft an den Staat Preußen. Die Landwirtschaft wurde weitgehend eingestellt, die Äcker aufgeforstet und Alt Placht zum Sitz einer Oberförsterei gemacht. Die ehemalige Gutskapelle hatte nun keine Funktion mehr und wurde dem Verfall preisgegeben. Wind und Wetter nagten am Gotteshaus. 1980 schließlich wurde die Bronzeglocke, 1721 gegossen, nach Berlin verkauft. Für den geplanten Komplettabriss fehlte zum Glück das Geld. Dann kam die Wende, und eine Initiative zur Rettung des Kirchleins gründete sich. Maßgeblich beteiligt daran war Pfarrer Horst Kasner, der Vater von Bundeskanzlerin Angela Merkel. 1993 begannen die Restaurierungsarbeiten, im Jahr darauf konnte das fachwerkgeschmückte Kleinod neu eingeweiht werden. Seit 1995 erklingt auch wieder die alte Bronzeglocke.

Das Kirchlein im Grünen dient heute gleichermaßen für Gottesdienste, Lesungen und Konzerte und ist außerdem ein beliebtes Ausflugsziel. Eine **Rad-Draisinen-Station** liegt in der Nähe, und verschiedene Wanderwege durch schönen Laubwald kreuzen am Gotteshaus. 500-jährige Linden mit meterdicken Stämmen spenden Schatten, davor ist ein kleiner Picknickplatz eingerichtet. Das Kirchlein steht ganzjährig offen.

Templin und Umgebung

Vorwahl: 03987
Postleitzahl: 17268
Touristinfo, Am Markt 19 (im Alten Rathaus), Tel. 2631, Mai–Sept. Mo–Fr 9–18, Sa/So 10–15 Uhr, Okt.–April Mo–Fr 9–17, Sa 10–13 Uhr. www.templin.de

Stadtsee-Pension, Prenzlauer Allee 22, Tel. 409541, DZ/F ab 82 €. Freundliche Backsteinvilla neben dem Strandbad am Stadtsee, familiengeführt; mit eigenem Bootssteg und Ruderboot. www.stadtseepension-templin.de

Eichwerder Hotel, Werderstraße 38, Tel. 4941410, DZ/F ab 95 €. Solide Unterkunft mit gepflegtem Mittelklassekomfort im Herzen der Templiner Altstadt; als Bett+Bike-Hotel bei Radlern beliebt, extra Fahrradraum mit Werkzeug und E-Bike-Ladestationen. www.hoteleichwerder.de

Ferienpark Templin, Am Kurpark 1, Tel. 401610, FeWos 2 Personen/Nacht ab 89 €. Aparte Siedlung aus 56 zweigeschossigen Neubauten mit FeWo für zwei bis acht Personen, am südlichen Ortsende direkt neben der Therme; Restaurant und Fahrradverleih. www.ferienpark-templin.de

Radler- und Jugendherberge Templin, Ringstraße 22, Tel. 4945398, Bett in der Radlerherberge (inkl. Wäsche) 25 €/pP, Bett in der Jugendherberge (ohne Wäsche) 15 €/pP, zzgl. Frühstück 7,50 €, Bettwäsche 5 €, Handtücher 3 €. Zentrumsnahe Unterkunft südlich der Altstadt, die Zwei- und Vierbettzimmer mit Dusche/WC sind funktional ausgestattet. www.jugendherberge-templin.de

Gut Gollin, Gut Gollin 1, 17268 Templin, Tel. 039882/619941, FeWo ab 85 €/Tag, Baumhaus ab 140 €/Tag für 2 Personen. Landidylle ca. 10 km südöstlich in Alleinlage am Rand der Schorfheide; auf ihrem Hof bietet Familie Wurth FeWos im ehemaligen Landschulhaus, außerdem kann man in Baumhäusern übernachten, was besonders für Kinder ein Riesenvergnügen ist. Das Frühstück, auf Wunsch auch vegetarisch oder vegan, wird ans Baumhaus gebracht. Im Hofladen mit Café gibt es selbstgebackenes Brot und Kuchen, Eier, Fleisch und Wurst vom eigenen Öko-Hof sowie viele weitere regionale Produkte. Ein kleiner Badepool, die Tiere auf dem Bauernhof und außerdem ein Gehege mit Damm- und Rotwild freuen gleichermaßen Kids wie Erwachsene. www.gut-gollin.de

Camping am Fährsee, Fährkrug 1b, Tel. 200114, ganzjährig. Am Fährsee auf einem schmalen Uferstreifen; mit Badestellen, Minishop , Ruder-, Tretboot- und Kanuverleih; in der Nachbarschaft das Hotel ›Am Fährkrug‹ mit Restaurant. www.camping-am-faehrsee-templin.de

Naturcamp Röddelin, Dorfstraße 23a, OT Röddelinsee, Tel. 54222. Alleinlage unter Kiefern am Seeufer, sehr ruhig, mit Bootsverleih und Badewiese, Bungalows, viele Dauercamper. www.camping-templin.de

Wohnmobil-Stellplatz an der Naturtherme Templin, Dragersdorfer Straße 121, Tel. 201200. Strom, Ver-/Entsorgung, Sanitär. www.naturthermetemplin.de

Restaurant Kleine Schorfheide, Annenwalde 13, Tel. 4989429. Der lauschige Landgasthof an der Dorfstraße bietet schmackhafte deutsche Küche von leicht bis deftig und eine Auswahl an Flammkuchen. www.kleineschorfheide-annenwalde.de

Landgasthof Askanien, Storkower Straße 35, OT Vietmannsdorf, Tel. 039882/499631. Im Speisesaal und im Biergarten leckere Landküche, Deftiges und Spezialitäten der Region aus Topf und Pfanne. Übernachten kann man dort auch. Den Gästen stehen fünf behagliche Zimmer (DZ ab 40 € p.P.) zur Verfügung. www.landgasthof-askanien.de

Uckermark Fisch, Am Webertor 1, Tel. 2546, Juli/Aug. tgl. 8–16 Uhr, Nov.–März Mo–Fr 8–15, Sa 8–12, sonst Di–Sa 8–16 Uhr. Fisch zum Mitnehmen, fangfrisch oder geräuchert.

▸ Karte S. 136

Museum für Stadtgeschichte, im Prenzlauer Tor, Tel. 3670320, Mai–Sept. Do–Mo 10–18, im Winterhalbjahr bis 17 Uhr. https://templin.de/museum
Glashütte Annenwalde, Annenwalde 28, OT Densow, Tel. 200250. www.glashuette-annenwalde.de
Westernstadt El Dorado, Am Röddelinsee 1, Tel. 20840, April–Okt. wöchentlich verschiedene Öffnungstage, bitte telefonisch nachfragen oder auf der Homepage nachschauen. www.eldorado-templin.de

Dampferpartien: mit der ›MS Uckermark‹, tgl. April–Okt. ab Templiner Stadthafen große Fünf-Seen-Rundfahrt, Tel. 202718. www.dampfer-templin.de
Mit der ›Uckerperle‹, tgl. April–Okt. ab Kanalwall 1 (nahe Schleuse Templin am Mühlentor) u.a. zweistündige Kreuzfahrten auf dem Röddelinsee, Tel. 0172/7841801. http://uckerperle.de

Bootsverleih StadtseePerle, Seestraße 1, Tel. 0172/6233333. Paddel-, Ruder- und Tretboote, SUP, Motor- und Angelboote. http://www.stadtseeperle.de
Bootsverleih am Lübbesee, Heimstraße 46, Tel. 2358806. Wassertreter, SUP, Ruder-, Paddel- und Elektroboote unweit vom Strand des Ahorn-Seehotels, mit Imbiss. https://naturhafenluebbesee.jimdo.com
Biberburg-Tours Floß-Miete, Weg zum Röddelinsee, OT Hindenburg (Höhe Dorfstraße 49), Tel. 03331/21288 und 0171/9304137. Führerscheinfreie Floß-Hausboote für entspannte Tage auf dem Wasser; die Marina am Röddelinsee bietet außerdem Gastliegeplätze am Steg (Strom, Trinkwasser/Abwasser), Ferienwohnungen auf dem Hafengelände und nebenan eine Badewiese. www.floss-miete.de

Fahrradverleih Radcenter Templin, Pestalozzistraße 21, Tel. 439452. www.radcenter-templin.de
Fahrrad-Draisine, Tagestour von Templin bis Lychen, Ostern–Okt. Abfahrt 9–12 Uhr ab Bahnhof Templin, Zehdenicker Straße 30, Fahrtrichtungswechsel 14 Uhr (Rückgabe bis 18 Uhr); Tel. 03377/3300850. www.erlebnisbahn.de

Pferdehof Annenwalde, Annenwalde 27, OT Densow, Tel. 01520/3803550. Ausritte, Springreiten, Reitunterricht. www.pferdehof-annenwalde.de

NaturThermeTemplin, Dargersdorfer Straße 121, Tel. 201200, tgl. 9–21 Uhr. www.naturthermetemplin.de
Strandbad Templin, Prenzlauer Allee 26. Bis auf Weiteres geschlossen. Ob und wann neu eröffnet wird, stand zum Zeitpunkt der Drucklegung dieses Reiseführers noch nicht fest. Bitte bei der Touristeninformation nachfragen.
Großer Badestrand am Lübbesee, mit Strandbar, Beachvolleyball, Liegen, Sonnenschirmen, Kanu-Verleih; das Gelände gehört zum Ahorn-Seehotel, steht aber allen offen.
Große Badewiese am Röddelinsee, in Hindenburg (Anfahrt s. Bootsverleih ›Biberburg-Tours‹).
Schinderkuhle, lauschige Badewiese mit Sandstreifen am Nordufer Templiner Stadtsee, Uferweg neben dem Stadtseepark.

Stadtfest Templin, am dritten Sa/So im Juni bunter Rummel mit Handwerkermarkt und Gastromeile, Straßenmusik, Open-Air-Konzert sowie abends großem Feuerwerk.
Orgel-, Kammer- und Chorkonzerte, in der Maria-Magdalenen-Kirche und der St.-Georgen-Kapelle, Programm-Infos unter Tel. 4989996. www.kantorei-templin.de
Konzerte im Kirchlein im Grünen, Alt Placht, OT Densow. www.kirchlein-im-grünen.de

EXTRA

Das Uckermärker Lied

Lange bevor die Berliner Mundart zu DDR-Zeiten die nördlichen brandenburgischen Gefilde eroberte, ist aus der Feder des Uckermärker Heimatdichters Max Lindow (1875–1950) die plattdüütsche uckermärkische Hymne geflossen. Max Lindow wurde 1875 in Fahrenwalde in der nördlichen Uckermark geboren und arbeitete als Lehrer in Brüssow, ab 1908 in Prenzlau. 1946 wird er SED-Mitglied, 1950 stirbt er in seinem letztem Wohnort in Dargezin beim vorpommerschen Greifswald. Zu den Schriften des populären Mundartdichters gehören die plattdüütschen Gedichte und Geschichten ›Bi uns to Hus‹, in uckermärkischer Mundart verfasst, und natürlich die Uckermark-Hymne:

›Wat is't för'n Land! / Böm an de Kant,
Eeken in d'Heid, / Veh up de Weid.
Schön is un stolt un stark / Uns'leew oll Uckermark.
Öwerall Brot! / Grön steiht de Soot;
Äppel in'n Goor'n, / Dat Feld vull Koorn.
Arbeit für Seiss und Hark, / Keen Not in d'Uckermark.
Dütsch is uns' Oort, / Plattdütsch dat Woort,
Erlich un trü, / So bliewen wi,
Bet wi in unsen Sark / Schlopen in d'Uckermark.‹

Was ist's für ein Land! / Bäume am Rand,
Eichen in der Heide, Vieh auf der Weide.
Schön ist und stolz und stark / unsere liebe alte Uckermark.
Überall Brot! / Grün steht die Saat;
Äpfel im Garten, / Das Feld voll Korn.
Arbeit für Sense und Harke, / Keine Not in der Uckermark.
Deutsch ist unser Ort, / Plattdeutsch das Wort,
Ehrlich und treu, / So bleiben wir,
Bis wir in unserem Sarg / Schlafen in der Uckermark.)

An der Oder bei Gartz

Lychen

»Lychen ist ein schöner Ort, liegt zwischen Fegefeuer und Himmelpfort«, reimte der Sänger, Dichter und Humorist Otto Reutter (1870–1931) über die am **Lychener Seenkreuz** zwischen sieben Seen gebettete Flößerstadt im nordwestlichsten Zipfel der Uckermark. Unter dem askanischen Markgrafen Johann I. (reg. 1220–1266) 1248 gegründet und im Dreißigjährigen Krieg fast verlassen, entwickelt sich das heute 3400 Einwohner zählende Städtchen ab Anfang des 18. Jahrhunderts zu einer Hochburg der Flößerei. Holzstämme von überall aus den Wäldern ringsum wurden zu Flößen gebunden und zu den Sägewerken geschifft. Ab Mitte des 19. Jahrhunderts kommen nach dem Eisenbahn- und Chaussee-Anschluss dank der guten Luft und schönen Natur Genesungs- und Ausflugstourismus dazu.

Ein verheerender Stadtbrand 1732 und auch die schweren Kriegsschäden 1945 haben Lychen trotzdem nicht seiner Reize beraubt. **Reste der mittelalterlichen Feldsteinstadtmaue**r blieben bewahrt, und als wuchtiges Zeugnis aus vergangenen Zeiten erhebt sich mitten im alten Ortskern zwischen Nesselpfuhl, Oberpfuhl, Stadtsee und Zenssee die **St. Johanneskirche**. Der stattliche Feldsteinsaal datiert auf Mitte des 13. Jahrhunderts, die oberen Turmgeschosse stammen aus dem 15. Jahrhundert. Das Kircheninnere schmücken ein Altaraufsatz von 1698 und eine umlaufende Holzempore von Ende des 17. Jahrhunderts. Das **Rathaus** am Markt, ein freistehender Putzbau, der wie ein kleiner Bruder des historischen Rathauses in Templin erscheint, wurde ursprünglich 1748 erbaut, brannte 1949 ab und wurde knapp zehn Jahre später rekonstruiert.

Von St. Johannes ist es nicht weit zur **Seepromenade am Oberpfuhl**, an der

In Lychen an der Floßablage Treibholz

Strandcafé, Freilichtbühne und Floßablage auf die Spaziergänger warten. Wo sich einst die Badeanstalt ›Conrad‹ befand, kann man sich heute bei ›Treibholz‹ ein Paddelboot leihen oder auch eine Floß-Seenfahrt machen. Die alte Lychener Flößertradition wurde nach der Wiedervereinigung wiederbelebt. Immer am ersten August-Wochenende begeht das Städtchen ein buntes **Flößerfest**; und das **Flößereimuseum** in der ehemaligen Feuerwache macht die Geschichte der Lychener Flößerei anhand von Bildern und historischem Handwerkszeug wieder lebendig.

In Lychen wurde darüber hinaus 1902 eine richtungsweisende Erfindung gemacht. Der Uhrmachermeister Johann Kirsten schenkte der Welt Reißzwecken, ›Pinnen‹, wie er sie nannte. Reich wurde jedoch ein anderer damit, nämlich der Lychener Kaufmann Lindstedt, der des Uhrmachers kleines Metallstiftchen technisch verbesserte, patentieren ließ und mit ihnen viel Geld scheffelte. Das Gebäude der **Lindstedtschen Metallkurzwarenfabrik** steht noch, hinter der Apotheke in der Berliner Straße 10, und noch in den 1960er Jahren wurden dort Reißzwecken im Handbetrieb hergestellt. Heute erinnert eine der bodennahen, runden roten Informationstafeln, die man an den wichtigsten touristischen Punkten in Lychen findet, an die Erfindung des Uhrmachers Kirsten. An seinem schon seit langer Zeit leerstehenden kleinen Haus in der Fürstenberger Straße 13 ist ein bescheidenes Hinweisschild angebracht.

Der größte Reichtum aber, den die Flößerstadt Lychen besitzt, sind ihre Wälder und Seen. Seglern und Paddlern wird das **Lychener Seenkreuz** als ein kleines Eldorado erscheinen, denn ein Teil der Seen ist für die Motorschifffahrt gesperrt. Dafür kommt ab dem Stadtsee zwischen Mai und Oktober die ›Möwe‹ zum Einsatz und schippert Ausflügler über den Großen Lychensee, die Woblitz und die Seenplatte bis Fürstenberg. Ebenso schön lassen sich die Gewässer selbst erkunden, wahlweise mit dem Paddelboot oder Solarboot. An der Nahtstelle der Naturparks Stechlin-Ruppiner Land und Uckermärkische Seen, die in Lychen buchstäblich ineinander fließen, bietet darüber hinaus die **Naturwacht Uckermärkische Seen** spannende Rangertouren auf Schusters Rappen, mit dem Floß oder der Maultierkutsche in die herrliche Natur der nordwestlichen Uckermark an.

Die **Ortslage Fegefeuer** ist übrigens keineswegs einem Ulk des Humoristen Reutter geschuldet. Sie liegt am Oberpfuhl, dort, wo der Küstriner Bach einmündet und die Mönche des Klosters Himmelpfort einst ihre Strafarbeiten verrichteten, und besteht aus einer Schutzhütte, einem Wehr und einem Biwakplatz.

Lychen

Vorwahl: 039888

Postleitzahl: 17279

Touristeninformation, Am Markt 12, Tel. 2555, Juli/Aug. Mo–Fr 9–18, Sa/So 10–15, Mai/Juni und Sept. Mo–Fr 9–18, Sa/So 10–13, sonst Mo–Fr 9–17 Uhr. www.lychen.de

Seehotel Lindenhof, Lindenhof 1, Tel. 64310, Apartment/F ab 85 €. Apartes Haus in traumhafter Alleinlage auf einer Halbinsel im Wurlsee, geräumige Apartments mitgetrennten Wohn- und Schlafzimmern, guter Service; das Restaurant bietet regionale Gaumenfreuden, leicht und kreativ zubereitet.
www.seehotel-lindenhof.de

mein.lychen B&B, Berliner Str. 43, Tel. 522188, DZ/F ab 105 €. Hinter der bescheidenen Bezeichnung B&B (Bed and Breakfast) verbirgt sich eine im Sommer 2016 eröffnete, ausnehmend geschmackvolle Unterkunft. Die Gästezimmer und Studios kombinieren Countryside mit einer Prise Shabby Chic und sind ohne (!) Fernseher. Dafür gibt es eine Bibliothek, eine Sauna und einen großen Garten am Wasser. www.meinlychen.de

Lychen House, Kirchstraße 3, Tel. 528749, DZ um 55 Euro, Etagendusche/-WC, mit großer Gästeküche, Frühstück auf Anfrage. Die vier Gästezimmer im Landhausstil, die die Familie Cato anbietet, befinden sich im Haus des ehemaligen Amtsgerichts, besonders für Gruppen geeignet.
www.lychenhouse.de

Wurlseecamping, Streelitzer Straße 5b, Tel. 2509, April–Okt. Hübsch unter hohen Kiefern am östlichen Wurlseeufer gelegen, Badestrand.
www.wurlseecamping-lychen.de

Naturcampingpark Rehberge, Lychener Straße 8, OT Retzow, Tel. 0174/1090656, Mai–Okt. Weitläufiges Gelände im Wald

▶ Karte S. 136

am nordwestlichen Wurlseeufer, mit Ferienhütten und Tiny Houses, Bootsverleih in der Nachbarschaft, Badestrand. www.siebenseen.de

Restaurant im Seehotel Lindenhof, s.o.
Mühlenwirtschaft und Kaffeemühle, Stabenstraße 2, Tel. 524876. Im Café-Restaurant der ehemaligen RBB-Moderatorin Carla Kniestedt kommen in der historischen Getreidemühle am Mühlenbach oder im Garten Hausgemachtes und Frisches aus regionalen Zutaten auf den Tisch. Das Café wartet mit leckeren selbstgebackenen Torten auf. www.muehlen-mahlzeit.de
Gasthof am Stadttor, Stargarder Straße 16, Tel. 43116. Bodenständige deutsche Küche drinnen und draußen im Hofgarten an großen Holztischen, samstags mit Livemusik. www.gasthof-am-stadttor.de
Fischimbiss auf dem Betriebsgelände der Uckermark-Fisch GmbH, Großer Lychensee 5, OT Bohmshof, Tel. 2457. Fangfrischer Fisch zum Mitnehmen oder sofort Essen, geräuchert, gebraten, im Brötchen oder als Suppe.

Naturwacht Uckermärkische Seen, Zehdenicker Str. 1, Tel. 43517. www.naturschutzfonds.de
Flößereimuseum, Clara-Zetkin-Straße 1, Tel. 499973, Juni–Okt. Di–So 10–18 Uhr. www.floesserverein-lychen.de

Dampferfahrten, Reederei Knaack & Kreyss, Mai–Okt. ab Anleger Hohe Stegstraße am Stadtsee (kurz vor der Durchfahrt zum Großen Lychensee), Büro: Prenzlauer Straße 7, Tel. 0171/4312033. www.ms-moewe.de
Floßfahrten bei Treibholz, Oberpfuhlstraße 3a, Tel. 43377. Einstündige Rundfahrten auf dem Touristenfloß Mai–Sept. Mo, Mi und Fr 10 Uhr, So 10 Uhr geht es auf zweistündige große Floßfahrt. www.treibholz.com

Bootverleih Treibholz, s.o., Kanadier, Kajaks und SUP.
Bootsvermietung Tisch, Weg am Zenssee 1, Tel. 43475, Wassertreter, Ruder-, Paddel-, Elektromotorboote. www.tisch-lychen.de
Bootstation Reiherhals, Lychener Straße 7, OT Retzow, Tel. 0160/97794054. Vermietung von Kajaks, Kanadiern, Ruderbooten und SUP sowie Motorbooten. www.reiherhals.de

Reit- und Fahrtouristik Lychen, Weinbergstraße 6a, Tel. 2778. Kutsch-, Kremser- und im Winter Schlittenfahrten, Ausritte und Wanderritte. www.muli-rensch.de

Strandbad, Am Strandbad 3 (am Ostufer des Großen Lychensees), Tel. 0178/3790111, Juli, Aug. tgl. 9–21, Mai, Juni, Sept. tgl. 10–20 Uhr. www.strandbad-lychen.de
Badestrand auf dem Camplingplatz Wurlsee am nordöstlichen Wurlseeufer; **Waldbadestelle** mit ein paar Sitzbänken und Bootssteg am Waldhotel Sängerlust (Hunde erlaubt); **Badewiese** am nördlichen Ortseingang von Retzow.

Flößerfest, jährlich am ersten Augustwochenende an der Oberpfuhlpromenade, mit Flößebauen, Floßfahrten, Drachenbootrennen, Konzerten, Musik und Tanz u.v.m. und samstags später am Abend Feuerwerk. www.floesserverein-lychen.de
Musik auf dem Floß, Juni–Aug. immer mittwochs ab der Kanu- und Floßstation von Treibholz am Oberpfuhl (s. o.). Konzertabende auf dem See auf den eigens dafür zum Musikfloß zusammengezimmerten Treibholz-Flößen. Die Tickets sind sehr begehrt, es empfiehlt sich, rechtzeitig zu buchen.

EXTRA

Die ehemalige Heilanstalt Hohenlychen

Am Anfang von Lychens Karriere als Luftkurort standen Wälder und Seen, Licht und gute Luft. Die Tuberkulose hatte sich über das 19. Jahrhundert hinweg als Volkskrankheit ausgebreitet, und die gängige Therapie war die Luftkur. Die Anwendungen mit täglich mehrstündigem Einatmen von frischer Luft fanden in eigens dafür erbauten Lungensanatorien statt, von denen die ersten ab Mitte des 19. Jahrhunderts in den Bergen, an der See und in ausgedehnten Wäldern entstanden.

1895 gründete das Deutsche Rote Kreuz den ›Volksheilstättenverein vom Roten Kreuz zur Bekämpfung der Tuberkulose‹. Generalsekretär wurde der Mediziner Prof. Gotthold Pannwitz (1861–1926) - und mit dessen Erwerb 1902 eines weitläufigen Geländes am Zenssee im Lychener Ortsteil Hohenlychen begann der Aufstieg der Flößerstadt zum Luftkurort. Dr. Pannwitz ließ zunächst eine Heilanstalt für erkrankte Kinder aus einkommensschwachen Familien errichten. Ein Sanatorium und ein Kurhotel schlossen sich an, und schnell erwarb sich Hohenlychen den Ruf einer profilierten Lungenheilstätte.

Im Nationalsozialismus wandelte sich die Einrichtung unter dem Sauerbruch-Schüler und Himmler-Freund Karl Gebhardt in eine Klinik für Arbeits- und Sportverletzungen und schließlich zum Rehazentrum für deutsche Spitzenathleten. Zahlreiche NSDAP-Größen, Botschafter aus aller Herren Länder und Angehörige des europäischen Hochadels weilten als Gäste am Zenssee. Währenddessen begannen Prof. Gebhardt und Kollegen mit grausamen Experimenten zur bakteriellen Wundinfektion an Häftlingen aus dem Frauenkonzentrationslager Ravensbrück. Viele Frauen erkrankten schwer und trugen Verstümmelungen davon, viele starben. Später wurde Gebhardt im Nürnberger Ärzteprozess 1947 angeklagt und zum Tode verurteilt; über zwei seiner Mitarbeiter wurden lebenslange Haftstrafen verhängt.

Bereits zwei Jahre vorher war am Ende des Zweiten Weltkriegs die Rote Armee in Lychen einmarschiert und hatte die halbe Stadt in Brand gesetzt. Die ehemaligen Heilstätten blieben dabei verschont und dienten den Sowjets fortan als Militärhospital und Kaserne. Dann kamen Wende und Wiedervereinigung und 1993 der Abzug der sowjetischen Streitkräfte. Von da an standen die Häuser leer und verwandelten sich mehr und mehr in Geisterstätten. Die einst prachtvollen Gebäude waren dem Verfall preisgegeben. Und würden statt Kiefern vielmehr Rosen rund um die zahlreichen Ziergiebel, Erker und romantischen Fachwerke ranken, und gäbe es nicht die schwere Belastung durch die Geschichte, ja dann hätte man fast von einem Dornröschenschlaf sprechen können. So aber mussten die Heilstätten lange nicht auf einen Märchenprinz, sondern auf einen Investor warten, der neben Ausdauer außerdem sehr viel Geld mitbringen würde, um sie wiederzubeleben.

2008 erwarb ein sächsischer Investor die Liegenschaft, die er seitdem komfortsanieren lässt. Die alten Arztvillen sind mittlerweile restauriert und wieder bewohnt, darunter auch die Gebhardtsche Villa; andere sorgfältig aufgemöbelte Gebäude der »Parkresidenz Lychen« beherbergen heute großzügige Ferienwohnungen. Nur eine Sache, sie fehlt: Wenigstens eine Gedenktafel, die an die dunkle Geschichte der ehemaligen Heilstätten erinnert, wäre im neuen Ferienparadies mehr als wünschenswert.

Boitzenburg und Umgebung

Im nordöstlichen Winkel des Naturparks Uckermärkische Seen liegt, hart an der Grenze zu Mecklenburg, die idyllische Perle Boitzenburg. Hübsche Fachwerkhäuser des 18. Jahrhunderts, eine Kirche am Berge, eine Mühle und eine Klosterruine im Talgrund sowie ein riesiges, wie aus einem Märchen entsprungenes Schloss zieren den 900-Seelen-Ort, der im Jahr 1276 das erste Mal Erwähnung fand.

Damals gab es hier, im einstigen Grenzgebiet zwischen Brandenburg, Pommern und Mecklenburg, auf einer Halbinsel im See eine Wasserburg. 1528 erwarb Landvogt Hans von Arnim den Besitz, Spross des uralten Adelsgeschlechts derer von Arnim, die bereits maßgeblich an der deutschen Kolonisierung der einst slawischen Uckermark beteiligt gewesen waren. Auf mehr als ein Dutzend herrschaftliche Gutshäuser, Landsitze, Schlösser verteilten sich die uckermärkischen Arnims bis zu ihrer Enteignung 1945. Wohlgemerkt nur der uckermärkische Zweig. Die Arnims, deren bekanntester Vertreter der romantische Dichter Achim von Arnim (1781–1831) ist, zählen zu den vielköpfigsten deutschen Adelsfamilien. Mit dem Kauf des fast 14 000 Hektar umfassenden Lands 1528 stieg Boitzenburg zum Arnimschen Stammsitz auf. Der Ausbau der alten Wasserburg zum Schloss nahm seinen Anfang.

Schloss Boitzenburg

›Dornröschenschloss‹ oder ›Preußisches Neuschwanstein‹ wird der vielgliedrige, mit Türmen, Giebeln, steilen Dächern und Zwiebelhauben bestückte Prachtbau auch genannt. Vom 16. bis zum ausklingenden 19. Jahrhundert wurde daran herumgewerkelt, angebaut, erweitert und kunstsinnig umgestaltet. Für Schloss und Park holten die Arnims damals die berühmtesten Künstler des preußischen Königshofs in die Uckermark. Friedrich August Stüler, Carl Gotthard Langhans, Johann Gottfried Schadow, Peter Joseph Lenné und Martin Gropius gestalteten im Arnimschen Auftrag in Boitzenburg Bauten und Kunstwerke.

Das Schloss selbst wurde in der Mitte des 18. Jahrhunderts zu einer barocken Dreiflügelanlage ausgebaut. 1838 bis 1842 folgte unter dem »Architekt des Königs«

Schloss Boitzenburg

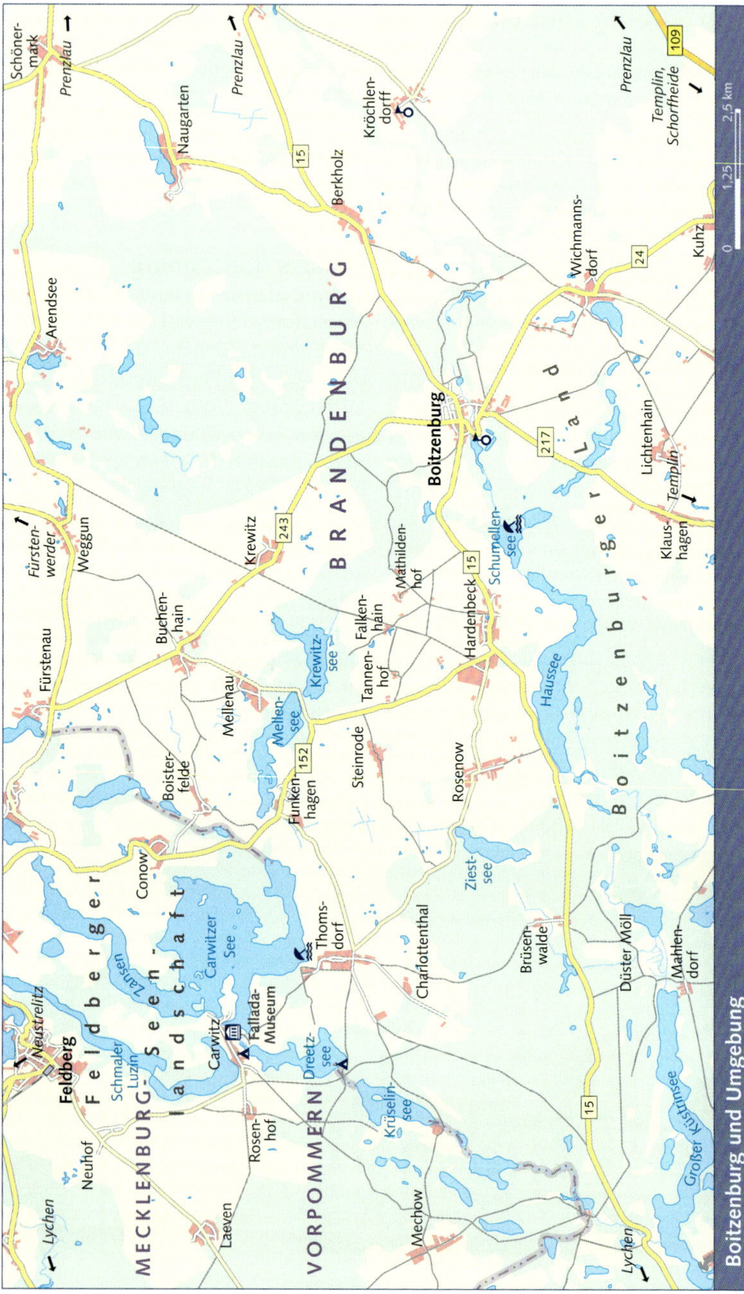
Boitzenburg und Umgebung
Schönermark
Prenzlau
Prenzlau
Prenzlau
Naugarten
Kröchlendorff
Berkholz
15
109
Templin, Schorfheide
0
1,25
2,5 km
Arendsee
BRANDENBURG
Wichmannsdorf
24
Kuhz
Boitzenburg
217
Lichtenhain
Boitzenburger Land
Fürstenwerder
Weggun
Krewitz
243
Fürstenau
Buchenhain
Mathildenhof
Falkenhain
Hardenbeck
15
Schumellensee
Klaushagen
Templin
Krewitzsee
Tannenhof
Mellenau
Mellensee
Haussee
Steinrode
152
Boisterfelde
Funkenhagen
Rosenow
Conow
Feldberger Seenlandschaft
Carwitzer See
Zansen
Thomsdorf
Ziestsee
Charlottenthal
Brüsenwalde
Düster Möll
Mahlendorf
Neustrelitz
Feldberg
Fallada-Museum
Carwitz
Schmaler Luzin
Dreetzsee
MECKLENBURG-VORPOMMERN
Neuhof
Rosenhof
Krüselinsee
15
Lychen
Laeven
Mechow
Großer Küstrinsee
Lychen

Stüler die nächste umfassende Gebäudeerweiterung, nun im modernen neugotischen Geschmack. Noch einmal 40 Jahre später erhielt das Schloss schließlich seine Gestalt im dornröschenartigen Neorenaissancestil, so wie wir es heute vor Augen haben.

Nach der Enteignung der Arnims 1945 in ein Erholungsheim der Nationalen Volksarmee umfunktioniert, öffnete es im Anschluss an eine grundlegende Sanierung zur Jahrtausendwende als Familien-, Kinder- und Jugendhotel. Bei Schlossführungen wird die bald 500-jährige Geschichte noch einmal lebendig. Sie finden immer samstags und sonntags in der Sommersaison statt.

Spaziergang im ehemaligen Schlosspark

Der Schlosspark, 1827 bis 1838 nach Plänen von Peter Joseph Lenné gestaltet, zählte zu Arnimschen Zeiten zu den bedeutenden norddeutschen Parkanlagen. Doch die Natur hat sich längst wieder ins Recht gesetzt, und die Parkbauten, einst von namhaften Architekten geschaffen, liegen heute, teils verfallen, im Wald. Ihnen eine kleine Aufwartung zu machen lohnt sich nichtsdestotrotz. Auf kürzestem Weg erreicht man sie vom Wiesenparkplatz an der Templiner Straße östlich vom Schloss aus (Straße Richtung Wichmannsdorf). Von dort geht der Wanderweg durch den Talgrund, meist mit Blick auf Schloss und Karpfenteich, die durch die Bäume schimmern. Kurz darauf ist der 1804 vom Berliner Hofarchitekten Carl Gotthard Langhans geschaffene **Schlangentempel** erreicht. Freda Antoinette von Arnim hatte ihn als Gedächtnistempel für ihren verstorbenen Gatten in Auftrag gegeben. Die große Nische des klassizistischen Putzbaus zierte die Skulptur der »Trauernden« von Johann Gottfried Schadow. Sie befindet sich heute in Obhut der Stiftung Preußischer Kulturbesitz in Berlin. Denn der Tempel, einst eine Zierde des Parks, ist leider eine Ruine.

Am Wegekreuz wenig später hat man die Wahl: Folgt man dem Wegweiser rechts nach Carolinenhain, liegt nach einer Weile geradeaus auf dem breiten Weg, rechter Hand zwischen den Bäumen versteckt, die 1875 von Martin Gropius für Mathilde von Arnim errichtete Gedächtniskapelle. Die **Gropius-Kapelle**, wegen ihres roten Backsteins auch Rote Kapelle genannt, wurde 1986 durch einen umstürzenden Baum schwer beschädigt und verfällt seitdem. Ein Verein sammelt Spendengelder für ihren Wiederaufbau.

Zurück am Wegekreuz und den Pfad links am Holzgatter entlang leicht bergan, erscheint bald darauf der **Apollotempel**. 1856 vom preußischen Baumeister Stüler für Adolf-Heinrich Graf von Arnim errichtet, hatte man vom offenen, kuppelgekrönten Säulenbau aus einen fantastischen Blick auf das Schloss. Von der Tempelhöhe führt der Wanderweg bergab zurück zum Ausgangspunkt.

Wer dagegen noch seinen Aufwartung am **Erbbegräbnis der Familie von Arnim** machen möchte, bleibt auf dem Weg oberhalb vom Waldparkplatz und folgt dem Wegweiser. Nach wenigen Schritten ist man an der 1887 bis 1889 als Halbrund errichteten neuromanischen Grabstätte der preußischen Adelsfamilie angelangt.

Doppelter Boitzenburger

Die romantischen Parkruinen liegen teils auf der Wegstrecke des **Kleinen Boitzenburgers**, einer knapp elf Kilometer langen Rundwanderung, die als Teilstrecke des ›Doppelten Boitzenburgers‹ die schönsten Sehenswürdigkeiten im Städtchen umfasst. Mit Startpunkt im Ort am Gasthof zum Grünen Baum führt sie östlich zum Klostergrund mit Wassermühle und Klosterruine. Von dort geht die Runde weiter durch den **Tiergarten**, einen ehemaligen Hutewald mit jahrhundertealten Eichen, dann am Schloss vorbei durch den Carolinenhain zur großen Badewiese am Schmollensee und zurück zum Ausgangspunkt. Wer noch weiter will, kann sich auf den **Großen Boitzenburger** begeben, der im weiten Bogen auf fast 20 Kilometern über die Zerweliner Heide zum Naugartener See zurück nach Boitzenburg führt.

Weil er alle typischen Landschafts- und Kulturformen der Uckermark auf engem Raum selten schön miteinander vereint, haben die Leser des ›Wandermagazins‹ den Doppelten Boitzenburger 2009 zum ›schönsten Wanderweg Deutschlands‹ gekürt.

Sehenswertes im Ort

Gegenüber dem Schloss steht der ehemalige gräfliche Marstall, 1764–1780 nach Plänen des preußischen Hofarchitekten Carl Gotthard Langhans entstanden. In seine historischen Mauern sind eine Schaubäckerei, Kaffeerösterei und Schokoladenmanufaktur eingezogen. Jüngst kam noch eine Hausbrauerei dazu, die zum würzigen ›Boitzenburger‹ rustikale Gerichte von Biergulasch über Haxe bis Schnitzel auftischt.

Östlich vom Marstall schließen sich im Tal, vom Marienfließ durchzogen, die ehemals gräflichen Fischteiche an, heute die Forellenzucht der **Uckermärkischen Fischerei.** Wer mag, kann sich dort seine Forelle oder auch einen Karpfen selbst angeln, selbstverständlich nur mit Angelschein, den die Uckermärkische Fischerei ausstellt. Unentgeltlich schnabulieren Fischadler, Fischreiher und nachts Fischotter am üppigen Buffet. Der Verlust, den die Fischerei dadurch einfährt, beläuft sich auf jährlich gut eine Tonne.

Über dem Tal hockt auf einer kleinen Anhöhe, von hübschen Fachwerkhäusern umgeben, die Pfarrkirche **St. Marien auf dem Berge.** Der in seinen Grundfesten aus dem 13. Jahrhundert stammende Granitsteinbau, im 18. Jahrhundert erweitert und mit einer Barockhaube versehen, birgt zahlreiche Grabsteine und Epitaphe der Familie von Arnim. Der hölzerne Altaraufbau und die Holzkanzel stammen aus der Zeit um 1720.

Am östlichen Ortseingang klapperte von Ende des 13. Jahrhunderts bis 1978 die

St. Marien auf dem Berge

▲ Karte S. 148

Das imposante Schloss Kröchlendorff

Klostermühle im Tal. Sie wurde zusammen mit einem 1271 gestifteten Zisterzienserinnenkloster gebaut und datiert in der Gestalt, wie sie heute noch steht und funktionstüchtig ist, auf das Jahr 1640. Zum per Wasserkraft betriebenen historischen Aufzug, Schrotgang, Mehlwalzenstuhl, Mehl- und Kornelevator hat sich 1919 lediglich noch eine Turbine gesellt. Mit dieser Mühlentechnik herrschte noch bis 1978 Mahlbetrieb. Heute präsentiert sich die Produktionsstätte als technisches Denkmal und **Museum Klostermühle.** Alte land- und hauswirtschaftliche Geräte, eine Schmiede und Stellmacherei sowie eine historische Müllerwohnung werden gezeigt, und auf Wunsch wird sogar die alte Mühle in Gang gesetzt.

Vom **Zisterzienser-Nonnenkloster** in der Nachbarschaft sind nur noch Reste der Klosterkirche und des Konventshauses zu sehen. 1536 wurde es während der Reformation säkularisiert und zwei Jahre später vom Landvogt Hans von Arnim erworben. Bereits im Dreißigjährigen Krieg fiel es 1637 in Trümmer. Anschließend wurde es als Steinbruch genutzt.

Lichtenhain

Wenige Kilometer südlich von Boitzenburg liegt im Flecken Lichtenhain das Reich der ›Apfelgräfin‹ Daisy von Arnim. Nachdem sie und ihr Mann 1995 dort Grundstück und Wirtschaftsgebäude erworben hatten – ein altes Vorwerk von Schloss Boitzenburg –, entdeckte die Gräfin den wohl größten Reichtum in der Region: knorrige alte Bäume am Wegesrand, die voller Äpfel hängen. Daraus erwuchs die Idee, traditionelle Apfel-Verarbeitungsmethoden wieder aufleben zu lassen und die Produkte auch selbst anzubieten. Die Lichtenhainer Mosterei, Hofladen und Apfelcafé sind heute eine beliebte Ausflugsadresse. Im 1880 errichteten Wirtschaftsgebäude hat sich das Ehepaar Arnim eine Wohnung eingerichtet und stellt außerdem Gästen Ferienwohnungen zur Verfügung.

Kröchlendorff

Wenige Kilometer östlich vom Stammsitz derer von Arnim erhebt sich ein jüngeres und etwas kleineres, aber kaum weniger prächtiges **Schloss.** 1288 wird ›Cricheln-

Das Hans-Fallada-Museum in Carwitz

dorp‹ erstmals erwähnt, 1442 kommt es in den Besitz der Adelsfamilie Arnim und wird im 16. Jahrhundert ein Vorwerk des Arnimschen Stammhauses Boitzenburg. Ein erstes Gutshaus, 1731 erbaut, fällt 1806 in den Napoleonischen Kriegen in Schutt und Asche. 1844 lassen die Arnims den Schloss-Grundstein legen, und nach Plänen von Eduard Knoblauch (1801–1865) nimmt es im neugotischen Tudorgeschmack Formen an. Nach dem Zweiten Weltkrieg dient es als Kinderheim und Kinderkurheim.

Mittlerweile finden unter dem Dach der fürstlichen Herberge Tagungen und Seminare, Klassenfahrten und Gruppenreisen, Chor- und Orchesterproben statt. Und Traumhochzeiten feiert man in der Märchenkulisse natürlich auch.

Die Trauung werden in der benachbarten **Schlosskirche,** heute ›Eventkirche‹ vollzogen. Im umgebenden **Schlosspark**, seinerzeit nach Plänen von Peter Joseph Lenné angelegt, wurde der filigrane neugotische Sakralbau 1864–1868 erbaut. Die Pläne dazu stammen aus der Feder des Schinkelschülers und preußischen Hofbaumeisters Ferdinand von Arnim (1814–1866). Bereits 1860 war in der Nachbarschaft der Marstall fertiggestellt.

▲ Karte S. 148

Ausflüge an die Landesgrenze nach Mecklenburg

Sieben Kilometer nordwestlich von Boitzenburg liegt das Dörfchen **Buchenhain,** die alte Sommerresidenz derer von Arnim. In der historischen Villa der blaublütigen Familie lädt heute ein Seminar- und Gruppenhaus zur gemeinschaftsbildenden Prozessarbeit ein. Von Buchenhain ist es ein Katzensprung zum Flecken **Fürstenau,** wo das **Fahrzeug- und Technikmuseum** die Technikentwicklung aus 40 DDR-Jahren liebevoll für die Nachwelt bewahrt. Auch Alltagsgegenstände und Spielzeug aus jener Zeit sind zu sehen.

Thomsdorf

Abermals weiter westlich liegt Thomsdorf am Rande der Feldberger Seenlandschaft am Carwitzer See. Eine wuchtige **Feldsteinwehrkirche** aus der zweiten Hälfte des 13. Jahrhunderts ist die bauhistorisch Sehenswürdigkeit im keine 200 Seelen zählenden Angerdorf.

Ihr gegenüber wartet der **Thomsdorfer Kunsthandwerkerhof** mit Malerei, Plastik und Fotografie, Keramik, Textilkunst u.v.m. in den Ateliers und einer Ladengalerie auf. Ende der 1990er-Jahre zogen Künstlerinnen, Kunsthandwerkerinnen und ein Orgelrestaurator in den landestypischen Dreiseitenhof, sanierten die alten Gemäuer und machten die Werkstätten und Ateliers zum kulturellen Mittelpunkt in der Region. In der ›Kantinenwirtschaft‹ kommen leckere Gerichte aus regionalen Bio-Zutaten, hausgebackene Brote, Kuchen und uckermärkisches Bio-Eis auf den Tisch.

Kunst wird auch am südlichen Dorfende im **Thomsdorfer Kunstkaten** groß geschrieben. Dagmar und Hubert Ilchmann haben dort 1996 ihr Haus und Garten in eine Galerie für zeitgenössische regionale und europäische Künstler sowie die Werke von Kunstschaffenden der älteren Leipziger Schule verwandelt.

Carwitz

Literaturliebhaber wird es über die Landesgrenze hinaus nach Carwitz in die Feldberger Seenlandschaft ziehen. Hans Fallada machte das Dörfchen bekannt, das sich in traumhaft schöner Lage auf einer Landbrücke zwischen vier Seen erstreckt. Dort erwarb der Erzähler 1933 für sich und seine Familie eine Büdnerei am Carwitzer See. Elf Jahre lang sollte sie zum Lebensmittelpunkt des manischen Vielschreibers werden. Hier verfasste er seine wichtigsten Romane. 1996–2002 sorgsam restauriert, beherbergt das 1875 erbaute Anwesen seitdem das **Hans-Fallada-Museum.** Der Garten und Räume im Haus können besichtigt werden, darunter Falladas Arbeitszimmer, das Esszimmer, Küche und die Veranda der Familie Ditzen, wie Fallada bürgerlicher Nachname lautete. Sie sind teils noch original, teils mithilfe der Nachkommen wiederhergestellt. Auf dem alten Carwitzer Friedhof befindet sich seine Grabstätte.

Boitzenburg und Umgebung

Vorwahl: 039889

Postleitzahl: 17268 Boitzenburger Land

Touristeninformation: In der restaurierten Alten Feuerwache neben dem Gasthof zum Grünen Baum sind ein Lesestübchen und ein Raum mit Spendenbox, touristischen Flyern und Infobroschüren eingerichtet. Der Betrieb ist ehrenamtlich, daher unregelmäßige Öffnungszeiten.

Schlosshotel Boitzenburg, Templiner Straße 13, Tel. 50930; DZ/F um 60–110 €. Kinder-, Jugend- und Familienhotel, mit Badewiese, Paddelbootverleih. www.schloss-boitzenburg.de

Gasthof zum Grünen Baum, Templiner Straße 4, Tel. 569995; DZ/F ab 100 €. Vom verfallenen ehemaligen Gasthaus direkt an der Straße, das noch den verblassten Schriftzug »Zum Grünen Baum« auf der Fassade trägt, sollte man sich nicht abhalten lassen. Weite Teile des Gebäudeensembles sind liebevoll restauriert, und nach über 30 Jahren Leerstand bietet der traditionsreiche Grüne Baum seit 2015 wieder Übernachtung, Speis' und Trank. Schick designte Doppelzimmer, ein kleiner Landkonsum für regionale Produkte, eine Gasthofbrauerei und ein Restaurant gruppieren sich um einen Innenhof und Biergarten, wo man moderne, leichte Küche aus frischen regionalen Produkten genießt. www.boitzenburger.de

Haus Lichtenhain, Lichtenhain 25, OT Lichtenhain, Tel. 8250, FeWo ab 85 €/Tag. Entspannung pur in den FeWos im gemütlichen Landhausstil der Lichtenhainer Apfelgräfin.
www.haus-lichtenhain.de

Dreetzseecamping, Thomsdorf 51, OT Thomsdorf, Tel. 746, April–Okt. 16 Kilometer nordwestlich von Boitzenburg am Südufer des Dreetzsees; Gaststätte, Badestrand, Tauchbasis, Boot- und Fahrradverleih. www.dreetzseecamping.de

Marstall Boitzenburg, Templiner Straße 5, Tel. 509094. Produktion und Verkostung von Süßem, dazu hausgeröstete Kaffeezubereitungen, Schaubäckerei und Hausbrauerei mit angeschlossenem Restaurant.
www.marstall-boitzenburg.de

Café EigenArt, Dorfstraße 10, OT Wichmannsdorf, Tel. 307. Nur 3 km südöstlich von Boitzenburg ist das gemütliche Schöne-Dinge-Kunst-Krempel-Café zusammen mit dem Wichmannsdorfer Badesee ein beliebtes Ausflugsziel.
www.cafe-eigenart.de

Apfel-Café & Hofladen, Lichtenhain, April–Okt. Mo–Sa 13–17 Uhr (s.o.).

Kantinenwirtschaft, Thomsdorf 36 a (im Thomsdorfer Kunsthandwerkerhof), Tel. 551788. Regionale und biologische Erzeugnisse plus ideenreiche Verarbeitung nach alten und neuen Rezepten, dazu hausgebackene Brote und Kuchen, machen zusammen die leckere Küche.
www.diekantinenwirtschaft.de

Museum Klostermühle, Mühlenweg 5 a, Tel. 236; Di–So 10–17 Uhr, im Winterhalbjahr bis 16 Uhr.
www.klostermuehle-boitzenburg.de

Fürstenauer Fahrzeug- und Technikmuseum, Fürstenau 19b, OT Buchenhain, Tel. 0171/6134829, April–Okt. Mi–Fr 10–16 Uhr. Trabis, Wartburgs und andere vier- und zweirädrige Oldtimer, außerdem eine Fülle an Gebrauchsgegenständen des DDR-Alltagslebens vom Handmixer bis zum Puppenwagen gibt es im privaten Museum von Gerhard Eberwein ca. 10 km nördlich von Boitzenburg im Weiler Fürstenau zu sehen.
www.museum-fuerstenau.de

Kunsthandwerkerhof Thomsdorf, Thomsdorf 36a, OT Thomsdorf, Tel. 86241; Werkstätten und Ateliers Mai–Sept. tgl. 10–18 Uhr, außerdem breites Kulturprogramm und fünfmal im Jahr großer Kunsthandwerkermarkt.
www.kunsthandwerkerhof-thomsdorf.de

Thomsdorfer Kunstkaten, Thomsdorf 42, OT Thomsdorf, Tel. 4735, Sa/So 10–18 Uhr.
www.thomsdorfer-kunstkaten.de

Hans-Fallada-Museum, Zum Bohnenwerder 2, 17258 Feldberger Seenlandschaft/OT Carwitz, Tel. 039831/20359, April–Okt. Di–So 10–17, Nov.–März Di–So 13–16 Uhr. www.fallada.de

Kanuverleih im Schloss Boitzenburg (s. o.).

Fahrradverleih Jörg Knüppel, Buchenhain 17, OT Buchenhain, Tel. 0162/6431188, März–Okt.; die Räder werden im Umkreis von 12 km um Boitzenburg kostenlos zum gewünschten Punkt geliefert und dort am Ende der Mietzeit wieder abgeholt.
www.uckermark-fahrradverleih.de

Die **kleine Badewiese am Schloss** ist Hotelgästen vorbehalten, es wird aber ein Auge zugedrückt, wenn müde (Rad-)Wanderer kurz ins erfrischende Nass hüpfen; **große Badewiese am Ostufer Schumellensee,** ca. 30 Min. durch Schlosspark und Carolinenhain dem Wanderweg »Kleiner Boitzenburger« bis zum See folgen; **große Badewiese in Wichmannsdorf**, an der Kirche in den Pflasterweg ›Seestraße‹ einbiegen, nach ca. 100 m folgt der Fußweg zum See).

▶ Karte S. 148

Angermünde und Umgebung

Förmlich eingeklemmt zwischen dem Biosphärenreservat Schorfheide-Chorin und östlich dem Nationalpark Unteres Odertal liegt die 8500 Einwohner große Fachwerkperle Angermünde am Mündesee. Frisch sanierte Ackerbürger- und Fachwerkhäuser des 18. und 19. Jahrhunderts schmücken die entzückende Altstadt, die sich mit Pflastersteingassen, kleinen Läden, netten Gasthäusern und Cafés, Gaslaternen, Blumenkübeln und Linden am Straßenrand herausgeputzt hat.

23 Ortsteile gehören zum staatlich anerkannten Erholungsort. Sie dehnen sich auf 323 Quadratkilometern aus und machen Angermünde damit zu einer der größeren Städte in Deutschland – flächenmäßig zumindest. Wobei fast zwei Drittel des Stadtgebiets entweder im Biosphärenreservat oder im Nationalpark liegen. So geht es denn auch beschaulich zu in der »Weltstadt Randemünde«, als die sie der Angermünder Heimatdichter Ehm Welk augenzwinkernd beschrieben hat, »mit seiner mächtigen Marienkirche, dem Kloster, dem Pulverturm, und überhaupt.«

Geschichte

Um 1230 gründen die askanischen Markgrafen den Ort als Grenzburg gegen die Pommern, bereits Mitte des 13. Jahrhunderts bekommt Angermünde die Stadtrechte verliehen. Ebenfalls in jener Zeit beginnen die Franziskaner-Mönche mit dem Bau ihrer Klosterkirche; und die Franziskaner sind es auch, die ›Angermunde‹ erstmals auf die politische Bühne heben. 1336 lassen sie nach einem Inquisitionsprozess 14 Mitglieder der religiösen Erneuerungsbewegung der Waldenser auf einem Scheiterhaufen auf dem Marktplatz grausig verbrennen. So geht ›Ketzer-Angermünde‹ in die Geschichte ein.

1420 kommt es zur ›Schlacht von Angermünde‹, aus der die Brandenburger gegen die Pommern als Sieger hervorgehen. Der Dreißigjährige Krieg wirft auch die Stadt am Mündesee in ihrer Entwicklung um viele Jahrzehnte zurück. Danach gibt es zum Glück keine allzu großen Erschütterungen mehr. 1842 erhält Angermünde einen Bahnanschluss nach Berlin und Stettin. Und selbst den Zweiten Weltkrieg übersteht es ohne Zerstörungen. Denn Bäckermeister Miers und Juwelier Nölte gehen 1945 den Soldaten der Roten Armee entgegen und übergeben die Stadt. So hat sich Angermünde seinen bildschönen historischen Kern bis heute bewahrt. Teile der alten Stadtbefestigung sind noch erhalten, und auch unter der Abrissbirne oder Plattenbau-Einfügungen zu DDR-Zeiten musste das Städtchen nicht leiden.

Zwei Persönlichkeiten am Ort, die in die Literatur eingingen, sollen nicht unerwähnt bleiben. Der Berliner Pferdehändler Michael Kohlhaas kaufte die beiden Rosse, von denen später behauptet wurde, sie seien gestohlen, 1530 auf dem Angermünder Vieh- und Pferdemarkt. Heinrich von Kleist machte 1808 eine Novelle daraus.

Der Schuster Wilhelm Voigt, der 1906 als falscher Hauptmann ins Köpenicker Rathaus einmarschierte, begann seine kriminelle Karriere mit Scheckbetrug auf dem Postamt in Angermünde. 15 Jahre buchtete man ihn dafür ein. Seine Resozialisierungsversuche scheiterten an Arbeitslosigkeit, Obdachlosigkeit und fehlenden Papieren. Carl Zuckmayer setzte dem sympathischen verzweifelten Verlierer in den Mühlen der Bürokratie 1930 ein Bühnendenkmal.

Zwischen Markt und Mündesee

Seit alters ist der weitläufige **Markt** der Mittelpunkt im historischen Zentrum. Seine Mitte wiederum beherrscht das **Rathaus** mit klassizistischer Fassade, das im Kern bereits von 1699 stammt. 1711/12 barock erweitert, hat es seine heutige Form 1923/24 mit einem weiteren Anbau erhalten. Im **Amtsgericht** hinter dem Rathaus, 1850 erbaut, hatte man den armen Schuster Voigt arretiert. Davor plätschert am Platz seit 1999 der **Brunnen** des Uckermärker Künstlers Christian Uhlig. Mit verschiedenen szenischen Figuren stellt er ein buntes Markttreiben dar. Um die Ecke duckt sich im Winkel Brüderstraße/Hoher Steinweg die im 18. Jahrhundert erbaute **Ratswaage**. 1752 wurde das kleine Fachwerkhaus dafür erbaut, in seinen vier Wänden die preußischen Maße und Gewichte zu verwahren. Im 19. Jahrhundert war es Quartier der Stadtwache, diente später der Freiwilligen Feuerwehr und in der jüngsten Vergangenheit, bis zum Umzug 2020 nach schräg gegenüber in den Hohen Steinweg 17/18, als Touristeninformation.

Seit der Eröffnung 2020 firmiert das neue **Haus Uckermark** unter der Adresse Hoher Steinweg 17/18 als **Angermünder Museum**, **Tourismus- und Kulturzentrum**. Mit Planungsstart 2015 wurden zwei denkmalgeschützte Altbauten, die sich in einem erbarmungswürdigen Zustand befanden, mit hohem Aufwand saniert und um einen eleganten Neubau

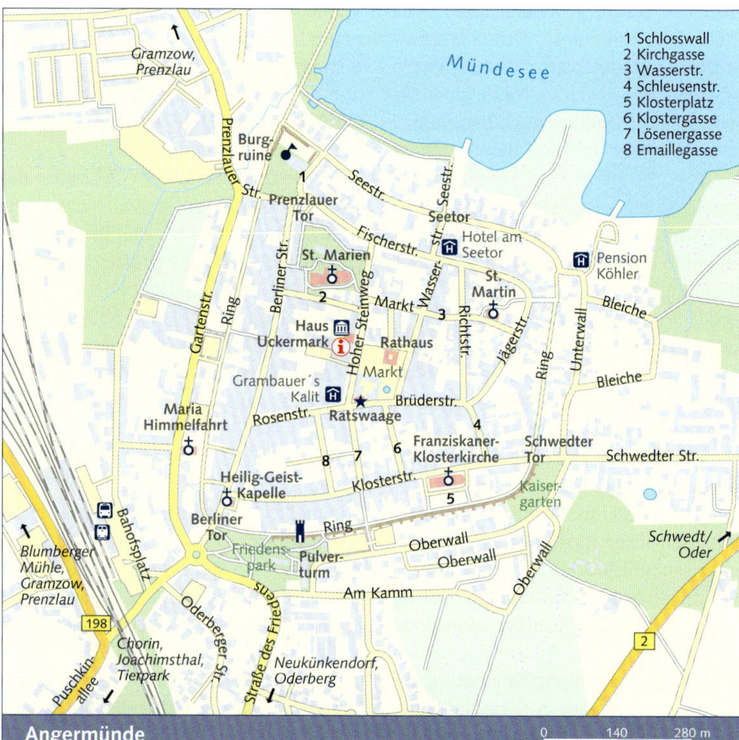

erweitert. Unter ihrem Dach widmet sich im Museum die neue Dauerausstellung dem Leben und Werk von Ehm Welk in Verknüpfung mit der Angermünder Stadtgeschichte.

In der **Touristeninformation** nebenan kann man sich neben zahlreichen Tipps für die Gegend außerdem mit einem ›Kalit‹ und einem guten Angermünder ›Nudlschluck‹ verproviantieren. Der aus hellem dünnen Span geflochtene leichte Korb, in dem die Bauern früher ihre Brotzeit zur Feldarbeit trugen, war aus dem uckermärkischen Alltag nicht wegzudenken; und gerne befand sich im Kalit auch ein Fläschchen Kartoffelschnaps, ›Nudlschluck‹ genannt, da die Knolle in der Uckermark althergebracht ›Nudl‹ heißt.

Hinter dem Markt, zum Mündesee hin, erhebt sich rechterhand in der Scharfrichtergasse die **St. Martinskirche**. 1854/55 wurde der neugotische Backsteinsaal für die evangelische Gemeinde errichtet. Direkt nebenan steht das **Scharfrichterhaus**, nach dem auch die Gasse ihren Namen trägt. Es datiert vermutlich auf das Jahr 1624, und sollte sich diese These als richtig erweisen, wäre das Wohnhaus des Angermünder Henkers und Abdeckers das älteste noch bestehende Haus in der Stadt.

Das alles überragt nahebei der mit einem Staffelgiebel geschmückte, mächtige Wehrturm der **St. Marienkirche**. Der dreischiffige gotische Hallenbau, dessen Ursprünge auf das 13. Jahrhundert zurückgehen und der im 15. Jahrhundert zu seiner gegenwärtigen Gestalt fand, thront auf der höchsten Geländestelle in der Angermünder Altstadt. Innen unter dem Sternengewölbe birgt der Sakralbau als kostbare Schätze ein bronzenes Taufbecken aus dem 14. Jahrhundert, eine Wagner-Orgel, 1742 bis 1744 geschaffen, sowie Reste eines Renaissancealtars von 1601. Teile der bei einer Umgestaltung Ende des 19. Jahrhunderts übertünchten mittelalterlichen Decken- und Gewölbeausmalungen wurden wieder freigelegt und restauriert.

Wenige Schritte später ist man am **Mündesee** angelangt. Dort liegen die spärlichen **Überreste der ersten Burg**, um die herum um 1230 die Siedlung Angermünde entstand. Mitte des 16. Jahrhunderts hatte die Burg jegliche Funktion eingebüßt, wurde verlassen, verfiel und diente den Angermündern schlussendlich als Steinbruch. Seit 1899 erhebt sich auf dem Gelände der Ziegelsteinbau einer ehemaligen Malzfabrik. Heute sind in der ›**Alten Mälzerei**‹, frisch saniert, barrierefreie Wohnungen untergebracht.

Der Wehrturm der Marienkirche

Altstadthäuser in der Berliner Straße

Den Rasen an der Uferpromenade ziert die **Skulpturengalerie SteinZeit der Moderne**. Die aus uckermärkischen Findlingen geschaffenen Kunstwerke entstammen den verschiedenen ›Internationalen Hartgesteinsymposien‹, zu denen sich Granitbildhauer aus ganz Europa zwischen 1992 und 2008 regelmäßig in Angermünde versammelten.

An der Stadtmauer entlang

Südlich vom Markt thront die imposante Ruine der hochgotischen **Franziskaner-Klosterkirche**. Das im 15. Jahrhundert auf einem kleineren Vorgänger zur beeindruckenden zweischiffigen Backsteinhalle erweiterte Gotteshaus ist das letzte Relikt einer wohl um 1260 gestifteten Franziskaner-Abtei. Wann genau der Bettelorden, dessen Mitglieder nach den Regeln des Franz von Assisi leben, nach Angermünde kam, lässt sich nicht mit Gewissheit sagen. Typisch für Franziskaner-Bauten ist die Strenge in der Ausführung, der Verzicht auf Ornamentik und ein Dachreiter anstelle eines opulenten Glockenturms. Typisch auch, dass sie ihre Kirchen nicht im Zentrum, sondern am Stadtrand errichteten. Selbst als Ruine zählt das Angermünder Gotteshaus zu den bedeutendsten märkischen Bettelordenskirchen. Seit 1989 wird sie kontinuierlich rekonstruiert, seit 1999 dienen die hohen nackten Gemäuer als Kulturzentrum. Tafeln im Kirchenraum informieren in Wort und Bild zur Stadt- und Klostergeschichte.

Im Rücken der Franziskaner-Klosterkirche zieht eine bis zu vier Meter hohe **Stadtmauer** entlang und beschließt das historische Zentrum im Süden. Sie stammt aus dem 13. Jahrhundert, ebenso wie der **Pulverturm**, der sich an ihrem Verlauf weiter westlich mit trutzigen Backsteinzinnen erhebt. Schon seit 1850 nisten jedes Jahr Störche im Horst auf der Spitze. Einen Katzensprung entfernt lohnt am Anfang der geschäftigen Berliner Straße die **Heilig-Geist-Kapelle** einen Blick. Um 1330 wurde sie als Hospital-Kapelle errichtet und diente nach dem Dreißigjährigen Krieg den Hugenotten als Gotteshaus. Bis heute ist es die Kirche der französisch-reformierten Gemeinde.

▶ Karte S. 156

An der Puschkinallee, der südlichen Verlängerung der Berliner Straße, entführt der **Tierpark Angermünde** Groß und Klein in ferne Welten. Auf sieben Hektar Fläche sind im einzigen Tierpark der Uckermark über 250 Tiere in 55 Arten aus allen fünf Kontinenten daheim.

Blumberger Mühle

Vier Kilometer nordwestlich von Angermünde liegt zwischen Fischteichen und Wolletzsee das Gelände der Blumberger Mühle. Was dort wie ein überdimensionaler Baumstumpf ausschaut, ist das **NABU-Besucherzentrum** des Biosphärenreservats Schorfheide-Chorin. Mit Ausstellungen über Pflanzen und Tiere, Wald und Heide, Gewässer, Feld, Wiese, Stock und Stein informiert es über die drei Großschutzgebiete im nordöstlichen Brandenburg. Auf dem Freigelände werden Lebensräume im Naturpark Uckermärkische Seen, im Biosphärenreservat Schorfheide-Chorin und Nationalpark Unteres Odertal nachgezeichnet, vom Kräutergarten über Schilfmoore bis zur Freianlage für Europäische Sumpfschildkröten. Ein Kaffeegarten und das Restaurant ›Zum grünen Wunder‹ sorgen täglich im Sommerhalbjahr und im Winter donnerstags bis sonntags für das leibliche Wohl.

Das NABU-Besucherzentrum in der Blumberger Mühle

Die Blumberger Mühle ist mit öffentlichen Verkehrsmitteln gut zu erreichen. Von April bis Oktober transportiert der ›Biberbus‹ die Gäste täglich jede Stunde vom Bahnhof Angermünde zum NABU-Gelände.

Wolletzsee und Grumsiner Forst

Vom Angermünder Stadtforst, von Wiesen und den Wäldern des Biosphärenreservats eingehüllt, hat der Wolletzsee einen entscheidenden Anteil an Angermündes schöner Umgebung. Ein 18 Kilometer langer Wanderweg umrundet das kristallklare Gewässer. Start ist am Ostufer am **Strandbad Wolletzsee**, der beliebten Sommerbadewanne der Angermünder. Von dort geht es durch das Welsebruch und an steilen Seeufern vorbei nach **Wolletz**, gewissermaßen der Metropole, weil einzigen Ortschaft am nördlichen Seeufer. Es lohnt dort ein Blick auf Mielkes ehemaliges Jagdschloss, heute die Fachklinik Wolletzsee. Ein erstes Jagdschloss wurde 1826 unter der Herrschaft des Generalmajors Ludwig von Rohr errichtet, Mitte der 1930er Jahre vom neuen Eigentümer abgerissen und in der Gestalt neu erbaut, wie es annähernd heute noch steht. Von 1953 bis zum Untergang der DDR nutzte es der Minister für Staatssicherheit, Erich Mielke, für sich und seine Familie, weshalb der Wald ringsum vom Volk nicht betreten werden durfte. Seit 1994 fungiert das ehemalige Jagdschloss, um einige Neubauten erweitert, als neurologische Fachklinik und Rehabilitationszentrum. Quasi gegenüber, nahe dem südwestlichen Seeufer, liegt der verträumte 200-Seelen-Weiler **Altkünkendorf**. 1287 tauchte sein Name als ›Altkonckendorp‹ das erste Mal in einem Dokument auf,

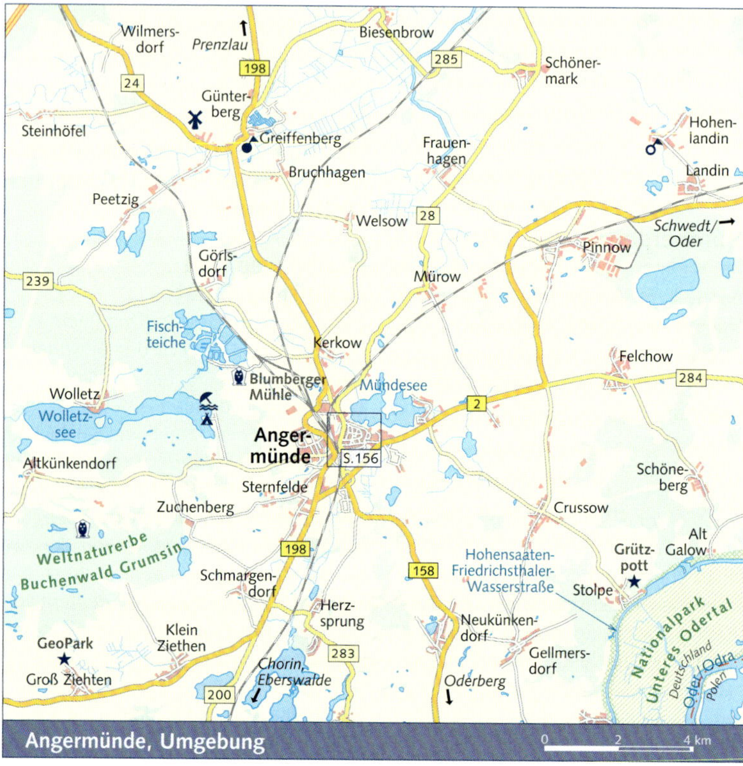

Angermünde, Umgebung

und aus jener Zeit stammen auch die Fundamente der alten Dorfkirche. 1870 bis 1880 neugotisch umgebaut und von 1999 bis 2001 umfassend saniert, dient sie heute für kulturelle Veranstaltungen. Liebhaber edler Brände steuern das niedliche Dörfchen an, um der **Grumsiner Brennerei** ihre Aufwartung zu machen. 2015 im restaurierten alten Speicher des Wirtschaftshofes eröffnet, wurden die Spirituosen mit dem Mammut im Zeichen bereits vielfach mit Preisen ausgezeichnet. In Handarbeit werden die erlesenen Kräuter- und Obstliköre, Whisky, Obst- und Kornbrände hergestellt, die im historischen Gewölbekeller in Holzfässern reifen. Die Zutaten kommen von ausgesuchten Erzeugern in der Region. Im Hofladen der Brennerei kann man die feinen Tropfen erstehen und darüber hinaus in der Sommersaison jeden 1., 2. und 3. Samstag im Monat an einer spannenden Brennerei-Führung mit Verkostung teilnehmen.

Weiteres wäre aus Altkünkendorf wohl kaum zu berichten, hätte die UNESCO nicht 2011 den **Grumsiner Forst** südlich vor den Toren des Weilers zum Weltnaturerbe erklärt. Der mehrere hundert Jahre alte Buchenwald war zu DDR-Zeiten Staatsjagdgebiet; für Normalsterbliche hieß es deshalb ›Betreten verboten‹. Schon seit 1990 stehen die alten Gehölze in der Kernzone des Biosphärenreservats Schorfheide-Chorin unter besonderem Schutz. Doch erst die Anerkennung als Weltnaturerbe hat den von Mooren und Sümpfen durchzogenen Tiefland-Buchenwald zum Weltstar unter den brandenburgischen Forsten gemacht. Seitdem ist Altkünkendorf zum beliebten Ausgangspunkt für Wanderungen durch diese fantastischen grünen Kathedralen avanciert. Schließlich steht das **Weltnaturerbe Buchenwald Grumsin** von seiner Bedeutung her auf einer Stufe mit dem Yellowstone-Nationalpark oder dem Nordsee-Wattenmeer. Mehrere, mit verschiedenfarbigen Buchenblättern gekennzeichnete Wanderwege führen vom Dorf durch den herrlichen Wald, immer am Rande der streng geschützten Kernzone entlang – die mit dem Blocksberg inmitten, der auf stattliche 139 Meter Höhe kommt, zugleich über den höchsten Punkt in der ganzen Uckermark verfügt. Nähere Informationen zu den **Wanderwege**n gibt es auf der Internetseite des Biosphärenreservates (→ S. 166).

Wer die Sehenswürdigkeiten rund um den Wolletzsee nicht auf Schusters Rappen erkunden möchte, dem bietet sich in der schönen Jahreszeit ein Fahrt mit der

Im Info-Punkt in Altkünkendorf

Sträßchen durch den Grumsiner Forst

Biberbus-Linie 496 der Uckermärkischen Verkehrsgesellschaftan (https://uvg-online.com) an. Ab Bahnhof Angermünde steuert sie stündlich alle Ausflugsziele an: von der Blumberger Mühle über Wolletz, das Strandbad und Altkünkendorf bis zum Tierpark Angermünde. Und wer lieber auf dem Wasserweg Kurs nehmen will, für den hält das **Strandbad Wolletzsee** Leihboote parat.

Nördlich von Angermünde

Sanfte Hügel schmücken das Land, das zwischen saftigen Weiden so weit das Auge reicht Getreide- und Maisfelder bedecken – plötzlich, bei **Görlsdorf**, unterbrochen von einem ausgedehnten **Landschaftspark**. 1829 beauftragten die Grafen von Redern den berühmten königlich-preußischen Gartenbaumeister Peter Joseph Lenné (1789–1866) mit der Gestaltung ihrer Görlsdorfer Liegenschaft. 1843–1845 folgte der Bau eines Schlosses, das seit Ende des Zweiten Weltkriegs allerdings nicht mehr vorhanden ist. Anfang des dritten Jahrtausends saniert, lädt der Park heute auf 400 Hektar, von der Welse durchflossen, zu gemütlichen Spaziergängen ein.

Im **Dorfmuseum** erfährt man viel Wissenswertes über den Ort. Es ist in einem um 1750 errichteten Feldsteinbau untergebracht, der noch bis 1945 als Gefängnis fungierte. Internationale Bekanntheit genießt das winzige Dorf durch seine traditionsreiche Vollblut-Zucht. Seit 1883 besteht das **Gestüt Görlsdorf**, das sowohl in der Zucht als auch mit dem eigenen Rennstall immer wieder Weltklassepreise erzielt. Der Hengst ›Sea the Moon‹ gehörte 2014 zu den zehn weltbesten Rennpferden.

Greiffenberg

Weithin sichtbares Wahrzeichen des kleinen Straßendorfs etwa zehn Kilometer nördlich von Angermünde ist eine **Sternwarte**. Sie verfügt über ein Schmidt-Cassegrain-Teleskop in einer drehbaren Drei-Meter-Kuppel, die auf dem 22 Meter hohen Turm des ehemaligen Herrenhauses der blaublütigen Familie von Redern thront. 1965 wurde die Anlage dem Turm aufgepfropft, diente fortan als Schulsternwarte und verwaiste nach der Jahrtausendwende. Dem rührigen Greiffenberger Ortsverein ist es zu verdanken, dass die Kuppel in den vergangenen Jahren saniert und das neue Teleskop installiert werden konnten. 2019 war Wiedereinweihung, und seither kann man – Voraussetzung ist klares Wetter – in der dunklen Jahreszeit von Greiffenberg aus in die Sterne gucken. Das im 19. Jahrhundert erbaute Redernsche Herrenhaus wurde bereits in den 1960er Jahren zur Schule umgebaut. Es ist als einziges von der ehemaligen Burggut-Anlage Greiffenberg noch erhalten. Bereits für die erste Hälfte des 13. Jahrhunderts ist am Ort, damals an wichtigen Handels- und Heerstraßen gelegen, eine Burg nachgewiesen. Das uckermärkischen Geschlecht ›de Grifenberg‹ hat ihr in jener Zeit den Namen gegeben. Im 15. Jahrhundert Spielball in den kriegerischen Auseinandersetzungen zwischen den pommerschen Herzögen und Kurfürsten von Brandenburg, erobert Kurfürst Friedrich II., ›der Eiserne‹, 1445 die Feste für die alteingesessene edle Familie zurück. Bis 1473 sind die Gemäuer Sitz derer von Greiffenberg. Danach ist der Name plötzlich aus den Annalen verschwunden. Warum, weiß man nicht.

Im Dreißigjährigen Krieg erleidet die Burg starke Zerstörungen. Mitte des 19. Jahrhundert gehen Burg und Gut in den Besitz der Grafen von Redern über. Und so steht die eindrucksvolle **Burgruine** noch heute da, auf einem Hügelchen über dem Welse-Tal. Teile des Torhauses, des runden Wehrturms und einiger Wohnbauten haben die Zeiten überdauert, ebenso der im 15. Jahrhundert angebaute spätgotische Wehrturm. Nachdem die Sicherungs- und Sanierungsarbeiten daran abgeschlossen sein werden, soll die Burganlage als als Freilichtkulisse für Kulturveranstaltungen dienen.

Der Ort ihr zu Füßen wird 1261 erstmals erwähnt. Die 1723/24 erbaute **Dorfkir-**

Die Sternwarte Greiffenberg

▶ Karte S. 160

Die Holländermühle wird mit Spenden wieder aufgebaut

che hütet als besonderen Schatz einen hölzernen Kanzelaltar von 1725 sowie eine Sandsteintaufe, die bereits aus dem 15. Jahrhundert stammt.
Ein weiterer Hingucker ist die **Holländer-Windmühle** auf einer Anhöhe am westlichen Ortseingang. Von 1830 bis 1936 wurde hier Korn gemahlen, danach verfiel das Gebäude und wird nun seit 2006 von Grund auf rekonstruiert. Dafür verantwortlich zeichnet eine Bürgerinitiative, die den Wiederaufbau aus Spendengeldern bewerkstelligt. Noch steht die alte neue Holländer-Mühle ohne Flügel da. Aber vielleicht kommt der eine oder andere Ausflügler ja mal vorbei und gibt einen Obulus in den Topf? Zwischen Pfingsten und Anfang Oktober kann man die Mühle immer sonntags 11–17 Uhr anschauen; falls niemand da ist, lässt sich auch eine Besichtigung vereinbaren (Tel. 033335/41354, www.muehle-greiffenberg.de).

Biesenbrow

Nach Biesenbrow pilgern vor allem Ehm-Welk-Jünger (→ S. 168). Das Dorf ›Kummerow im Bruch hinterm Berg‹, zwölf Kilometer nördlich von Angermünde, ist der Geburtsort des Heimatschriftstellers. Hier gibt es 250 Einwohner, eine **Kirche aus der Mitte des 13. Jahrhunderts** mit einem gotischen Flügelaltar (1420) und ein Feuerwehrgerätehaus. Für alles Weitere soll der verehrte Ehm Welk sprechen: »Dort oben, wo die Uckermark ihre nördlichste Spitze weit ins vorpommersche Gebiet vorstößt und an ihrer rechten Flanke ein Bruch mit nach Norden zieht, liegt mein Land! Eine meilenweite rechteckige Schale, deren sattgrüner Boden auf der östlichen Längsseite vom schwarzen Rand eines Höhenzuges, auf der Westseite von hohen Wäldern eingefasst ist und deren Schmalseiten im Süden und Norden die Ferne als ein samtenes Blau aufwellen lassen. Der silberne Zierat der Bäche, Teiche und Seen und das Riesenspielzeug in Gestalt der kleinen Dörfer, ackernden Bauern und weidenden Herden liegt auf dem grünen Grunde dieser Schüssel.«
Zu ergänzen wären noch: 1686 Hektar Landwirtschaftsfläche, 35 Hektar Wald, durchzogen vom Welse-Fließ, dem Schmidtgraben und getupft von den Hintenteichen.

Pinnow

Acht Kilometer nordöstlich von Angermünde beeindruckt Pinnow mit seiner imposanten Gutsanlage. Auf über 100

Der Historische Gutshof Pinnow

Meter Länge reihen sich im **Historischen Gutshof Pinnow** ziegelsteinerne Stall- und Speichergebäude, Scheunen, Werkstätten und eine Brennerei, die heute gemeinnützige Projekte, generationsübergreifendes Wohnen, das Deutsch-Polnische Jugend-, Bildungs- und Kommunikationszentrum mit Hort, Kita und Kantine sowie Veranstaltungsorte beherbergen. Schon in der ersten Erwähnung 1354 wird ›Pynnow‹ ein Rittergut genannt. Von 1650 bis 1836 befindet es sich im Besitz derer von Diringshofen, unter deren Ägide in der 2. Hälfte des 17. Jahrhunderts das Gutshaus entsteht. Der rote Putzbau, im 18. und 19. Jahrhundert umgestaltet, dient heute als Sitz der Gemeindeverwaltung.

Es folgen wechselnde Eigentümer, in der DDR eine Landwirtschaftliche Produktionsgenossenschaft (LPG), und 1990 nach der Wende der Kauf des heruntergekommenen Guts samt Dorfschmiede und Gärtnerei durch die Gemeinde. Im Anschluss werden die Gutsanlage saniert und die Projekte initiiert.

Die alten Gutsarbeiterhäuser im Dorf werden zur Kita oder zur Arztpraxis umfunktioniert. Das **Schulgebäude** von 1833 erhält die Kirchengemeinde, mit einem Raum als Schulmuseum, und in der alten Schmiede von 1912 serviert die ›Eisschmiede Uckermark‹ traumhafte Leckereien. Im Mittelpunkt ragt die **Dorfkirche** auf, ein frühgotischer Feldsteinsaal aus der zweiten Hälfte des 13. Jahrhunderts, dessen wuchtiger Westturm fast so breit wie das Langhaus ist.

Die zweite Geschichte von Pinnow beginnt 1938 im Nationalsozialismus mit der Errichtung einer **Heeresmunitionsanstalt**. Im Pinnower Wald schießen Fabrik, Lagerhallen, Verwaltungsgebäude und Unterkünfte aus dem Boden. Die Rüstungsanlagen werden nach 1945 gesprengt, die Unterkünfte nehmen Flüchtlinge aus den ehemaligen deutschen Ostgebieten auf. Von 1956 bis 1989 kontrolliert die Nationale Volksarmee (NVA) das Gelände als ›Instandsetzungswerk Pinnow‹ (IPW). Neben einem Lehr- und Ausbildungsregiment für Raketentechnik sind 1600 Mitarbeiter mit dem Reparieren und Warten von Flugabwehrraketen, Mess- und Funktechnik beschäftigt. Desweiteren werden in Pinnow Düsenaggregate für die Luftstreitkräfte sowie Panzerabwehrraketen gebaut. Selbstverständlich militärisch streng abgeschirmt.

▶ Karte S. 160

Nach der Wiedervereinigung folgen Pleiten und Neuansiedlungen. Schließlich übernimmt die Gemeinde das ehemalige Militärgelände und widmet es als Industrie- und Gewerbegebiet um. 1999–2018 betreibt dort der norwegische Rüstungskonzern Nammo eine Niederlassung mit Spezialisierung auf die Entsorgung von Raketen, Minen, Zündern, Handgranaten. 2015 ist es zu einer Explosion gekommen und das halbe Dorf musste evakuiert werden. Im Haus 9 im Gewerbepark informiert das **Raketenmuseum** nach telefonischer Anmeldung über die Geschichte von Pinnow als Rüstungsschmiede.

Mark Landin

Es könnte ein Märchenschloss sein, was da in **Hohenlandin** im grünen Talgrund steht. 1860/61 ließ der Rittmeister Georg Wilhelm von Warburg auf den Fundamenten eines Vorgängers sein ›**Warburg-House**‹ errichten, ein prachtvolles Schloss im damals modernen Tudor-Stil mit normannischen Zinnenkronen, das auch einer Queen Victoria würdig gewesen wäre. In den Jahren vorher hatte der

Die Pinnower Kirche stammt aus dem 13. Jahrhundert

Die Schlossruine Hohenlandin

von Mecklenburg-Strelitz zugewanderte Sohn eines Husaren-Generals bereits das Gut mit zahlreichen neuen Wirtschaftsgebäuden, Dampfmühle und Brennerei zu einem Mustergut ausgebaut; und auch der Park, bereits 1820 nach Lenné-Plänen angelegt, suchte weit und breit seinesgleichen.

Den Zweiten Weltkrieg überdauerte die Anlage unzerstört und diente in der DDR als Schule und Kindergarten – bis 1977 die Räumlichkeiten wegen fortschreitender Baufälligkeit geschlossen werden mussten. Seitdem stehen das Schloss und auch die benachbarte Brennerei leer und haben sich zwischenzeitlich in beachtliche Ruinen verwandelt. Die **Dorfkirche**, ein frühgotischer Feldsteinbau aus dem 13. Jahrhundert, schaut dagegen fast noch so aus, wie sie einmal erbaut wurde.

Und auch eine **Brennerei** gibt es wieder, wenn auch nicht am verfallenen Schloss, sondern im nahen Ortsteil **Schönermark**. Dort wurde ab 1850 bis zum Ende des Zweiten Weltkriegs Korn destilliert. Nachdem die Rote Armee die Anlage demontiert hatte, verfielen die Gebäude und gingen unwiederbringlich verloren. So wurde die traditionelle Kornbrennerei 2009 in einem benachbarten, zu diesem Zweck restaurierten und umgebauten Pferdestall wieder aufgenommen. In den dicken Feldsteinmauern reift in Fässern ein Uckermärker Single Malt Whisky, der unter dem Label ›Preussischer Whisky‹ selbst den kritischsten Schotten überzeugt.

Für Heimatkundler bezeichnet das 1250 erstmals genannte ›Landyn‹ darüber hinaus eine ganz besondere Wegmarke. Der ›Vertrag von Landin‹ 1250 ist die **Geburtsstunde der Uckermark**. Auf dem Kappenberg bei Hohenlandin unterzeichneten die Markgrafen Johann I. (reg. 1220–1266) und Otto III. (reg. 1220–1267) von Brandenburg sowie der Pommernherzog Barnim I. (reg. 1226–1278) die Urkunde, die den Tausch des halben Lands Wolgast gegen das Gebiet westlich von Welse und Randow besiegelte. Die gesamte nördliche Uckermark wurde damit Teil der Mark Brandenburg. Dort, wo die Unterhändler 1250 vermutlich ihr Zeltlager aufschlugen, steht heute am südlichen Ortseingang von Hohenlandin, mitten auf dem weiten Feld zwischen Schwedter Weg und Kastanienallee auf einer Anhöhe ein einsamer Baum, der an das Ereignis erinnert.

Angermünde und Umgebung

Postleitzahl: 16278

Touristeninformation, Hoher Steinweg 17/18, Angermünde, Tel. 03331/297660, April–Okt. Mo–Fr 9–18, Sa/So 10–17 Uhr, Nov.–März Mo–Fr 9–16 Uhr. www.angermuende-tourismus.de

Info-Punkt Altkünkendorf, Altkünkendorfer Straße 22, OT Altkünkendorf, Tel. 0170/9077731, April–Okt. Di–So 10–16 Uhr, sonst nach Voranmeldung unter Tel. 033337/518589.

Infos zu Wanderungen im Weltnaturerbe Grumsin und im Biosphärenreservat bekommt man bei der Touristeninformation Angermünde sowie unter www.schorfheide-chorin-biosphaerenreservat.de und www.weltnaturerbe-grumsin.de

Grambauers' Kalit, Hoher Steinweg 25, Tel. 03331/252535, Angermünde, DZ ohne Frühstück ab 120 €, bei mehreren Nächten wird der Preis günstiger. Im sorgfältig restaurierten historischen Gebäude am Markt, die Zimmer oldfashioned stilmöbliert. Im gemütlichen Restaurant und im Innenhof kommen internationale Gerichte auf den Tisch. www.grambauers-kalit.de

Hotel am Seetor, Jägerstraße 25, Tel. 03331/26560, Angermünde, DZ/F ab 95 €. Schön restauriertes Haus aus dem 18. Jahrhundert, die Zimmer gediegen gutbürgerlich; das Restaurant serviert schmackhafte solide Küche aus der Region. www.hotelamseetor.de

Flair Hotel Weiss, Puschkinallee 11, Tel. 36950; DZ/F ab 90 €. Drei-Sterne-Haus mit geräumigen Zimmern, etwas außerhalb vom Stadtzentrum in Tierpark-Nähe, Sauna und SPA; Spezialität im Restaurant Steaks und Nudl(Kartoffel)-Zubereitungen. www.flairhotelweiss.de

Försterhof Görlsdorf, Parkstr. 5 und 7, OT Görlsdorf, Tel. 033334/850048, DZ/F 76 €, FeWo für 2 Personen 115 € die 1. Nacht, danach 75 €. Lauschig und ruhig im Weiler Görlsdorf, Zimmer und FeWo modern und geschmackvoll, mit Garten, auf dem Bauernhof Streichelzoo und zahlreiche zahme Nutztiere, das Frühstücksei kommt aus dem eigenen Stall. Hunde willkommen! www.foersterhof-goerlsdorf.de

Angermünder Campingverein Wolletzsee, Tel. 0152/29153120, Mitte Mai–Mitte Sept. Kleiner einfacher, naturbelassener Platz neben dem Strandbad, überwiegend Dauercamper, Womo-Stellplätze ohne Strom. www.campingplatz-wolletzsee.de

Gebührenfreie **Wohnmobil-Stellplätze** ohne Ver- und Entsorgungsmöglichkeit: in

▶ Karte S. 160

Angermünde Stadtmitte am Parkplatz Oberwall (Wasser und Strom) sowie an der Blumberger Mühle (keine Ver-/Entsorgung); in Stolpe auf dem Rast- und Picknickplatz vor der Hohensaaten-Friedrichsthaler Wasserstraße.

KaffeeKonsum, Zur Welse 4, Angermünde/OT Wolletz, Tel. 033337/519090. Kultiges Ausflugslokal im alten ›Konsum‹ in Wolletz am Wolletzsee; serviert werden selbstgebackene Kuchen und Kaffeespezialitäten, aber auch Delikatessen der Region, z.B. Wildschweinbratwurst, Wildfleisch-Burger oder Black Angus Bio-Beef vom Gut Kerkow und dazu hausgemachter Kartoffelsalat.
www.kaffee-konsum.de

Eisschmiede Uckermark, Schmiedeweg 1, OT Pinnow, Tel. 033335/309280. Fantastische Eisbecher, aus eigener Produktion, außerdem köstliche hausgebackene Kuchen und Torten lassen die Fans zwischen Ostern und Ende Sept. nach Pinnow pilgern, um die Leckereien draußen im Garten und drinnen im Angesicht von original Blasebalg und altem Schmiedewerkzeug zu genießen.
www.eisschmiede-uckermark.de

Museum Angermünde, Ehm-Welk- und stadtgeschichtliches Museum im Haus Uckermark, Hoher Steinweg 17/18, Tel. 03331/297660, April–Okt. Mo–Fr 9–18, Sa/So 10–17,Nov.–März Mo–Fr 10–16, Sa/So 13–16 Uhr.
www.museumangermuende.de

Kulturzentrum Franziskaner-Klosterkirche, Klosterstraße, Angermünde, Juni–Anfang Okt. Mo/Do/Fr 11–16, Sa/So 13–17 Uhr.

Naturerlebniszentrum Blumberger Mühle, Blumberger Mühle 2, Angermünde, Tel. 03331/26040, April–Okt. tgl. 10–18, Nov.–März tgl. 10–16 Uhr.
www.blumberger-muehle.nabu.de

Sternwarte Greiffenberg, Burgstraße, OT Greiffenberg, Tel. 033334/70244, Führungen in der dunklen Jahreszeit, die genauen Termine bitte auf der Website nachschauen. http://sternwarte-greiffenberg.de

Raketenmuseum Pinnow, Industrie- und Gewerbegebiet 9, OT Pinnow, Tel. 033335/30388, Besichtigung nach tel. Anmeldung; sollte dort niemand ans Telefon gehen, kann man sich auch an die Gemeinde wenden, Tel. 033335/7190.

Tierpark Angermünde, Puschkinallee 12b, Tel. 32143, April–Okt. tgl. 10–18, März 10–17, sonst 10–16 Uhr.

Strandbad Wolletzsee, Am Wolletzsee (Richtung Altkünkendorf), Tel. 32431, Juni–Aug. tgl. 9–20, Sept. tgl. 10–19 Uhr, Bootsverleih. www.wolletzsee.de

Kleiner Sandstrand am Nordufer des Großen Peetzigsees, ca. 2 km südwestlich von Greiffenberg bzw. 3 km nördlich von Görlsdorf.

Grumsiner Brennerei, Wirtschaftshof 3, OT Altkünkendorf, Tel. 033337/516999, Hofladen Mo–Fr 11–16, Sa/So 13–17, im Januar nur Sa 13–17 Uhr; einstündige Führung mit Verkostung jeden 1., 2. und 3. Sa um 14.15 und 15.15 Uhr.
www.grumsiner.de

Gut Kerkow, Greiffenberger Straße 8, OT Kerkow, Tel. 03331/262937. 1 km nördlich von Angermünde; Biomilch, Biofleisch und leckere Wurstspezialitäten im Hofladen, seit 2015 unter der Ägide der Starköchin Sarah Wiener.
www.gut-kerkow.de

Preussische Whisky Destillerie, Am Gutshof 3, 16278 Mark Landin/OT Schönermark, Tel. 033335/31895. Die Destillerie kann einmal im Jahr am Tag der offenen Tür besichtigt werden.
www.preussischerwhisky.de

Der **Onlineshop** und eine Liste mit weiteren Bezugsadressen findet sich unter www.preussischerwhiskyshop.de

Ehm Welk – der Heide von Biesenbrow

»Wie eine Weltstadt lag Randemünde da, mit seiner mächtigen Marienkirche, dem Kloster, dem Pulverturm, und überhaupt ...« So unverhüllt tritt Angermünde dem Leser in ›Die Heiden von Kummerow‹ vor Augen, Ehm Welks populärstem Roman, der »in zweiundzwanzig Kapiteln [erzählt], was sich in einem halben Jahre ... zutrug in Kummerow im Bruch hinterm Berge.«

Im 270 Seelen kleinen Weiler Biesenbrow erblickt Ehm Welk 1884 als Bauernkind das Licht der Welt. Seine Eltern ermöglichen ihm den Dorfschulbesuch. Danach zieht er, 16-jährig nach Stettin, um eine kaufmännische Lehre zu absolvieren, fährt anschließend zur See und wird 1904 Journalist. Wegen seiner Kritik an der zunehmend antidemokratischen Ausrichtung der konservativen Tageszeitungen wird Welk 1922 aus dem Reichsverband der deutschen Presse ausgeschlossen. Drei Jahre später gelingt ihm an der Berliner Volksbühne mit seinem Stück ›Gewitter über Gotland‹ in der Inszenierung von Erwin Piscator der Durchbruch. Das revolutionäre Schauspiel wird zum großen Erfolg und erregt einen fast ebenso großen Skandal, weshalb es bald darauf wieder vom Spielplan verschwindet.

Arbeitsjahre von 1927 bis 1934 als Redakteur bei der vielgelesenen Sonntagszeitung, ›Die Grüne Post‹ schließen sich an, bis ihn nach seinem kritischen Artikel an den Propagandaminister Goebbels – ›Herr Reichsminister, ein Wort, bitte!‹ – das zweite Mal ein Quasi-Berufsverbot ereilt. Aus der Haft im KZ Sachsenhausen wird Ehm Welk dank einer Protestwelle engagierter Kollegen nach drei Monaten wieder entlassen, doch journalistisch tätig werden darf er nicht mehr. 1935 zieht er nach Lübbenau in den Spreewald und widmet sich der Schriftstellerei. ›Die Heiden von Kummerow‹ (1937), ›Die Lebensuhr des Gottlieb Grambauer‹ (1938) und weitere erfolgreiche Werke entstehen.

Nach dem Krieg tritt Welk in die KPD und in den Kulturbund ein und kümmert sich um den Aufbau der Volkshochschulen in Mecklenburg. 1950 lässt er sich mit seiner Frau im mecklenburgischen Bad Doberan nieder. Zahlreiche weitere Romane und Schriften entstehen, darunter 1952 das autobiografische Erzählbuch ›Mein Land, das ferne leuchtet‹. Vielfach ausgezeichnet, unter anderem 1961 mit dem DDR-Nationalpreis, stirbt Ehm Welk am 19. Dezember 1966 in Bad Doberan.

Bis heute wird vor allem Welks ›Heiden von Kummerow‹ gerne gelesen, und die Verfilmungen – 1967 als deutsch-deutsche Produktion mit Paul Dahlke, Theo Lingen und Ralf Wolter in den Hauptrollen sowie 1982 noch einmal als DEFA-Produktion – haben sein Werk unsterblich gemacht. Die ernsthafte Aufarbeitung der Rezeption von Welks Arbeit steht dagegen noch aus. Und auch die Frage, weshalb seine Bücher in der BRD so wenig gewürdigt wurde, ist bis heute noch unbeantwortet. Wenig nördlich von ›Randemünde‹ jedenfalls gibt es in ›Kummerow‹ alias Biesenbrow neben der schmucken Dorfkirche, der Dorfschule, dem Pfarrhaus und dem Gänsestall seit 1999 den Landkulturverein ›Erben von Kummerow‹. Immer am letzten Augustwochenende erweisen die ›Erben‹ ihrem Schriftsteller die Ehre – augenzwinkernd, wie es Ehm Welk bestimmt gut gefallen hätte –, indem sie mit Theater, Lesungen, Kinderfest, Tanz und anderem großen Aufhebens eine ›Völkerwanderung‹ auf dem Heiden-Weg von Biesenbrow in die Weltstadt Randemünde veranstalten – fälschlicherweise auch ›Angermünde‹ genannt.

EXTRA

Nationalpark Unteres Odertal

Auf 60 Kilometern Länge – von Hohensaaten im Süden bis vor die Tore des polnischen Szczecin (Stettin) an der Oder – schützt der 1995 gegründete Nationalpark die Oder-Flussauen. Über Jahrzehnte war der Strom, der seit 1945 die Grenze zwischen Deutschland und Polen bildet, vergleichsweise unreguliert geblieben. Der Aufenthalt im Grenzbereich DDR–Polen war nur mit Einschränkung möglich. So blieb die Natur sich selbst überlassen, und ein einzigartiges Biotop entstand. Die drei bis fünf Kilometer breite Niederung zwischen den Oderhängen mit ihrem Geflecht von Altwasserarmen, Gräben und Kanälen, dazwischen Sümpfe, Überschwemmungsflächen und Torfinseln, wurde zum Paradies für zahlreiche seltene Pflanzen und Tiere. Seeadler, Fischadler, Steinadler, Mäusebussard und Wasserralle gehen auf Beutefang. Seggenrohrsänger, Wachtelkönig und der buntgefiederte Eisvogel ziehen im Unteren Odertal ihre Jungen auf. Fischotter tummeln sich in den Sümpfen, und Biber legen ihre Staudämme an.

Im Frühjahr, wenn das abfließende Winterhochwasser die Moore, Auwälder und Feuchtwiesen freigibt, verwandeln sich diese in riesige Brut- und Rastgebiete. Hunderttausende Gänse, Schwäne, Enten werden gezählt, dazu Kiebitze, Brachvögel, Kampfläufer und andere Arten mehr sowie im Herbst bis zu 15 000 Kraniche, die im Unteren Odertal in den dichten Röhrichtflächen ihre Schlafplätze haben.

Bis Anfang der 1930er Jahre wurden in dem keinen halben Meter über dem Meeresspiegel liegenden Zwischenstromland nach holländischem Vorbild Poldersysteme geschaffen. Östlich werden sie von der Stromoder begrenzt, während westlich die **Hohensaaten-Friedrichsthaler-Wasserstraße** ihre Bahn zieht. Die künstliche Wasserstraße, in der Wasserwirtschaft auch kurz ›HFW‹ genannt, verläuft von Hohensaaten über 43 Kilometer immer parallel zur **Stromoder**, bis sie bei der Ortslage Friedrichsthal, wenige Kilometer südlich von Gartz, in die **Westoder** einmündet. Dazwischen

Am Oder-Neiße-Radweg bei Stützkow

Die Hohensaaten-Friedrichsthaler-Wasserstraße bei Stützkow

dehnen sich die Nass- und Trockenpolder des **Nationalparks** aus.

Bereits 1859 wurde das erste Teilstück der HFW eingeweiht. Es verband die Alte Oder bei Hohensaaten mit dem Oderstrom auf der Höhe von Stützkow, diente damals allerdings mehr der Entwässerung des niederen Oderbruchs, als dass es für die Oderschifffahrt konzipiert worden war. Dies änderte sich 1914 mit der Eröffnung des Oder-Havel-Kanals und den immer größeren Kähnen, die zwischen Berlin und der Ostsee verkehrten. Der weitere Ausbau der HFW stand zwingend an – zumal auf der künstlichen Wasserstraße eine kontinuierliche Schifffahrt unabhängig von den Niedrigwasserständen der Oder gewährleistet werden konnte. 1926 waren die Bauarbeiten abgeschlossen, der Kanal ausgebaut, bis Friedrichsthal verlängert und nahezu vollständig eingedeicht. Seitdem rahmen westlich die Hohensaaten-Friedrichsthaler-Wasserstraße, mit anschließend der Westoder sowie östlich die Stromoder das Untere Odertal ein.

Dazwischen regulieren im streng naturgeschützten Zwischenstromland zahlreiche Einlass- und Auslassbauwerke das Wasserniveau. Allein bis Anfang der 1930er Jahre entstanden beinahe **130 wassertechnische Bauwerke**, davon 177 Kilometer Deich. Bis zu 130 Millionen Kubikmeter Wasser können die eingedeichten Flächen (Polder) aufnehmen – die beste Art Hochwasserschutz, wie sich besonders 1997 während der Oderflut zeigte. Szczecin blieb vom Jahrhunderthochwasser verschont, denn die gewaltigen Wassermassen konnten in die Aulandschaft vor den Toren der Stadt abfließen.

Bereits 1992 unterzeichneten die Umweltminister von Mecklenburg-Vorpommern, Brandenburg und der Woiwode von Szczecin eine ›Gemeinsame Erklärung über die Schaffung eines Schutzgebietes im Unteren Odertal‹. 1993 folgte auf polnischer Seite die Gründung des Landschaftspark Unteres Odertal (Park Krajobrazowy Dolina Dolnej Odry) und 1995 auf deutscher Seite des Nationalparks Unteres Odertal. Zusammen mit dem südlich sich anschließenden Landschaftspark Zehden (Cedyński Park Krajobrazowy) wurde so ein insgesamt 117 000 Hektar großes, grenzüberschrei-

▲ Karte hintere Umschlagklappe

tendes Schutzgebiet am unteren Oderlauf eingerichtet. Aus diesem soll einmal ein gemeinsamer deutsch-polnischer Internationalpark Unteres Odertal entstehen.

Von Hohensaaten aus in den Nationalpark hinein

Die Hohensaatener Schleusen (→ S. 105) befördern die Wasserwanderer wahlweise in die westliche Hohensaaten-Friedrichsthaler-Wasserstraße (HFW) oder in die östliche Stromoder und damit entweder ans deutsche oder polnische Ufer der Oderniederung. Keinen Flusskilometer später beginnt der Nationalpark Unteres Odertal. Seinen südlichen Teil nimmt der **Lunow-Stolper Polder** ein. Er wird im Frühjahr für die Landwirtschaft trockengepumpt und dient dann als Grünland für die Futtergewinnung. Man kann ihn sehr schön zu Fuß oder auch auf Rädern entdecken, während man im nördlichen Nationalpark besser aufs Boot umsteigen sollte. Dort wurde die landwirtschaftliche Nutzung komplett eingestellt und das Kanu bietet die schönste Möglichkeit, das Naturparadies zu erkunden.

Namensgeber des Lunow-Stolper Polders ist das Dorf Lunow, seit 2002 mit dem benachbarten Stolzenhagen zu einer Gemeinde vereint (→ S. 109).

Stolpe

Wenige Kilometer nördlich erhebt sich beim Örtchen Stolpe einer der mächtigsten Bergfriede Deutschlands. Fünf Meter dick sind die Außenmauern des **Stolper Turms**, auch ›Grützpott‹ genannt. Auf halber Höhe bei 18 Metern wirkt der Rest einer im 12. Jahrhundert errichteten Burg wie abgesägt. Im obersten Geschoss wird die Geschichte des Bauwerks nachgezeichnet.

Seinen lustigen Namen erhielt er der Sage nach, weil eines fernen Tages seine Verteidiger zu letzten verzweifelten Mitteln griffen und alles, was nicht niet- und nagelfest war, von oben herab auf die nahenden Angreifer regnen ließen, darunter auch ihr Mittagessen, einen Grützbrei. Geholfen hat es nichts, die Burg wurde geschleift, und nur der dicke Grützpott blieb erhalten. Oben auf dem Stumpf ist eine Aussichtsplattform eingerichtet, von der die Sicht weit ins Odertal schweift.

Unten vor der Kanalbrücke über die Hohensaaten-Friedrichsthaler-Wasserstraße befinden sich ein **Rast- und Picknickplatz**, Stellmöglichkeiten für Wohnmobile (keine Ver- und Entsorgung), eine Einsatzstelle für Paddler, ein Sportbootanleger sowie das Bollwerk für die Fahrgastschifffahrt.

Als weitere Sehenswürdigkeit kann Stolpe noch auf ein feudales **Herrenhaus** und dort, wenige Schritte über die Wiese, das Erbbegräbnis des uckermärkischen Adelsgeschlechts derer von Buch verweisen. 1921/22 ließen die Buchs den

Der ›Grützpott‹ bei Stolpe

quadratischen zweigeschossigen Putzbau auf einem aus dem 16. Jahrhundert stammenden, 1917 abgebrannten Vorgänger errichten. In DDR-Zeiten war unter seinem Dach einer der berüchtigten Jugendwerkhöfe untergebracht. Unangepasste junge Menschen wurden dort zu ›vollwertigen Mitgliedern der sozialistischen Gesellschaft‹ gedrillt. Heute wird das Haus von der Stiftung ›Großes Waisenhaus zu Potsdam‹ als Kinder- und Jugendheim unterhalten.

Stützkow

Das 50 Stützkower kleine Dörfchen, 1354 erstmals urkundlich erwähnt, schmiegt sich an die hier recht steil aufragenden Oderhänge. Unten am Ufer der Hohensaaten-Friedrichsthaler Wasserstraße führt die 2001 erbaute **Fußgängerbrücke** über den Kanal auf den Deich mit dem **Oder-Neiße-Radweg** in den Nationalpark hinein. Von dort gelangt man trockenen Wegs durch den Polder hinüber zur **Stromoder**, wo der elf Meter hohe **Beobachtungsturm** am Stützkower Eiswachhaus fantastische Ausblicke auf das Odertal eröffnet. Brücke und Turm markieren den südlichen Rand der hier beginnenden Nasspolder im Nationalpark.

Auf dem ›Festland‹ gleich südlich der Brücke finden Wasserwanderer einen Anlegesteg mit **Rastplatz** und kleiner Bademöglichkeit (auf eigene Gefahr). Nördlich im Dorf führen die 167 Stufen der **Himmelsleiter** zum Richterberg hinauf, wo eine traumhafte Aussicht weit über die Oderniederung den Aufstieg belohnt. Sie lässt sich noch bequemer vom Parkplatz oberhalb des Dörfchens ansteuern. Von dort sind es nur wenige Schritte zu Fuß. Aber Achtung, der Weg geht nach links und dann sehr eng an einem Carport vorbei, ansonsten landet man auf einem Privatgrundstück.

▲ Karte hintere Umschlagklappe

Criewen

Im Weiler Criewen hat die Nationalparkverwaltung ihren Sitz. Das überlieferte Fischerdorf an der Oder, dessen Anfänge noch aus slawischer Zeit rühren, hatte die edle Familie von Arnim 1816 abreißen lassen, um Platz für ein Schloss und einen von Peter Joseph Lenné (1789–1866) zu gestaltenden Park zu schaffen. Einzig die kleine **Dorfkirche**, ein verputzter Feldsteinbau mit Ursprüngen im 13. Jahrhundert, durfte bleiben. Sie bildet heute, zusammen mit dem restaurierten Schloss Criewen, den Mittelpunkt im Lenné-Park.

Schloss Criewen eröffnete 2002 neu als Deutsch-Polnisches Umweltbildungs- und Begegnungszentrum. In die ehemaligen Stallungen ist das **Nationalparkhaus** (Besucherzentrum) eingezogen, dessen Ausstellungen Fauna und Flora am Unterlauf der Oder anschaulich machen. Landschaftsmodelle zeigen die Oder in verschiedenen Zeitaltern, und die Attraktion bei Groß und Klein ist ein riesiges Oderaquarium mit über 20 heimischen Fischarten.

Vom Nationalparkhaus starten an fast allen Wochenenden geführte **Themenwanderungen**, sei es zur spektakulären herbstlichen **Kranichrast** oder Ende Januar/Anfang Februar zu den **Singschwantagen**. Bis zu 1000 Singschwäne überwintern alljährlich in den Nasspoldern, die sie im März in Richtung ihrer Brutquartiere im nördlichen Europa wieder verlassen. Aus der Ferne kann man sie am besten an kalten Winterabenden zwischen Mitte Januar und Mitte Februar beobachten und ihrem Ruf lauschen. Über Einlassbauwerke werden die **Nasspolder** von Mitte November bis zum nächsten Frühjahr geflutet. So erschaffen sie eine Wasserwelt, wie sie für zahlreiche bedrohte Tiere und Pflanzen früher einmal ganz natürlich bestanden hat.

Im April fließt das Wasser ab, und Criewen wird Ausgangspunkt für über **200 Kilometer Spazierwege** im Nationalpark. 120 davon führen zur Freude der Radler auf glattem Asphalt auf der Deichkrone entlang. Auf Schusters Rappen verspricht der markierte **Weg der Auenblicke** spannende Nationalparkeindrücke. Von Criewen aus schlängelt sich der Pfad durch den Auwald, führt über Knüppeldämme und an den Trockenrasen der Oderhänge entlang zur »Himmelsleiter« nach Stützkow und zurück über den Deich an der HFW entlang. Den größten Teil des Nationalparks kann man jedoch am besten vom Wasser aus entdecken. Dafür bieten zertifizierte Nationalparkführer zwischen Mitte Juli und Mitte November, wenn die Vogelbrutzeit vorüber ist, begleitete Kanuwanderungen an. Freies Herumpaddeln im Nationalpark ist aus Naturschutzgründen nicht erlaubt.

Nationalpark Unteres Odertal

Nationalparkhaus (Besucherzentrum), Am Park 2, 16303 Schwedt/OT Criewen, Tel. 03332/2677201; April–Okt. tgl. 9–17, Nov.–März Fr–So 10–17 Uhr.
www.nationalpark-unteres-odertal.eu
www.unteres-odertal.de

Gasthof zur Linde, Bernd-von-Arnim-Str. 21, 16303 Schwedt/OT Criewen, Tel. 03332/521498; DZ/F um 85 Euro. Grün eingewachsene kleine Pension in Nachbarschaft zum Nationalparkhaus. Die Zimmer freundlich in Kiefernholz, aus der Küche kommt frisch zubereitete Hausmannskost. www.linde-criewen.de

Gästehaus Terezas, Gutshof 3, 16248 Lunow-Stolzenhagen, Tel. 0176/64847878; DZ 60 Euro (ab 2 Nächten), im Cabinpark DZ 44 Euro. Farbenfrohe, stylische Zimmer im ehemaligen Pferdestall auf Gut Stolzenhagen. Bad auf dem Flur, Gemeinschaftsküche, Co-Working-Spaces, großer lauschiger Garten mit Cabinpark und Outdoorbad. www.terezas.de

Camping Stolzenhagen, Kietz 14, 16248 Lunow-Stolzenhagen, Tel. 0159/06164542; März–Okt. Lauschiger einfacher Rasenplatz am Ufer der HFW, Wasser/Abwasser, Dusche/WC, im Sommer mit Imbiss. www.camping-stolzenhagen.de

Rastplatz Stolpe, großer Rast- und Picknickplatz vor der Kanalbrücke über die HFW, im hinteren Bereich Wohnmobilstellplatz (keine Ver- und Entsorgung); Bootsanleger am Schwimmsteg bei der Brücke sowie wenige Meter entfernt am Bollwerk.

Bootsanleger Stützkow, mit Picknickplatz.

Nationalparkhaus Criewen (s. o.), Ausstellung zur Fauna und Flora im Nationalpark.

Stolper Turm (»Grützpott«), Turmführungen nach Anmeldung über die Touristeninformation Angermünde (Hoher Steinweg 17/18, 16278 Angermünde, Tel. 03331/297660).
www.angermuende-tourismus.de

Geführte Kanutouren durch den Nationalpark mit der zertifizierten Naturführerin Frauke Bennett, Info und Anmeldung unter Tel. 039746/22891 und 0172/1979316.
www.flusslandschaft-reisen.de

Fahrradverleih Am Nationalpark, Am Spielplatz 3, 16303 Schwedt/OT Criewen, Tel. 0151/20103310. Fahrräder, E-Bikes und Segway. www.segwana.de

Singschwantage Criewen, an einem Wochenende Ende Januar/Anfang Februar. Vorträge und Exkursionen mit Mitarbeitern der Naturwacht und der Nationalparkverwaltung zu den Singschwan-Beobachtungspunkten. www.unteres-odertal.de

Schwedt

Wie ein Keil schiebt sich Schwedt in den Nationalpark Unteres Odertal hinein. Bei dessen Gründung 1995 wurde die Stadt mit ihren zwei Papierwerken und einem der größten Erdölverarbeitungsstandorte Europas auf eigenen Wunsch aus dem Naturgroßschutzgebiet ausgenommen. Rund 1200 Mitarbeiter zählt die **PCK-Raffinerie** auf ihrem gut einen Quadratkilometer großen Areal – das damit fast so groß wie Schwedt selbst ist. Dazu kommen 80 weitere Unternehmen mit 2000 Mitarbeitern auf dem Gelände, viele von ihnen Dienstleister für die Raffinerie. Die Erdölpipeline ›Druschba‹ (Freundschaft) endet hier. Über 5000 Kilometer hinweg transportiert sie Rohöl aus Sibirien an die Oder, wo es die PCK zu Mineralöl- und petrochemischen Produkten verarbeitet: insbesondere Diesel, Benzin, Kerosin, Flüssiggas, Heizöle und Bitumen. 95 Prozent aller Kraftstoffe im Raum Berlin-Brandenburg stammen aus Schwedt, 10 Prozent deutschlandweit.

Die andere, grüne Seite der Nationalparkstadt Schwedt ist der Oder zugewandt. Von hier aus starten geführte Paddeltouren in das einzigartige Wasserlabyrinth des **Nationalparks Unteres Odertal**. Die von Oder-Altwassern durchzogenen Polder zwischen der Hohensaaten-Friedrichsthaler-Wasserstraße und östlich der Stromoder lassen sich im Herzen des Nationalparks am schönsten mit dem Boot erkunden. Aber auch Exkursionen trockenen Fußes mit der Naturwacht zu Fischottern oder zu gefiederten Nationalparkbewohnern stehen in Schwedt auf dem Programm.

Geschichte

1960 wurde der Grundstein für das damalige ›Erdölverarbeitungswerk Schwedt‹ (EVW) gelegt, drei Jahre später die Druschba-Pipeline eingeweiht. Es folgte 1970 die Umwandlung in das ›Petrochemische Kombinat Schwedt‹ (PCK), das auch das eingemauerte Westberlin mit Kraftstoffen versorgte. Nach der Wiedervereinigung und Privatisierung der Raffinerie schlossen sich Ausbau und umfassende Modernisierung an. Seit 1996 firmiert die PCK als GmbH, seit 2016 mit dem russische Mineralölkonzern Rosneft als Mehrheitsgesellschafter. Parallel dazu wurde das neue

In der Vierradener Straße in Schwedt

▲ Karte S. 175

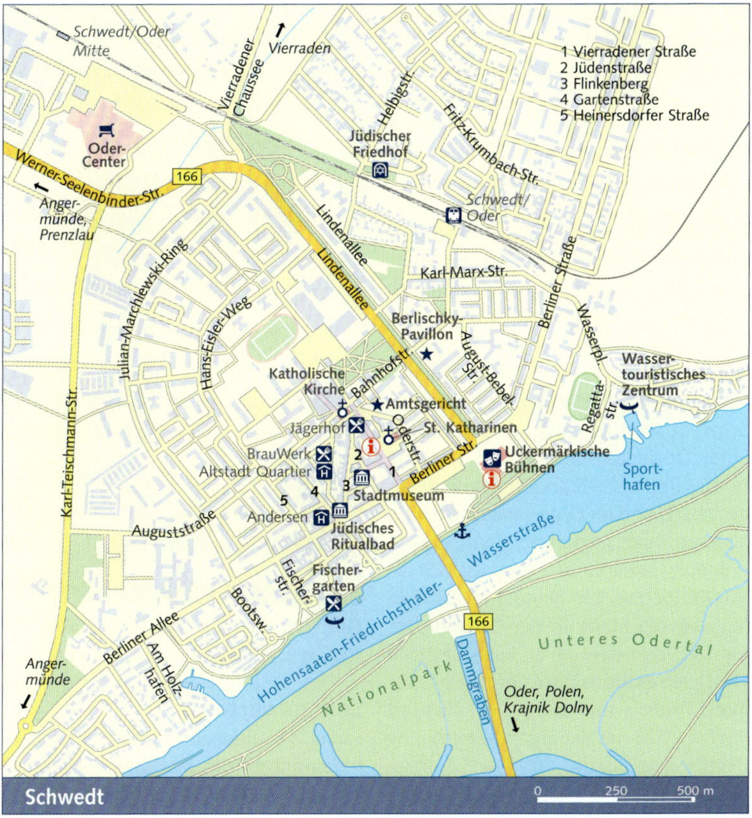

Schwedt in den 1960er Jahren aus dem Boden gestampft. Von der alten Stadt, 1265 erstmals genannt und unter den Markgrafen von Brandenburg-Schwedt zur Barockresidenz ausgebaut, hatte der Zweite Weltkrieg kaum etwas übrig gelassen.

Seinen Anfang als Residenzstadt nimmt Schwedt 1670. In jenem Jahr löst die zweite Frau des Großen Kurfürsten Friedrich Wilhelm von Brandenburg, Kurfürstin Dorothea (1636–1689), die im Dreißigjährigen Krieg verpfändete Herrschaft Schwedt-Vierraden aus und übergibt sie ihrem ältesten Sohn Philipp Wilhelm. Das Mitte des 16. Jahrhunderts errichtete Schloss, das erhebliche Kriegsschäden erlitten hatte, lässt sie in Form einer barocken Dreiflügelanlage nach niederländischem Vorbild wiedererstehen, nun größer und prachtvoller denn je. Ab 1686 siedeln sich Hugenotten an. Die französischen Glaubensflüchtlinge bringen die Kunst des Tabakanbaus in die Region, und die Uckermark steigt zu einem der größten deutschen Anbaugebiete der Pflanze Nicotiana tabacum auf. Mit zahlreichen Tabak- und Zigarrenmanufakturen entwickelt sich Schwedt im 19. Jahrhundert zum Zentrum der ostdeutschen Tabakverarbeitung und bleibt dies bis zum Ende der DDR.

Bereits im Jahr vor der Grundsteinlegung des EVW geht 1959 die erste Papierfabrik in Betrieb, von den Schwedtern salopp ›Pappenbude‹ genannt. Im Großmaßstab entstehen Wohnungen in Plattenbauweise, um den vielen zuziehenden Arbeitskräften ein neues Zuhause zu geben. Zählt Schwedt im Jahr 1950 keine 7000 Einwohner, ist die Zahl bis 1989 auf fast 53 000 angewachsen. Der Zusammenbruch der DDR und die Wiedervereinigung bringen für den Industriestandort gravierende Umbrüche. Betriebe schließen, werden privatisiert, umstrukturiert, tausende Arbeitsplätze gehen verloren. Schwedt wird zu einer schrumpfenden Stadt. Doch das ist inzwischen Geschichte. Der Raffinerie-Standort gilt heute als gesichert, und im Unterschied zu 1995, als man noch gegen die Nationalparkgründung ankämpfte, bekennen sich die 30 000 Schwedter heute zum Schönsten, das die Stadt an der Oder zu bieten hat: den deutschlandweit einzigen Flussauen-Nationalpark unmittelbar vor ihren Toren – und schmücken sich seit Herbst 2013 mit der Zusatzbezeichnung ›Nationalparkstadt‹.

Die Uckermärkischen Bühnen

▶ Karte S. 175

Den Kirchturm der Katharinen-Kirche kann man besteigen

Sehenswertes

Sanierte Plattenbauten und breite Magistralen prägen das Stadtbild, gleichwohl verfügt Schwedt rund um die **Pfarrkirche St. Katharinen** sogar über einen kleinen historischen Ortskern. Das kreuzförmig angelegte, aus Feldsteinen aufgebaute Gotteshaus geht auf die zweite Hälfte des 13. Jahrhunderts zurück. Nach einem Brand wurde es mit einem hohen wuchtigen Backsteinturm von 1887 bis 1889 neugotisch umgestaltet. Ende des Zweiten Weltkriegs brannte St. Katharinen aus; die Kirchturmspitze und auch die wertvolle Innenausstattung wurden ein Raub der Flammen. In den 1950er Jahren erfolgte ihr Wiederaufbau in schlichterer Form. Den Kirchturm kann man besteigen und sich aus 32 Meter Höhe ein schönes Rundumbild von Schwedt und den Oderauen machen.

Das Westportal von St. Katharinen öffnet sich zur **Vierradener Straße**, der kleinen Schwedter Fußgängermeile. Schlendert man sie nach Norden hinauf, ist der **Vierradener Platz** schnell erreicht. Es flankieren ihn die **Katholische Kirche**, 1895-1898 erbaut, das neugotische **Amtsgericht** (1896) und gegenüber die fachwerkgiebelgeschmückte **Hahnsche Seifenfabrik**, ebenfalls Ende des 19. Jahrhunderts errichtet. Das Gebäudeensemble bildet den nördlichen Abschluss der recht überschaubaren Altstadt.

Wieder südwärts zur Oder gewandt, wird, wer sich für die Historie Schwedts interessiert, im **Stadtmuseum** in der Jüdenstraße fündig. Von der Urgeschichte über die Markgrafenzeit bis heute, über Tabakbau und Oder-Fischerei, Wirtschaft und kulturelles Leben vermittelt es spannende Einblicke in die Schwedter Vergangenheit.

Vom ehemaligen jüdischen Leben zeugen noch der Jüdische Friedhof sowie das Ritualbad und Synagogendienerhaus. Bis zu ihrer Vernichtung im Nationalsozialismus zählte die Jüdische Gemeinde in Schwedt etwa 200 Mitglieder. 1861 kaufte sie ein Grundstück zwischen Louis-Harlan- und Gartenstraße, direkt außerhalb der Stadtmauer, und ließ dort ihre Synagoge erbauen. Das Gotteshaus wurde in der Reichspogromnacht 1938 geschändet und wenig später abgerissen. Erhalten blieben dagegen die zugehörige **Mikwe** (das jüdische Ritualbad) und das **Synagogendienerhaus**, ein kleiner Fachwerkständerbau und vermutlich das älteste Gebäude Schwedts. Bis 2010 denkmalgerecht rekonstruiert und umfassend saniert, werden Mikwe und Synagogendienerhaus heute vom Stadtmuseum betreut und können besichtigt werden. Auf dem Gelände sind außerdem die freigelegten Grundmauern der Synagoge zu sehen. In der Louis-Harlan-Straße steht noch ein Rest der alten Stadtmauer.

Der **Jüdische Friedhof** liegt nördlich der Altstadt in Bahnhofsnähe an der Helbigsstraße unmittelbar neben den Bahngleisen. Der älteste der 121 erhaltenen Grabsteine datiert auf 1818. Es ist aber gut möglich, dass hier bereits Ende des 17. Jahrhunderts Beerdigungen stattfanden. Von 1672 bis 1942 lebten Juden in Schwedt. Die letzte Begräbnis fand 1942

Das letzte barocke Bauwerk der Stadt: der Berlischky-Pavillon

Im Tabakmuseum Vierraden

statt. In jenem Jahr setzte im nationalsozialistischen Deutschland die Massendeportation der jüdischen Bevölkerung in die Vernichtungslager ein.

Schwedts markantestes Gebäude, das **Kulturhaus mit den Uckermärkischen Bühnen**, erhebt sich direkt am Bollwerk. Von den tschechischen Architekten Benes und Josef Konvalina entworfen, thront es seit 1978 vor der Uferpromenade genau an dem Ort, wo einmal das kriegsbeschädigte, 1960 gesprengten Markgrafenschloss stand. Es zählt zu den bedeutendsten Veranstaltungsbauten der DDR aus den 1970er Jahren.

Als breite Magistrale zieht von dort die Lindenallee nach Nordwesten, und spaziert man auf dieser entlang, fällt etwa 300 Meter später Ecke Bahnhofstraße der **Berlischky-Pavillon** ins Auge – Schwedts letztes verbliebenes Relikt seiner einst barocken Bebauung. Die 1777 geweihte, auf einem ovalen Grundriss errichtete Kirche mit hohem Kuppeldach trägt den Namen nach ihrem Baumeister Georg Wilhelm Berlischky und diente den Schwedter Hugenotten als Gotteshaus. Heute fungiert der Pavillon als Raum für kulturelle Veranstaltungen.

▲ Karte S. 175

Vierraden

Nirgends in der Region könnte man den traditionsreichen uckermärkischen Tabakbau besser in Augenschein nehmen als im Schwedter Ortsteil Vierraden. Überall stehen noch die alten hohen luftigen **Trockenscheunen**, die daran erinnern, dass die östliche Uckermark einmal nach der Pfalz und nach Baden das drittgrößte Tabakanbaugebiet Deutschlands war. Bis zum Zusammenbruch der DDR galt die Tabakproduktion als Schwedts drittes wirtschaftliches Standbein nach der Petrochemie und der Papierfertigung.

Im **Vierradener Tabakmuseum**, in einem ehemaligen Speicher mit Freigelände beheimatet, wird die Kultur- und Anbaugeschichte der Suchtpflanze Nicotiana nachgezeichnet. Man kann ihren Weg von der Neuen in die Alte Welt und mit den Hugenotten in die Uckermark mitverfolgen. Traditionelle und moderne Anbaugerätschaften, Anbaumethoden und Schaubeete mit den verschiedensten Tabakpflanzen werden gezeigt; und immer an einem Augustwochenende, wenn Nicotiana von gelb über rosa bis purpur in Blüte steht, wird das Vierradener Tabakblütenfest gefeiert.

Schwedt

Vorwahl: 03332
Postleitzahl: 16303
Touristeninformation: Vierradener Straße 31, Tel. 25590, Mo–Fr 9–18, Sa 9–13 Uhr. Vermittlung von Zimmern sowie von geführten Wanderungen und zwischen Mitte Juli und Mitte November geführten Kanutouren im Nationalpark Unteres Odertal. www.unteres-odertal.de

Andersen Hotel Schwedt, Gartenstraße 11, Tel. 29110, DZ/F ab 74 €, Frühstück geht extra. Freundliches gepflegtes Mittelklassehotel in der Altstadt gegenüber dem Ritualbad. www.andersen-hotel.de
Brauwerk Hotel Altstadtquartier, Fabrikstraße 2, Tel. 835790, DZ 72 €, mit Etagenbad 50 €, Frühstück geht extra. Großes Haus mit geräumigen, gutbürgerlichen Zimmern im Herzen der Schwedter Altstadt. www.schwedt-hotel.de

BrauWerk, im Hotel Altstadtquartier (s. o.). In der Gasthausbrauerei kommt zum selbstgebrauten Odertaler Hellen oder den Schwedter Schloss Gold Weizenbieren neben Steaks und Fisch Deftiges wie Brauhaushaxe oder Bierkutscherschnitzel auf den Tisch.www.brauwerk-schwedt.de
Gasthaus Jägerhof, Vierradener Str. 47, Tel. 524375. Günstiger Hausmacher-Mittagstisch und abends Steaks, Fisch- und Wildspezialitäten sowie traditionelle Uckermärker Gerichte in gemütlichem Ambiente. www.jaegerhof-schwedt.de
Fischergarten, Am Bollwerk 15, Tel. 0173/4497794. Auf dem Gelände der ehemaligen Badeanstalt an der Hohensaaten-Friedrichsthaler-Wasserstraße betreibt der Oderfischer Helmut Zahn eine urige kleine Freiluft-Fischbraterei mit Bootsverleih und dazu dem wohl kleinsten deutschen Fischereimuseum. Den fangfrischen Fisch sowie Räucherfisch kann man auch zum Mitnehmen käuflich erwerben (Mo–Fr 9–17, Sa 9–14 Uhr). www.fischergarten.de

Stadtmuseum Schwedt, Jüdenstraße 17, Tel. 23460, Fr–So 10–17 Uhr.
Jüdisches Ritualbad, Gartenstraße 6, Mai–Sept. Fr–So 10–17 Uhr.
Tabakmuseum Vierraden, Breite Str. 14, OT Vierraden; Mai–Sept. Fr–So 10–17 Uhr. Alle Museen: www.schwedt.eu

Wassertouristisches Zentrum – Wassersport PCK Schwedt, Regattastraße, Tel. 449214. Gastliegeplätze für Boote, Strom und Wasser am Steg, Slipanlage, Wohnmobilstellplätze, Zeltmöglichkeit, gepflegtes Sanitär, Waschmaschine/Trockner u.v.m.; im Hauptgebäude außerdem Gästezimmer mit Dusche/WC.
www.wassersport-schwedt.de

Flussbadestelle, Am Bollwerk 15; Mai–Okt. Mi–Mo 10–18 Uhr. Schmaler Sandstreifen und grüne Wiese, Sonnenterrasse und Strandkörbe an der HFW; die ausgetonnte Fahrrinne befindet sich in sicherem Abstand. www.flussbadestelle-schwedt.de

Kanutouren im Nationalpark sind auf eigene Faust nicht erlaubt. Führungen durch die Wasserwildnis bietet z. B. Frauke Bennett an, Tel. 039746/22891 und 0172/1979316. www.flusslandschaft-reisen.de Touren mit zertifizierten Kanuführern sind außerdem buchbar über die Touristeninformation Schwedt (s. o.).
Bootverleih im Wassertouristischen Zentrum – Wassersport PCK Schwedt (s.o.) sowie im Fischergarten (s. o.).

Odertalfestspiele, Theater, Tanz, Kabarett, Konzerte und Spektakel der Uckermärkischen Bühnen, von Anfang Juni bis Ende Aug. drinnen im Kulturhaus und draußen auf der Odertalbühne an der Hohensaaten-Friedrichsthaler-Wasserstraße. Tel. 538111, www.theater-schwedt.de

Gartz und Umgebung

Fast die ganze Zeit seines Bestehens ist es das Schicksal des 2000 Einwohner kleinen Städtchens Gartz an der Oder, Grenzstadt zu sein. 1249 werden ihm von Herzog Barnim I. von Pommern (reg. 1226–1278) die Stadtrechte verliehen, bereits 20 Jahre später beginnt man, die pommersche Stadtgründung mit Wehrmauern, Wällen und Gräben zu umziehen. Denn die gesamte nördliche Oderregion ist ein steter Zankapfel zwischen den Herzögen von Pommern und Markgrafen von Brandenburg. Von den Expansionsbestrebungen der Königreiche Dänemark und Polen gar nicht zu reden. 1305/06 bauen Gartz am westlichen Oderarm und Greifenhagen (Gryfino) schräg gegenüber am östlichen Oderhauptstrom Pässe und Brücken quer über die sumpfigen Flussauen. Ein vielversprechender Start für günstige Handelsbeziehungen, und folgerichtig wird Gartz 1325 Mitglied der Hanse. Aufgrund der strategisch wichtigen Lage ist es aber auch immer wieder Ort von erbitterten Kriegshandlungen. Acht Mal besetzen im Dreißigjährigen Krieg 1618–1648 abwechselnd kaiserliche und schwedische Truppen die Stadt. 1638 wird Gartz dabei von den Schweden völlig verheert. Im Westfälischen Frieden 1648 geht es an Schweden über. Schwere Zerstörungen 1659 im Schwedisch-Polnischen Krieg und 1713 im Großen Nordischen Krieg schließen sich an. Im Frieden von Stockholm 1720 tritt Schweden das südliche Vorpommern an Preußen ab. Von jenem Datum an weht über den Dächern von Gartz bis 1945 der preußische Adler.

In den letzten Tagen des Zweiten Weltkriegs werden im Kampf um die Oder 80 Prozent der Stadt zerstört. Mit der Westverschiebung Polens im Zuge des Potsdamer Abkommens 1945 wird Gartz eine deutsch-polnische Grenzstadt.

▶ Karte hintere Umschlagklappe

Das Stettiner Tor in Gartz

■ Sehenswertes

In dem verschlafenen Städtchen existieren immer noch zahlreiche ›Kriegslücken‹. Nicht alles ist aufgehübscht, und manches der noch erhaltenen historischen Bausubstanz zwischen Markt und Oder-Bollwerk – kleine **Ackerbürgerhäuser** aus dem 18. und 19. Jahrhundert – steht leer und verfällt. Seit dem Beitritt Polens zum Schengener Abkommen, und damit der Öffnung der Schlagbäume Ende 2007, wirkt sich die abgeschiedene Grenzlage indes nicht mehr ganz so ungünstig aus. In hitzeglühenden Sommertagen legen Wassersportler zur Rast am **Oder-Bollwerk** an, Radler auf dem Oder-Neiße-Radweg kehren ein, und alle genießen die eigentümliche Stille wie aus vergangenen Zeiten, die Gartz verströmt. An die kriegerischen Zeiten erinnern die alten **Stadtmauern**, die das historische Zentrum seit dem 13. Jahrhundert auf seiner der Oder abgewandten Seite umziehen. Darin eingefügt sind südlich der **Pulverturm**, nur noch in Teilen erhalten, in der Mitte der **Storchenturm** aus dem 15. Jahrhundert und nördlich am Ende des Fischerwalls nahe Oder-Bollwerk der **Blaue Hut**, im Mittelalter 23 Meter hoch und heute noch in eindrucksvollen Resten vorhanden.

Von den ehemals vier Stadttoren hat das im 13. Jahrhundert erbaute **Stettiner Tor** nordwestlich im Ortskern den Zeiten getrotzt. Sein aus Feldsteinen errichteter Unterbau stammt aus dem 13. Jahrhundert, um 1400 wurden ihm die oberen Backsteingeschosse aufgesetzt. Im angrenzenden Torwächterhaus sind die **Touristeninformation** und das **Ackerbürgermuseum** untergebracht. Letzteres zeigt in Wort und Bild das Leben in Gartz vom 18. bis 20. Jahrhundert.

Weithin sichtbarstes Zeichen der wechselvollen Stadtgeschichte ist die Teilruine der großen **St. Stephanskirche**. Bereits zehn Jahre nach der Stadtgründung wurde 1259 ein Vorgängerbau erwähnt. In der zweiten Hälfte des 14. Jahrhunderts entstand dann zunächst eine Backsteinhalle, um 1400 begannen unter dem berühmten Baumeister Hinrich Brunsberg (1350–1435) – von dem auch St. Katharinen in Brandenburg, die Marienkirche in Posen oder Peter und Paul in Stettin stammen – die Arbeiten zum

Die Ruine der Stephanskirche

Häuserzeile am Gartzer Oderbollwerk

neuen Chor. In der zweiten Hälfte des 15. Jahrhunderts wurde das Langhaus als mächtige dreischiffige Halle ausgeführt. 1945 fiel das Gotteshaus im Kriegsinferno in Trümmer. In den 1980er Jahren folgte sein teilweiser Wiederaufbau, indem man die Langhausruine sicherte und dort im ehemaligen ersten Joch ein Gemeindezentrum einrichtete (1987 eingeweiht). Nach der Wiedervereinigung erhielt die neue Chorkirche eine Orgel, und auch der Kirchturm lässt sich seitdem wieder begehen. Bis heute halten die Anstrengungen an, den Sakralbau zu rekonstruieren.

Zwischen Stettiner Tor und Oder-Bollwerk steht das um 1400 errichtete **Heilig-Geist-Hospital**. Ende des 18. Jahrhunderts hat man den gotischen Klinkersteinbau in Wohnungen umgewandelt; heute fungiert er als Raum für Konzerte und Ausstellungen. Wenige Schritte entfernt finden Wasserwanderer unten an der Oder an der kleinen **Marina** Liegeplätze und Serviceeinrichtungen. Gleich nebenan versorgen ein Freiluft-Imbiss und das hübsche kleine Eiscafé Villa Oderblick die Gäste mit Speis' und Trank.

Mescherin

In Mescherin kann man am ehemaligen deutsch-polnischen Grenzübergang gemütlich über zwei Oderarme in die polnische Kreisstadt **Gryfino** (Greifenhagen) wechseln. Im winzigen, idyllischen Mescherin selbst, dem nordöstlichsten Ort in der Uckermark, könnte es nicht friedlicher zugehen. Wer Ruhe und Abgeschiedenheit liebt, findet hier, was er sucht. Außerdem erwähnenswert im 400-Einwohner-Dorf ist die **Kirche** von 1734 und dass der Ort bereit 1297 als ›Mescerin‹ erstmals in einer Urkunde auftaucht. Eine hübsche Sicht weit über das stille Land bis nach Szczecin eröffnet der **Stettiner Berg** am Oderhang. Der Einstieg zum kurzen, aber steilen Aufstieg ist leicht zu übersehen: Er befindet sich an der Oberen Dorfstraße gegenüber der Bushaltestelle ›Mescherin Nord‹. Einen weiteren schönen Ausguck in die Oderauen bietet ein **hölzerner Aussichtssturm** an der deutschen Seite der Oderbrücke.

Gartz und Umgebung

Vorwahl: 033332
Postleitzahl: 16307
Touristeninformation und Ackerbürgermuseum: Stettiner Straße 14a, Tel. 878224, Mo–Fr 9–15 Uhr, im Sommer auch Sa 9–14 Uhr. www.gartz.de

Ferienhof Salveymühle, Salvey Mühle 3, OT Geesow, Tel. 033333/30335, FeWos ab 79 €, DZ 85 € zzgl. Frühstück. Malerisch im abgeschiedenen Schilfgrund im Salveytal am Salveybach; das stilvoll restaurierte alte Mühlenwohnhaus ist das letzte der vormals fünf Mühlen; Alleinlage ca. 4 km nördlich von Gartz, die Zimmer lehmverputzt, mit alten Holzdielen und in Naturfarben; angeschlossen ist ein Mühlenmuseum mit einem über hundertjährigen Horizontalsägegatter; Fahrradverleih. Zwei schöne Ferienwohnungen gibt es auch (ab 65 €). www.salveymuehle.de

Dorotheenhof Mescherin, Untere Dorfstraße 16, OT Mescherin, Tel. 80726, DZ/fr 100 €, ab 2 Nächten 80. FeWos und gediegene Mittelklasse-Gästezimmer in einem ehemaligen Gutshof direkt an der Oder; die Küche in der gemütlichen Kutscherkneipe gutbürgerlich deftig. www.dorotheenhof-mescherin.de

Gasthaus Pommernstube, Pommernstraße 20, Tel. 86400, DZ/F um 80 €. Gasthof im Gartzer Ortszentrum; die Zimmer funktional im Kiefernholzschick; in der Gaststube und im Biergarten gibt es Hausmannskost und regionale Fischteller. www.pommernstube-gartz.de

Campingplatz am Oderstrom, Obere Dorfstraße 17, OT Mescherin, Tel. 870044, April–Okt. Stilles Fleckchen, lauschig an der Oder gelegen, Paddelbootverleih; morgens gibt's frische Brötchen und in der Rezeption außerdem ein kleines Angebot leckerer regionaler Erzeugnisse. Das Park-Restauraunt in einem Blockhaus neben dem Campingplatz serviert rustikale deutsch-polnische Küche. www.campingplatz-mescherin.de

Geführte **Kanutouren in den Nationalpark Unteres Odertal** bei ›flusslandschaft reisen‹, Frauke Bennett, Dorfstraße 16a, 17329 Hohenholz, Tel. 0172/1979316. www.flusslandschaft-reisen.de

Internationale Kranichwoche, in der ersten Oktoberwoche beiderseits der Oder in Gartz und am polnischen Ufer geführte Wanderungen und Radtouren zu den Kranichplätzen, Ausstellungen, Vorträge sowie tgl. eine Führung zum abendlichen Kranichzug; am ersten Sa im Okt. buntes Kranichfest in Mescherin. Info unter Nationalpark Unteres Odertal e.V., Tel. 03332/25590. www.unteres-odertal.de

▶ Karte hintere Umschlagklappe

Zwischen Gramzow und Gerswalde

Die beiden Ämter Gramzow und Gerswalde – das Erstere überwiegend östlich der Autobahn 11, das Zweite westlich davon – haben trotz des sie trennenden breiten Asphaltbands vieles gemeinsam. Beide sind nahezu ausnahmslos landwirtschaftlich geprägt, gehören zu den strukturschwächsten deutschen Regionen, und sie teilen sich in ihrer Mitte eine der schönsten Erscheinungen, die die Uckermark bieten kann: die Landschaft rund um den Oberuckersee, zugleich der geografische Mittelpunkt der Uckermark. Keine 7000 Einwohner zählt das Amt Gramzow mit seinen sechs kleinen Gemeinden. Im Amt Gerswalde, das aus fünf Gemeinden mit winzigen Weilern und Dorfflecken besteht, leben rund 4500 Menschen, über ein Drittel davon im Hauptort Gerswalde. Summa summarum macht das eine Bevölkerungsdichte von 15 Einwohnern auf einem Quadratkilometer – womit die Region rund um Gerswalde eine der am dünnsten besiedelten Gegenden Deutschlands ist. Die Arbeitslosigkeit ist vergleichsweise hoch. Und so setzt man am Nordrand des Biosphärenreservats Schorfheide-Chorin, im weiten Land der sanften Hügel, Viehweiden, Getreidefelder und dazwischen wie hingetupft Seen, Söllen und kleinen Waldinseln, neben der Landwirtschaft auf einen sanften, naturnahen Tourismus.

Gramzow

Das schmucke Dorf Gramzow wurde 1168 erstmals in einer Urkunde erwähnt und ist damit der älteste schriftlich überlieferte Ort in der Uckermark. Die Nennung von ›Gramzowe‹ fällt zusammen mit der Gründung eines Prämonstratenserklosters, von dem jedoch schon lange nichts mehr zu sehen ist. Aber die malerische **Ruine der Klosterkirche** steht noch im Dorfzentrum und ist einen Augenblick wert.

Ein weiteres geschichtsträchtiges Datum stellt das Jahr 1905 dar, als die Kleinbahn zwischen Damme, Gramzow und Schönermark eröffnete. 1995 wurde der Betrieb eingestellt und bereits ein Jahr später auf dem Bahnhofsgelände am Gramzower Ortsausgang das **Eisenbahnmuseum Gramzow** eingeweiht. Nicht nur eine Fülle an Modellen, Technik, Bildern und Dokumenten aus der 100-jährigen

Im Gramzower Eisenbahnmuseum

Kleinbahngeschichte gibt es zu sehen, sondern auf dem Freigelände außerdem alte Loks, Trieb- und Eisenbahnwagen in Normalspur und Schmalspur. Zu bestimmten Terminen schnauft die Museumsbahn über die Gleise nach Damme und wieder zurück. Selber fahren kann man mit einer Handhebel-Draisine. Mit Muskelschmalz geht es auf einer drei Kilometer langen Strecke nach Lützlow und retour in den Gramzower Museumsbahnhof.

Der Oberuckersee

Bei Alt Temmen südlich von Gerswalde entspringt das Flüsschen Ucker und macht sich auf seine gut 100 Kilometer lange, gemütliche Reise zur Ostsee. Dabei durchfließt es zunächst den Oberuckersee, dessen fast sieben Quadratkilometer große Wasserfläche keine 18 Meter über dem Meeresspiegel liegt. Dies erklärt die gemächliche Fließgeschwindigkeit der Ucker und auch ihren alten slawischen Namen, der ›Die sich Schlängelnde‹ bedeuten soll. Als **Ucker-Kanal** schiffbar gemacht, verbindet sie durch schier endlose Schilfgürtel hindurch den Oberuckersee mit seinem großen Bruder, dem zehn Quadratkilometer messenden **Unteruckersee**. Und wenn man die Uckermark gerne die ›Toscana des Nordens‹ nennt, so lässt sich mit Fug und Recht sagen: Ober- und Unteruckersee bilden zusammen das ›Uckermärkische Meer‹.

Erste Besiedlungsspuren weisen in die slawische Epoche zurück. Auf der **Burgwallinsel** im Oberuckersee unterhielten die Ukranen ab dem 8. Jahrhundert einen befestigten Wohn- und Handelsplatz. Ihre Burg war von mächtigen, turmhohen Wällen umgeben, und zwei Brücken sollen die Insel mit dem Festland verbunden haben: die eine von der Landzunge bei Seehausen aus, die zweite ab Fergitz am südwestlichen Seeufer. Heute erinnern auf der in Privatbesitz befindlichen Burgwallinsel noch etwa zwei Meter hohe grasbewachsene Erhebungen an die slawische Zeit.

Rund um den Oberuckersee führt ein **Fahrrad- und Wanderweg**, teils parallel zur Landstraße, teils separat, Hügel hinauf und Hügel hinab, so dass man – unterbrochen von immer wieder herrlichen Aussichtspunkten – die schöne Landschaft gebührend entschleunigt genießen kann.

Melzow

Melzow ist ein entzückendes Puppenstubendörfchen auf einer Anhöhe über dem südöstlichen Oberuckerseeufer. Wie so oft in der einsamen Uckermark haben es zugezogene Sommerfrischler ins Herz geschlossen, die verlassenen Höfe und Ackerbürgerhäuschen wieder aufgemöbelt und liebevoll herausgeputzt. Vom **Aussichtspunkt** kurz vor der Ortsmitte eröffnet sich ein weiter Blick über die Uckerseen bis zur Silhouette von Prenzlau am Horizont.

Die **Kirche** im Dorfzentrum, ein rechteckiger Feldsteinsaal, stammt aus dem 13. Jahrhundert, der verbretterte Dachturm kam im 18. Jahrhundert dazu. Wie die meisten kleinen Gotteshäuser in der ländli-

Idylle am Oberuckersee

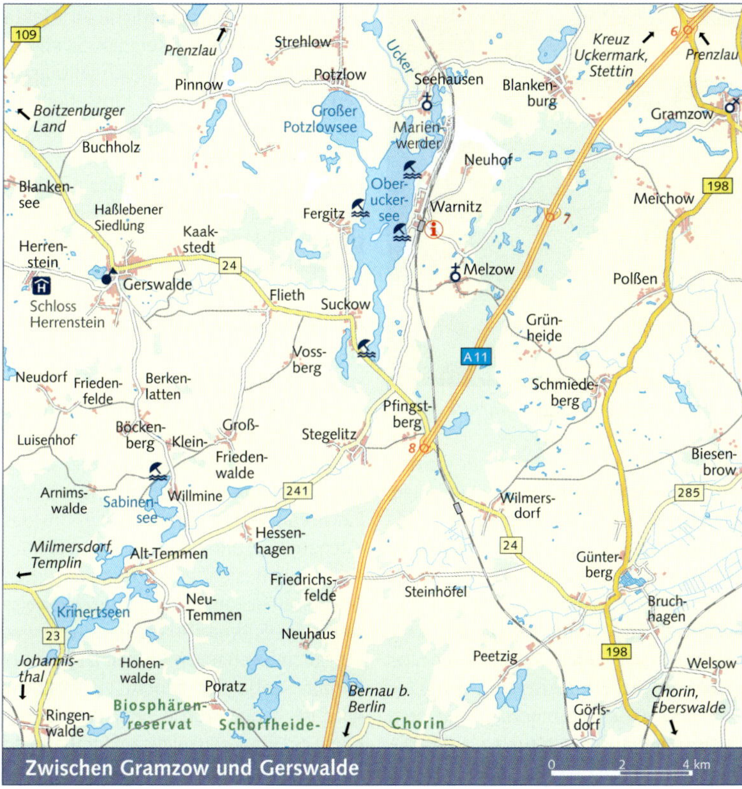

Zwischen Gramzow und Gerswalde

chen Uckermark weist auch dieses im Inneren eine hölzerne Balkendecke und einfache hölzerne Emporen auf. Ein besonderer Schatz ist der reich geschnitzte Renaissancealtar von 1610. Er zählt zu den schönsten der Uckermark. Auf der Lang & Dinse-Orgel von 1859 erklingt im Rahmen der **Melzower Sommerkonzerte** Orgelmusik, außerdem werden Aufführungen Alter Musik oder auch Jazz und Tango gegeben.

Warnitz

Camping- und Badefreunde kommen am östlichen Oberuckerseeufer in Warnitz auf ihre Kosten. Inmitten von duftender Kiefernheide liegt das Örtchen am Uferhang, verfügt im Naherholungsgebiet Quast über eine weitläufige **Badewiese** sowie einen etwas kleineren Badeplatz nahe dem Warnitzer **Schiffsanleger**. Von dort lässt es sich gemütlich nordwärts über den See paddeln, immer dem Lauf der Ucker folgend, vom Ausgang des Oberuckersees über den fünf Kilometer langen, idyllischen Ucker-Kanal in den Unteruckersee hinein, an dessen Nordufer schließlich die Hauptstadt der Uckermark, Prenzlau, liegt.

Warnitz ist an die Eisenbahnstrecke Berlin–Stralsund angeschlossen, deshalb auch ohne Auto gut zu erreichen und bei unmotorisierten Ausflüglern beliebt. Erste Anlaufstation im Ort ist das ehema-

Auf dem Campingplatz von Warnitz

lige Bahnhofsgebäude mit einer kleinen **Touristeninformation**, wo man im angeschlossenen Café bei Kuchen und kleinen Speisen sogleich das Info-Material studieren kann. Der ebenfalls zugehörige Laden verkauft regionale Produkte, z.B. Uckerkaas aus Bandelow, Uckermärker Apfelwein oder auch Marmeladen und Gelees aus uckermärkischen Beeren.

Der 1332 im Zusammenhang mit dem Kloster Seehausen erstmals als ›Warlitze‹ erwähnte Ort bietet Radwanderern eine offene **Radwegekirche**. Das aus Feldstein errichtete Gotteshaus mit Ursprüngen im 14. Jahrhundert datiert in seiner jetzigen Erscheinung auf das Jahr 1738. Die Inneneinrichtung ist modern.

Seehausen

Am nördlichen Gestade des Oberuckersees liegt Seehausen. Dort, wo sich die **Halbinsel Marienwerder** ins Wasser schiebt und Graureiher und Fischadler in der Sumpflandschaft ihr Zuhause haben, stand von 1250 bis zur Reformation das Zisterzienserinnenkloster Marienwerder. Von der Abtei ist schon lange nichts mehr zu sehen, sie verfiel im Lauf der Jahrhunderte und diente als Steinbruch. Doch konnten Unterwasserarchäologen rund 20 000 mittelalterliche Artefakte vom Seegrund heben: Keramik, Schmuck, Heiligenplastiken oder auch Alltagsgegenstände des einstigen Klosterlebens. Sie sind heute im Dominikanerkloster in Prenzlau zu sehen (→ S. 200).

Eine **Fachwerkkirche** aus dem 18. Jahrhundert gereicht zur Zierde des Örtchens. Im Inneren schmücken sie ein vor 1600 geschaffener Altaraufsatz, der in der Predella Abendmahl-Szenen und darüber den Gekreuzigten auf dem Berg Golgatha zeigt, sowie eine ebenfalls reich verzierte hölzerne Kanzel von 1619. Die beiden Kleinode und vor allem die ältere Glocke, 1622 gegossen, lassen vermuten, dass die heutige Seehausener Kirche einen mittelalterlichen Vorgänger hatte. Ein Förderverein kümmert sich um das Kirchenjuwel und hütet auch den Schlüssel für die Besichtigung. Von wem man ihn aktuell bekommt und möglicherweise sogar eine Führung erhält, ist unter www.dorfkircheseehausen.de nachzulesen.

Hinter Seehausen taucht via Potzlow kurz nach der Brücke über den Ucker-Kanal ein Radlerrastplatz am Straßenrand auf. Hier hat man den **Mittelpunkt der Uckermark** erreicht. Auf einem tonnenschweren Findling sind die genauen geografischen Daten angebracht.

Potzlow

Wären das Kloster Marienwerder und die aufstrebende Stadt Prenzlau nicht gewesen, hätte Potzlow ganz groß herauskommen können. Bereits 1239 wurde der Marktflecken als ›oppidum potzlowe‹, als Stadt Potzlow erwähnt, 1287 sogar als ›Civitas‹, und er konnte über das gesamte Mittelalter hinweg seine stadtähnliche Stellung mit Marktrecht und Gerichtsbarkeit behaupten. Ein sichtbareres Zeichen dieser stolzen Vergangenheit ist der **Roland**, der am Markt vor der Kirche steht. Dabei handelt es

▲ Karte S. 185

sich allerdings um eine Kopie von 1991. Das Original hat man in die schützenden Mauern der mittelalterlichen Potzlower **Kirche** verbracht.

Zwei Kilometer entfernt lässt der Pferdehof Ruhnau die Herzen der Reiter höher schlagen. Badefreunde kommen direkt am Ort an der Badestelle am Großen Potzlowsee auf ihre Kosten. Doch Potzlow ist auch zu trauriger Berühmtheit gelangt. 2002 wurde der 16-jährige Schüler Marinus Schöberl von rechtsextremen Jugendlichen grausam ermordet. Ein Gedenkstein vor der Kirche erinnert daran.

Am Aussichtspunkt ›Wietblick‹ in Melzow

Fergitz

Das Dorf Fergitz am Westufer des Oberuckersees blickt auf eine 650-jährige Geschichte zurück. 1354 taucht es erstmals als ›Verckwitz‹ auf. Seine stattliche **Backsteinkirche** datiert sogar auf die erste Hälfte des 14. Jahrhunderts. Der breite Westturm und die Fachwerkvorhalle wurden 1727 angefügt.

Um 1500 wechselte das **Rittergut** in den Besitz der Arnim-Familie über, die in so vielen Orten in der Uckermark ihren Namen hinterließ. Bis 1945 gehörte das Gut zum Arnimschen Besitz und war Vorwerk ihres nahe gelegen Schlosses Suckow. In DDR-Zeiten LPG, wurde es 2001 vom Architekt Ferdinand von Hohenzollern entdeckt, gekauft und zusammen mit der Künstlerin Ilona Kálnoky wieder aufgebaut und restauriert. Dazu entstanden zwei elegante Flachbauten im Bauhausstil, die als Ferienwohnungen dienen. Auf dem Weg vom Dorf zur **Badestelle** am See geben sie ein schönes Beispiel dafür, wie Altes und Neues in der Uckermark miteinander harmonieren können.

Die Ruine der Wasserburg Gerswalde

Ein Teils des Guts wird von der Familie privat genutzt. Anderes steht offen, so die restaurierte Parkscheune z.B. als Veranstaltungsort des **UM-Festivals**, das zeitgenössische Musik, Kunst und Literatur in die Uckermark bringt.

Suckow

Gut Suckow am Südende des Oberuckersees gelangte im 16. Jahrhundert an die Arnim-Familie. In den 1730er Jahren ließ sich Gustav Adolf von Arnim dort ein prachtvolles Schloss erbauen, 1945 ging es in Flammen auf. Erhalten geblieben sind im **Gutspark am See** das nicht weniger schlossartige, bald 300-jährige **Inspektorenhaus**, heute Hotel und Eventlocation, und ein 1882 als Rundtempel errichtetes Arnimsches **Erbbegräbnis**. Der Blick vom wenige Kilometer entfernten Pechberg hinab weit über das Land soll Bettina von Arnim (1785–1859) zu folgenden Versen inspiriert haben, wie sie auch heute noch für die Uckermark gelten können: *»Auf diesem Hügel überseh ich meine Welt! / Hinab ins Tal, mit Rasen sanft begleitet, / Vom Weg durchzogen, der hinüber leitet, / Das weiße Haus inmitten aufgestellt, / Was ist's, worin sich hier der Sinn gefällt.«*

Gerswalde

Inmitten der fruchtbaren Grund- und Endmoränenlandschaft liegt Gerswalde da, wo die Uckermark am hügeligsten ist. Größte Attraktion in dem von weiten Feldern umzogenen Ort ist die **Ruine der Wasserburg**. Ihre Grundmauern stammen noch aus der Zeit der Eroberung der Uckermark Mitte des 13. Jahrhunderts durch die Askanier. Zumindest nimmt man das an. Denn Gründungsdokumente oder auch archäologische Funde, die eine sichere Datierung erlauben würden, gibt es nicht. Anders das Dorf: 1256 taucht es als ›Gyriswalde‹ das erste Mal in einer Urkunde auf. Im Jahr 1337 werden dann Burg und Dorf erstmals zusammen genannt, und zwar im damals üblichen Amtslatein als ›Gyherswalde castrum et oppidum‹. 1463 folgt die Belehnung des Ritters Henning von Arnim mit der Burg Gerswalde. Von da an befindet sich die Gemarkung im Besitz der edlen Familie von Arnim, jenem weit verzweigten Adelsgeschlecht, auf dessen Namen man allenthalben in der Uckermark stößt.

Seit dem Dreißigjährigen Krieg (1618–1648) ist die Wasserburg nun bereits eine Teilruine. Ganze zwei Einwohner blieben von der Verheerung im Jahr 1637 verschont; und mit ihnen die Kirche zu Gerswalde. Wuchtig hockt die alte **Wehrkirche** noch fast wie zu ihrer Errichtung um 1250 auf dem höchsten Punkt im Ort. Ihre mehrfache Zerstörung mit anschließendem Wiederaufbau geht nicht auf Feindesmacht, sondern auf Naturgewalten zurück. Zwei Mal allein hat sie der Blitz getroffen, und immer wieder wurde sie hergestellt. Als größten Schatz birgt sie einen reich geschmückten dreigeschossigen Schnitzaltar von 1624 und eine Sauer-Orgel von 1852.

Gut Suckow

▸ Karte S. 185

Die Heimatstube im Turmhaus der Burg

Von der ehemaligen Wasserburg sind halbkreisförmige Bastionen, der Bergfried mit immer noch stattlichen acht Metern Höhe sowie Reste des Palas erhalten geblieben. Außerdem ein auf rechteckigem Grundriss aus Feld- und Backsteinen erbautes Turmhaus, das die Gerswalder ›Kemenate‹ nennen. Es beherbergt heute eine **Heimatstube** und das **Fischereimuseum**, die ein spannendes Sammelsurium aus traditionellem Handwerksgerät der Fischerei, der Waidmanns-, Friseur- oder Schuhmacherkunst zeigen, eine historische Apotheke präsentieren, 100 Jahre Gerswalder Feuerwehr thematisieren, auf einer Etage einen bunten Strauß DDR-Erzeugnisse ausstellen u.v.m.

In der unmittelbaren Nachbarschaft ließen die Arnims 1832 ein zeitgemäßes modernes **Schloss** für sich errichten. 1929 ging es mitsamt der Burgruine und den zugehörigen Wirtschaftsgebäuden im Schuldendienst an die Anthroposophische Gesellschaft über. Unter der Leitung des Heilpädagogen Franz Löffler (1895–1956) widmete man sich in Gerswalde fortan der psychosozialen Hilfe für Kinder und Jugendliche. Löffler gelang es, das Heim relativ unbeschadet durch den Nationalsozialismus zu manövrieren. Nach Kriegsende Waldorfschule, wurde das Heim 1950 aufgelöst und Löffler zehn Wochen lang inhaftiert. Eine Gedenktafel auf dem Gelände würdigt heute das Leben und Werk des Heilpädagogen.

Von 1955 bis zum zum Mauerfall 1989 fungierte das Areal als einer der berüchtigten DDR-Jugendwerkhöfe, in denen Jugendliche, vom Regime als schwer erziehbar eingestuft, mit gravierenden körperlichen und psychischen Schikanen zu ›vollwertigen Mitgliedern der sozialistischen Gesellschaft‹ umgedrillt werden sollten.

Heute erinnert nichts mehr an das Leid, das so viele junge Menschen im Gerswalder Jugendwerkhof ›Neues Lebens‹ erfahren mussten. Ein Träger der Jugendhilfe, die gemeinnützige ›Gesellschaft zur Förderung Brandenburger Kinder und Jugendlicher‹, betreibt das Gelände. Im ehemaligen Schloss ist die Verwaltung der GFB untergebracht.

In Hipsterwalde

Gerswaldes jüngste Geschichte beginnt mit der Entdeckung des Dorfs durch die Filmemacherin Lola Randl. Anfang der 2010er Jahre ersteht sie den ehemali-

In Gerswalde

Uckermark

gen **Gasthof zum Löwen** gegenüber der Kirche, richtet das bröckelnde Anwesen für sich und ihre Familie her und eröffnet im Parterre ein kleines Café. 2015 übernehmen es die Japanerinnen Ayumi Saito und Sayuri Sakairi und machen mit ihrer Kochkunst die japanische Küche in Gerswalde – und das uckermärkische Dorf bis nach Japan – berühmt. Im Jahr vorher war bereits Randls Dokureihe ›Landschwärmer‹ über die Sender gelaufen. In sechs Teilen zeigt die Regisseurin darin mittelalte stadtflüchtige Filmproduzenten, Schauspieler, Musiker und andere Kreative, die in ihren Häuschen in der Uckermark die frische Landluft und das ursprüngliche Leben zelebrieren. Und wurde die Uckermark schon früher gerne mal ›Berliner Hamptons‹ genannt, stieg sie mit Randls Filmreihe gänzlich zum Sehnsuchtsort auf – und in der schönen Jahreszeit Gerswalde zum kultigen Hipsterdorf.

Das Café zog später quer über die Straße in den **Großen Garten**, ins alte Gewächshaus auf dem Gelände der ehemaligen Schlossgärtnerei. Und bereichert um weitere kultige Gastroeinrichtungen stieg der Große Garten – und mit ihm Gerswalde – zum angesagten Hipster-Hotspot auf. Mittlerweile ist die Karawane weitergezogen. Im sanierten ehemaligen Gärtnerhaus kann man sich über airbnb einmieten, und im Gewächshaus bringt ›GAIA‹ (https://gaia-feed.de) von Mai bis Oktober saisonale Gerichte auf den Tisch. Im ›Löwenhaus‹ befinden sich Galerie und Projektraum, während die ehemalige Dorfschule als Sitz für eine Kunstdruckerei dient.

Auf der Straußenfarm Berkenlatten

▸ Karte S. 185

Herrenstein

Drei Kilometer westlich steht das 1890 im Auftrag der blaublütigem Arnims errichtete **Schloss Herrenstein**. Die große Anlage mit restauriertem Herrenhaus, Dependancen, Reithalle, Tennisplätzen ist seit Mitte der 1990er Jahre ein Vier-Sterne-Hotel.

Berkenlatten und Willmine

Manche werden sich verwundert die Augen reiben, wenn ihnen wenige Kilometer südlich von Gerswalde auf einmal Afrikanische Straußenvögel begegnen. Hinter hölzernen Weidegattern grast der größte Vogel der Welt bei Berkenlatten gemütlich die Weiden ab. Der Strauß liebt offene Landschaften, lebt von Hause aus in der Savanne, hält Kälte und ebenso längere Trockenperioden aus und mischt seiner Grünspeise für die bessere Verdauung gerne Sand und kleine Steine bei. Wo also könnte er eine bessere zweite Heimat haben als in der Uckermark?

Die Tiere gehören zum **Straußenhof Berkenlatten**, der in dem gleichnamigen 20-Einwohner-Flecken nicht zu verfehlen ist. Neben Aufzucht und Hege widmet man sich auf dem Hof vor allem der Eier- und Fleischproduktion. Im angeschlossenen Hofladen kann man saftige

Badesteg am Sabinensee

Straußensteaks und Straußensalami, aber auch Leder, Federn oder die praktischen Straußenwedel erstehen. Das Vorwerk Berkenlatten wurde Anfang des 17. Jahrhunderts von den Arnims angelegt.

Noch älter ist die wüste **Kirche** nördlich vom Ort. Der frühgotische Feldsteinsaal aus dem 13. Jahrhundert war das Gotteshaus des bereits im Mittelalters verlassenen Dorfs Bischofshagen und steht heute als pittoreske Ruine da.

Das **Vorwerk Willmine** liegt nicht weit entfernt und ist eine Gründung der Arnims von 1768. Ein Jahrhundert später wurden dort 1 Gutshaus, 8 Wohn- und 15 Wirtschaftsgebäude aus Feld- und Ziegelsteinen gezählt, und viel größer ist Willmine auch heute nicht. Den hübschen Namen verdankt das Dörfchen der Gattin des Gründers C.F. von Arnim, Wilhelmine; und Willmines berühmteste Sehenswürdigkeit ist der schöne **Sabinensee**. Ein Pflasterweg führt von der Landstraße aus zur Badewiese am Nordufer und, wer noch weiter will, zum Aussichtspunkt auf den nahen Spitzberg hinauf, von wo aus sich ein herrlicher Blick auf die Landschaft auftut.

Temmen

Vermutlich bereits seit 1290 wird das ehemalige Rittergut Temmen bewirtschaftet. 1375 erscheint das zugehörige Dorf ›Tempne‹ erstmals in einem Schriftstück – und bis heute wird in dem kleinen Ort im Biosphärenreservat Landwirtschaft getrieben. Auf rund 3300 Hektar Fläche mit Seen, Feldern und Weiden produziert das **Gut Temmen** ökologische Lebensmittel. Artgerechte Rinderhaltung und Schweinemast sowie der Anbau vielfältiger Getreide- und Futtersorten ohne Einsatz von giftigen Spritzmitteln bringen beispielsweise die ›Temmener Stracke‹ hervor, eine köstliche Hartwurst, die man im Hofladen des Guts kosten und kaufen kann.

Von Brodowin bis Temmen erstreckt sich in der südlichen Uckermark eine der größten ökologisch bewirtschafteten Regionen Deutschlands. Mehr und mehr aber werden die ansässigen mittelständischen Betriebe von internationalen Agrarkonzernen und Bodenspekulanten bedroht, an die die Bundesrepublik im Höchstbieterverfahren die wertvolle Scholle verkauft. Dagegen hat sich die

Gut Temmen

Bauerninitiative ›**Ökolandbauregion Südliche Uckermark**‹ zusammengeschlossen, die, unterstützt von einem auf Nachhaltigkeit orientierten Bankinstitut, über den ›Bio-Bodenfonds Schorfheide‹ Land erwirbt und dieses dann ausschließlich an Öko-Betriebe verpachtet.

Seit 1734 der damalige Gutsherr Alexander von Arnim wenig südöstlich auf einer Anhöhe ein neues Vorwerk anlegen ließ, wird zwischen Alt Temmen und **Neu Temmen** unterschieden. 1749 folgten dort ein prächtiges **Herrenhaus**, heute in Privatbesitz, und das benachbarte Neu Temmener F**achwerkkirchlein** mit einem Altar, Gestühl und Taufbecken aus der Zeit der Erbauung. Nahebei findet sich ein Arnimsches **Erbbegräbnis**.

Ringenwalde

Im Herzen der Schorfheide liegt der 470-Seelen-Ort Ringenwalde, ein entzückendes Straßendörfchen mit liebevoll gepflegten Backstein- oder Fachwerkhäuschen und Stallgebäuden des 18. und 19. Jahrhunderts. Eine uralte Kirche und am ›Kreuzdamm-Eck‹, der Hauptverkehrskreuzung Dorfstraße/Ecke Templiner Straße, eine Rundbank unter der riesigen Eiche, ein **Dorfmuseum** und für die Einkehr ein zünftiger Landgasthof bilden die malerische Kulisse für die Radwanderer, die Ringenwalde gerne ansteuern. Im Dorfmuseum am Kreuzdamm-Eck, zugleich die **Touristeninformation**, erfährt man anhand von allerlei altem Mobiliar und Gerätschaften vom Leben im Dorf in vergangenen Zeiten. Und wer noch ohne Fahrrad sein sollte, kann sich dort eines ausleihen.

Bereits um 1250 ist der Name ›Ryngenwolde‹ geläufig. 1265 beginnt man Feldsteine für ein Gotteshaus aufeinanderzuschichten, 1280 wird die **Dorfkirche** eingeweiht. Dass die uralten Mauern aus der Ferne eher neugotisch wirken, liegt

▲ Karte S. 185

am 1891 in diesem Geschmack veränderten Kirchturm, dem man zudem einen Spitzhelm aufsetzte. Zur kostbaren Innenausstattung gehören drei Glasmalereien von 1599 mit alttestamentarischen Motiven, ein Kanzelaltar von 1759, eine Taufe aus dem Jahr 1758, Gestühl und Empore aus jener Zeit sowie eine Barockorgel von 1760 - vermutlich die einzige noch nahezu original erhaltene Orgel des Wagner-Schülers Johann Peter Migendt. Nicht minder stolz blickt man auch auf ein Datum der jüngsten Vergangenheit: 2008 haben sich in dem kleinen Gotteshaus der ehemalige Brandenburger Ministerpräsident Matthias Platzeck und seine Frau Jeanette das Ja-Wort gegeben.

Als weiteres touristisches Highlight nennt Ringenwalde einen **Schlosspark** sein eigen. Zwar ohne Schloss - selbiges, Mitte des 18. Jahrhunderts erbaut, wurde 1945 von der Waffen-SS auf ihrem Rückzug gesprengt. Aber dafür mit einem 1903/04 errichteten, neugotischen **Erbbegräbnis** der Grafen Ahlimb/Saldern, denen der deutsche Kaiser bereits 1376 das Dorf als Lehen übertragen hatte.

Dass die Uckermark stein-reich ist, daran erinnert am Schlossparkrand der **Riesenstein**, ein gewaltiger Findling, den die Ringenwalder der letzten Eiszeit verdanken. Nicht ganz so alt, aber doch stattliche 3500 Jahre auf dem Buckel hat das Hügelgräberfeld südlich vor den Toren des Orts. Mit einer rekonstruierten Grabstätte legt es Zeugnis davon ab, dass die Gegend um Ringenwalde bereits seit der Jungsteinzeit besiedelt ist.

Uckermark

i Zwischen Gramzow und Gerswalde

Touristeninformation, Café & Laden ›Im Alten Bahnhof Warnitz‹, Lindenallee 27, 17291 Oberuckersee/OT Warnitz, Tel. 039863/78122, Mai-Sept. Mo-Fr 9-17, Sa 9-12 Uhr, Okt.-April Di und Fr 10-14 Uhr. Der Touristeninformation im alten Warnitzer Bahnhofsgebäude sind ein Café und Regionalladen angeschlossen; Fahrradverleih.
www.ferienregionuckerseen.de

Infoladen Ringenwalde und Heimatmuseum, Dorfstraße 24 (›Am Kreuzdamm-Eck‹), 17268 Gerswalde/OT Ringenwalde, Tel. 039881/49131, April-Okt. Mo-Do 8-14, Fr 8-12, Sa/So 10-14 Uhr (mit Mittagspause); Fahrradverleih.
www.ringenwal.de

Panoramahotel Uckermark, Quastweg 2, 17291 Oberuckersee/OT Warnitz, Tel. 039863/63923, DZ/F ab 120 €, an Wochenenden ab 180 €. Elegantes Vier-Sterne-Haus im Stil amerikanischer Südstaatenvillen, bei Warnitz direkt am Oberuckersee; mit eigenem Badestrand, Rad- und Bootsverleih, Pool, Sauna, Wellness und Beauty; das Restaurant bietet leichte moderne Küche zu gehobeneren Preisen.
www.panoramahotel-uckermark.de

Seehotel Huberhof, Dorfstraße 49, 17291 Oberuckersee/OT Seehausen, Tel. 039863/6020, DZ/F ab 89 €. Ein Stückchen Bayern in der Uckermark bietet die liebevoll restaurierte Fachwerkvilla am See, die Zimmer behaglich und elegant im Landhausstil; großer Garten, Badesteg, Rad- und Bootverleih; im Restaurant und auf der Sonnenterrasse genießt man verfeinerte deutsche Küche. Auch zwei Ferienhäuser im Ort werden vermietet.
www.seehotel-huberhof.de

Bäumi-Hof, Dorfstraße 16, 17291 Oberuckersee/OT Seehausen, Tel. 039863/78302, Radlerzimmer 80 €, DZ ab 86 €, Apartment ab 86 €, FeWo ab 110 €. Unterkunft im Landhausstil in den hübsch sanierten Gebäuden und Nebengelassen eines ehemaligen Landwirtschaftsbetriebs; die Zimmer als Frühstückspension oder mit Miniküche für die Selbstverpflegung, Radler können über Nacht in den ebenerdigen Radlerzimmern absteigen; in der zugehörigen Hofschänke kommt Hausmannskost auf den Tisch. www.bäumi-hof.de

Landgasthof zum grünen Baum, Dorfstraße 57, 17268 Gerswalde/OT Ringenwalde, Tel. 039881/44016, DZ/F um 65 €. Schmuckes kleines Fachwerkgasthaus im Herzen von Ringenwalde; liebevoll im authentischen Landhausstil eingerichtete, gemütliche Zimmer (ohne TV!). Auf der Speisekarte stehen ständig wechselnde saisonale Speisen aus Produkten der Region. www.landgasthofzumgruenenbaum.de

Gasthaus & Pension Zum schwarzen Adler, Haßlebenerstr. 32, 17268 Gerswalde, Tel. 039887/6060, DZ/F ab 65 €. Gemütlicher gutbürgerlicher Gasthof, in der Gaststube kommt herzhafte Hausmannskost auf den Tisch. www.deinadler.de

Camping am Oberuckersee, Lindenallee 2, 17291 Oberuckersee/OT Warnitz, Tel. 039863/459, April–Okt. Schönes weitläufiges Gelände, terrassiert unter duftenden Kiefern am Hang vor dem See; mit kleinem Shop, Badestelle und Steganlage, Spielplatz, Fahrrad- und Bootsverleih. www.camping-oberuckersee.de

Wohnmobil: zwei Stellplätze auf dem Parkplatz zum Schiffsanleger in Warnitz; mehrere Stellplätze am nördlichen Ortsausgang via ›Quast‹ auf dem Gelände des ›Warnitzer Wirthauses‹; beide gebührenfrei und ohne Ver-/Entsorgung.

Eisenbahnmuseum Gramzow, Am Bahnhof 3, 17291 Gramzow, Tel. 039861/70159, Ende Mai–Ende Okt. Di–So 10–17 Uhr. www.eisenbahnmuseumgramzow.de

Heimat- und Fischereimuseum Gerswalde, in der Wasserburg, 17268 Gerswalde, Tel. 039887/174889, April–Mitte Okt. Mo–Fr 10–16, Sa 13–17 Uhr. www.gerswalder-wasserburg.de

Pferdehof Ruhnau, Potzlow-Abbau, 17291 Oberuckersee/OT Potzlow, Tel. 0172/1666226, Reiterferien, Unterricht, Ausritte; FeWos 90 €/Nacht (buchbar ab 2 Nächten). www.pferdehof-ruhnau.de

In Warnitz: kleine Badewiese im Ort nahe dem Schiffsanleger; große Badewiese ca. 1 km nördlich am ›Quast‹, mit WC und Imbissbetrieb.

In Willmine: Badewiese am Sabinensee-Nordufer (am nördlichem Ortsausgang geht ein Kopfsteinpflastersträßchen ab, ca. 150 m zur Badewiese).

In Potzlow: Badewiese am Großen Potzlowsee.

In Fergitz: Badewiese knapp 500 m nördlich vom Dorf am Oberuckersee.

Melzower Sommerkonzerte, Info über ev. Gemeinde Melzow, Grünheider Straße 8, 17291 Oberuckersee/OT Melzow, Tel. 039863/7322. www.melzower-sommerkonzerte.de

UM Festival, ein Wochenende Anfang Sept. zeitgenössische Kunst, Musik und Literatur in den uckermärkischen Dörfern Fergitz, Pinnow und Sternhagen Gut, alle zwei Jahre im Rhythmus 2023, 2025 … www.um-festival.de

Gut Temmen, Lindenallee 3, 17268 Gerswalde/OT Temmen, Tel. 039881/4300. Ökologische Fleisch- und Wurstwaren im Hofladen und im Landhausstil eingerichteten Gäste-Apartments im Gutshaus (ab 72 €); Hofladen Do 14–18, Fr 10–18, Sa 10–14 Uhr. www.gut-temmen.de

Straußenhof Berkenlatten, Berkenlatten 7, 17268 Gerswalde/OT Berkenlatten, Tel. 039887/5087, April–Sept. tgl. 10–18 Uhr, sonst von 10 Uhr bis zum Einbruch der Dunkelheit. www.straussenhof-berkenlatten.de

▶ Karte S. 185

Prenzlau und nördliche Uckermark

Prenzlau am Nordufer des Unteruckersees gilt als ›Hauptstadt der Uckermark‹. Bereits 1465 wurde es in einer Urkunde so genannt und zählte lange Zeit zu den wichtigsten Städten in der Mark. Allerdings gibt es das alte Prenzlau nicht mehr. Es wurde Ende des Zweiten Weltkriegs nahezu ausgelöscht und besteht seit dem Wiederaufbau ab den 1950er Jahren aus breiten Straßenzügen, die das Zentrum durchschneiden. Zwischen zahlreichen, mittlerweile sanierten Plattenbauten erheben sich bedeutende historische Bauwerke, die wie das Dominikanerkloster den Krieg überdauerten oder wie die Marienkirche in jahrzehntelanger Arbeit rekonstruiert worden sind. Auch gut die Hälfte der mittelalterlichen Stadtmauer mit ihren Türmen ist noch vorhanden und kündet von der einstigen Macht. Darüber hinaus hat die Landesgartenschau 2013 der gut 19 000 Einwohner zählenden Kreisstadt der Uckermark neu gestaltete Plätze und schöne Grünanlagen geschenkt. Von der Uferpromenade am Unteruckersee bis zur nordöstlichen Stadtumwallung verknüpft ein grünes Band Stadt und See als ›Grüne Wonne‹ – so das Motto, unter dem die 5. Brandenburgische Landesgartenschau 2013 stand.

Geschichte

Gegen Ende des 12. Jahrhunderts ließen sich niederdeutsche Siedler nieder. In jenen Jahren tauchte der Name Prenzlau 1187 erstmals in einer Urkunde auf. Im Jahr darauf wurde es – an der wichtigen Fernhandelsstraße von Magdeburg nach Stettin gelegen – als ›castrum cum foro et taberna‹ (Burg mit Markt und Krug) beschrieben, wenig später kam noch eine Münzprägestätte hinzu. 1234 verlieh ihm der pommersche Herzog Barnim I. (reg. 1226–1278) Stadtrechte. Prenzlau blühte auf. Drei Klöster und fünf prächtige Sakralbauten sind die steinernen Zeugnisse jener Prosperität. 1426 gelangte Prenzlau nach einigen Wechseln zwischen Pommern und Brandenburg endgültig unter brandenburgische Herrschaft. 1483 verheerte eine Feuersbrunst große Teile der Stadt. Mitte des 16. Jahrhunderts folgte im Zuge der Reformation die Auflösung der Klöster. Der Dreißigjährige Krieg entvölkerte Stadt und Region. Kurz vor Weihnachten 1632 wurde der Leichnam des in der Schlacht bei Lützen gefallenen Königs Gustav Adolf auf seiner Überführung nach Schweden in der Marienkirche aufgebahrt. 1685 wurde Prenzlau Garnisonsstadt. Im selben Jahr erließ Kurfürst Friedrich Wilhelm von Brandenburg (reg. 1640–1688) das Edikt von Potsdam, das Religionsflüchtlingen eine neue Heimat in Brandenburg gewährte. 1687 gründete sich in Prenzlau die größte französische Hugenottenkolonie in der Uckermark.

Ein weiteres geschichtsträchtiges Datum geht als ›Kapitulation von Prenzlau‹ in die Annalen ein: 1806 hissten preußische Soldaten nach der Niederlage von Jena und Auerstedt gegen das napoleonische Heer bei Prenzlau die weiße Fahne.

1863 erhielt die Stadt am Unteruckersee einen Eisenbahnanschluss. Eine Eisengießerei, eine Zuckerfabrik, eine Maschinenbauanstalt und andere Produktionsstätten brachten Lohn und Brot in die Region. Ende des 19. Jahrhunderts hatte sich die Einwohnerzahl auf 20 000 mehr als verdoppelt.

1938 wurden in der Reichspogromnacht auch in Prenzlau die Synagoge und der jüdische Friedhof zerstört. Vier Jahre später hatten die Nationalsozialisten jegliches jüdisches Leben in der Stadt aus-

Die St. Marienkirche und der Mitteltorturm in Prenzlau

gelöscht. Ende April 1945 fielen durch schwere Bombenangriffe und anschließende Brandschatzung 85 Prozent aller Gebäude in Schutt und Asche.
Nach der Enttrümmerung begannen die Prenzlauer 1952 mit dem Wiederaufbau ihrer Stadt, der bis in die 1980er Jahre andauerte. 1993 wird Prenzlau nach der Wiedervereinigung Kreisstadt der Uckermark. 2013 öffnet im April die 5. Brandenburgische Landesgartenschau ihre Tore und verwandelt die Stadt bis in den Herbst hinein in ein Blumenmeer.

Sehenswertes

Gleich, von woher man sich nähert, weithin sichtbar dominiert die **St. Marienkirche** mit ihrer wuchtigen Doppelturmanlage das Stadtbild. Ein erster Vorgängerbau wurde in den Anfangsjahren der Stadt nach 1235 aus Feldsteinen errichtet. Von 1289 bis 1340 folgte der Neubau der dreischiffigen Hallenkirche – die erste Hallenkirche Norddeutschlands östlich der Elbe, die zudem zu den bedeutenden Gotteshäusern der norddeutschen Backsteingotik zählt. Ihre beiden Türme ragten ursprünglich 90 Meter in den Himmel empor. Nach einem Blitzschlag brannte der Nordturm ab und wurde 1546 mit einem Renaissancegiebel versehen. Seither misst er noch 68 Meter. 1638 ereilte den Südturm das nämliche Schicksal, weshalb man ihn 1666 durch einen kompletten Neubau ersetzte, der seitdem auf 64 Meter kommt.
Im Inneren zeigt sich das altehrwürdige Gotteshaus mit gewaltig emporstrebenden Pfeilersäulen schmucklos mit nacktem Ziegelmauerwerk. Nach der Zerstörung im Zweiten Weltkrieg – die Marienkirche brannte bis auf die Umfassungsmauern ab – wird sie seit 1972 wieder aufgebaut. Die Rekonstruktion dauert bis heute an. Im Jahr 2009 erklangen im Kirchturm erstmalig wieder, wie früher, drei Glocken. Seit 2020 wölben sich gut 120 000 Backsteine zum neuen Kirchendach, und zum krönenden Abschluss, so ist der Plan, wird 2023 die viktorianische Orgel eingeweiht. Fast ein Jahrhundert lang erklang das 1904 erbaute, über 2000 Pfeifen zählende Instrument in einer Kirche bei Glasgow. 2019 gelangte es als Geschenk aus Schottland nach Prenzlau. Von der einstigen Ausstattung überstand der wertvolle Marienaltar den Brand, da man ihn rechtzeitig in Sicherheit gebracht hatte. Von einem unbekannten Lübecker Meister geschaffen und 1512 geweiht, ist er seit 1995 wieder vor dem Chorabschluss aufgestellt. Seine kunstvollen Schnitzfiguren kann man allerdings nur hinter Glas bewundern. Seit einem spektakulären Raub Anfang 1991 – die Figuren tauchten einige Monate später in einem Kölner Bordell wieder auf – dient die Verglasung als Sicherheitsschutz.
Von Mitte des 13. Jahrhunderts stammt die **Dreifaltigkeitskirche** gegenüber in der Klosterstraße. Der einschiffige Sakralbau war das Gotteshaus der Franziskanermönche, deren Kloster bereits im 18. Jahrhundert abgerissen wurde.
Um die Ecke steht am Marktberg die Anfang des 14. Jahrhunderts als Gotteshaus des Heiliggeisthospitals erbaute **Heiliggeistkapelle**. 1945 abgebrannt, waren die Rekonstruktionsarbeiten 2012 abgeschlossen und der kleinen Granitquaderbau mit zierlichem Glockentürmchen konnte neu als Ausstellungshalle eröffnen.
Daneben erhebt sich seit dem 15. Jahrhundert der gewichtige **Mitteltorturm**, der jüngste Teil der ab Ende des 13. Jahrhunderts errichteten Stadtmauer. Mit seinem quadratischen Unterteil, dem überdachten achtseitigen Wehrgang und einem von Kegelhelm und Zinnen gekrönten runden Oberteil stand er Modell für die beiden Türme der Berliner

Oberbaumbrücke. Vom Mitteltorturm geht eine Sage aus slawischer Zeit, was chronologisch zwar völlig unmöglich ist. Aber sind Sagen logisch? – Als der reiche Fürst Primislaw über Prenzlau herrschte, kam ihm eines Tages sein goldener Ring abhanden. Der Verdacht fiel auf den Knappen, und obwohl dieser seine Unschuld beteuerte, wurde er vom Mitteltorturm in den Tod gestürzt. Lange später wurde das Schmuckstück in einem Rabennest im Geäst einer gefällten Eiche entdeckt, und der Fürst ließ zum Zeichen seines Bedauerns einen aus dem Holz dieser Eiche geschnitzten Raben auf die Spitze des Mitteltorturms setzen. – In Wirklichkeit schwebt über der Turmspitze ein schmiedeeiserner Adler mit Ring im Schnabel, gleichwohl ist er als ›Rabe vom Mitteltorturm‹ bekannt.

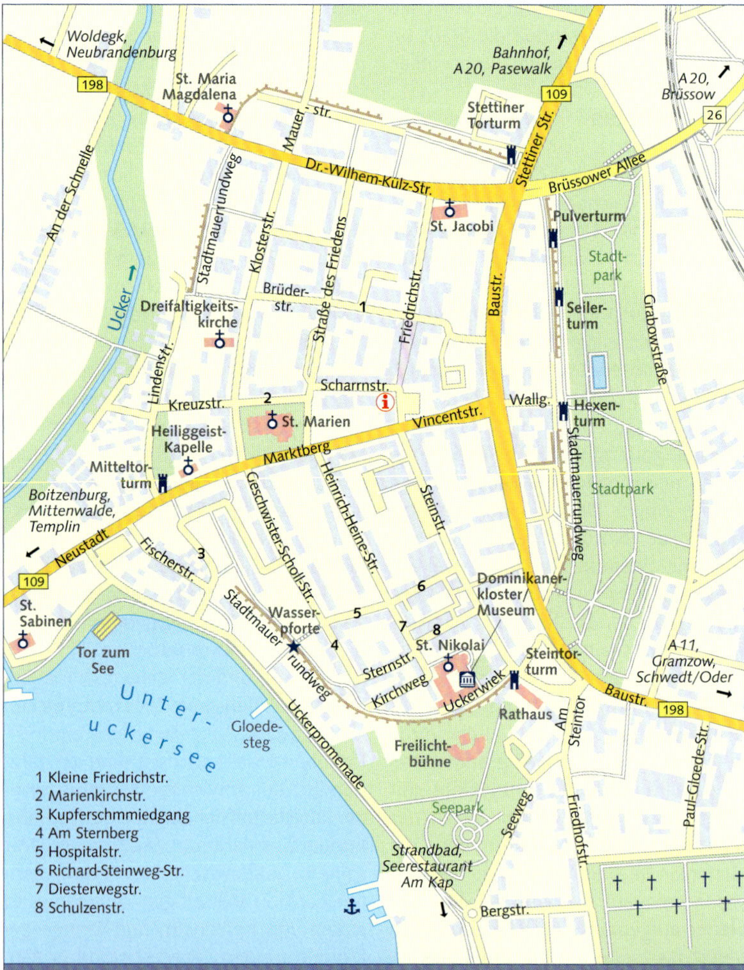

Prenzlau

Am Unteruckersee

Nur wenige Schritte trennen den alten Stadttorturm vom Unteruckersee, dem größten aller Gewässer in der Uckermark. Dort auf Höhe der alten Schleuse, in die die Ucker aus dem See hinaus abfließt, befand sich bis zur deutschen Ostkolonisation die slawische Vorgängersiedlung. Vermutlich um 1170 entstand ebendort ein erster Kirchenbau - dem Schutzheiligen vor Überschwemmungen St. Sabinus geweiht - und bis Mitte des 13. Jahrhunderts kam ein Kloster dazu. Sechs Jahrhunderte lang hielt der heilige Sabinus wohl seine schützende Hand über das Gotteshaus. 1799 aber richtete eine Überschwemmung so großen Schaden an, dass die Kirche gesperrt werden musste. 1816/17 wurde **St. Sabinen** als Saalbau mit Fachwerkturm neu hochgemauert, und so steht sie bis heute da. Immer samstags ist die Kirche in den Sommermonaten geöffnet und man kann ihren reich gegliederten Renaissancealtar von 1597 bewundern.

Im Rahmen der Landesgartenschau (LaGa) 2013 hat der gesamte städtische **Uferbereich** eine neue Gestaltung erfahren. Sichtbares Zeichen nahe der Schleuse ist die silberglänzende ›Große Woge‹, eine Skulptur des Brüssower Bildhauers Volkmar Haase. Weiter am Seeufer entlang laden Steganlagen mit Sonnendecks zum Sitzen mit schöner Aussicht aufs Wasser ein. Nicht weit entfernt wartet das **Seebad** mit schönem Sandstrand.

Zwischen südlicher Stadtmauer und Seepromenade erstreckt sich der **Seepark** am Uferhang. Zur LaGa wurde er nach Art einer uckermärkischen Endmoränenlandschaft neu angelegt. Ebenfalls seit 2013 erinnert ein Weinberg mit 200 Rebstöcken an der Stadtmauer daran, dass der Weinbau im Mittelalter auch in der Uckermark keine Seltenheit war. Vom **Steintorturm** aus, Ende des 13. Jahrhunderts erbaut, schwingt die alte Stadtmauer im Süden von Prenzlaus historischem Zentrum zum See hinab. Dort

Im Seepark an der Uckerpromenade

Der Hexenturm

gründeten 1275 Dominikanermönche ein Kloster. Mitte des 16. Jahrhunderts wurde es im Zuge der Reformation aufgelassen. Doch die alten Gemäuer mit Kreuzgängen, Refektorium, Officium, Sakristei konnten sich relativ unbeschadet über die Jahrhunderte retten. 1997–1999 aufwändig restauriert, beherbergt das **Dominikanerkloster** heute das **Kulturhistorische Museum**. Eine Sammlung mittelalterlicher Sakralplastik sowie Ausstellungen zur Geschichte Prenzlaus und Kulturgeschichte der Uckerseenregion sind zu bewundern und vor allem die Kunstwerke und Objekte des ›Schatzes von Seehausen‹: Die mittelalterlichen Artefakte - Keramik, Schmuck, Heiligenplastiken oder auch Alltagsgegenstände des einstigen Nonnenklosters Marienwerder - haben Unterwasserarchäologen nahebei, wo sich bei Seehausen die Halbinsel Marienwerder in den Oberuckersee schiebt, vom Seegrund gehoben.

▸ Karte S. 198

Die von 1275 bis 1343 als Gotteshaus des Dominikanerklosters erbaute, turmlose **St. Nikolaikirche** besitzt ein schönes Taufbecken von Anfang des 15. Jahrhunderts und als größten Schatz einen Holzschnitzaltar von 1609. Berühmt wurde sie durch das letzte Konzert des Liedermachers Wolf Biermann vor seiner Ausbürgerung 1976 aus der DDR. Von der frühgotischen Alten Nikolaikirche in der Nachbarschaft blieb nach Abbruch des Kirchenschiffes im 18. Jahrhundert der stattliche Westturm stehen.

Mauern und Türme

Auf knapp anderthalb Kilometern sind mit Unterbrechungen fast die Hälfte der mittelalterlichen Stadtmauern erhalten und heute sorgfältig restauriert. Ab Ende des 13. Jahrhunderts wurden die Wehrmauern über drei Kilometer Länge und bis zu neun Meter hoch rund um die Stadt aufgebaut. Südlich am Seepark, östlich am Stadtpark sowie im Norden des historischen Zentrums lassen sie sich mit einem schönen Spaziergang erkunden. Start ist der **Steintorturm** am Dominikanerkloster, Ende des 13. Jahrhunderts erbaut. Neben einem Rundumblick über die Dächer von Prenzlau bietet er Raum

Im Hof des Dominikanerklosters

für eine kleine stadtgeschichtliche Ausstellung. Von dort geht es über die viel befahrende Baustraße in den **Stadtpark** hinein, wo als erster von drei Türmen der **Hexenturm** steht. 1494 hat man ihn nachträglich in die Stadtmauer eingefügt. Seinen Namen erhielt er, weil in seinem Verließ der Hexerei bezichtigte arme Seelen einsaßen. Weiter an der Stadtmauer entlang folgen der **Seilerturm**, im 19. Jahrhundert aus einem Wiekhaus zu Seilerwerkstatt umgebaut, und anschließend der **Pulverturm**. Noch bis Ende des 19. Jahrhunderts fungierte er als Schießpulverlager.

Am Rande der verkehrsumtosten Kreuzung der B 109 mit der B 198 thront der **Stettiner Torturm** (auch Blindower Turm genannt). Seine Fundamente datieren auf das 13. Jahrhundert. Der Turm wurde im 14. Jahrhundert erhöht und stadtauswärts mit einem Zwinger und Vortor versehen. Mitte des 19. Jahrhunderts hat man diese wehrhaften Einrichtungen wieder abgebrochen und 1859/60 die alte Tordurchfahrt geöffnet, die heute ein Fußgängerweg neben der Straße ist.

Vom Stettiner Turm umzieht die **restaurierte Stadtmauer** das nördliche historische Zentrum fast bis zur Ucker. Gleich neben dem Torturm erinnert an der Mauer eine Gedenktafel an den Mundartdichter Julius Dörr (1850–1930), dessen Wiege in Prenzlau stand. Gegenüber erhebt sich auf der anderen Straßenseite die **St. Jacobikirche**, ein Feldsteinsaal von Mitte des 13. Jahrhunderts und 1945 niedergebrannt. Die Restaurierungsarbeiten halten noch an. Nahe der Ucker steht neben der Stadtmauer die katholische Kirche **St. Maria Magdalena**, 1892 neugotisch erbaut, in den letzten Kriegstagen 1945 zerstört und wie die meisten historischen Prenzlauer Bauwerke nach dem Zweiten Weltkrieg wiedererrichtet.

Der Seilerturm

Fürstenwerder

An der Grenze zu Mecklenburg schmiegt sich im äußersten Winkel des Naturparks Uckermärkische Seen der 750-Einwohner-Ort Fürstenwerder an die Ufer von Dammsee und Wahrensee. Seine Grenzlage hat das 1319 erstmals erwähnte Ackerbürgerstädtchen über Jahrhunderte hinweg nicht hochkommen lassen, ihm dafür aber eine heute noch auf 1200 Metern erhaltene, mittelalterliche **Befestigungsmauer** beschert. Von einst drei Stadttoren haben das **Woldegker Tor** und das **Berliner Tor**, beide im 14. Jahrhundert erbaut, den Zeiten getrotzt.

Im Herzen der kreisförmigen alten Stadtanlage steht die Mitte des 13. Jahrhunderts als Feldsteinsaal errichtete **Pfarrkirche**. Nach einem Stadtbrand 1740 wurde sie wieder aufgebaut, der neue Turmaufsatz schloss 1786 die Arbeiten ab. Aus jenen Jahren stammen vermut-

In der Kräuterlikörmanufaktur in Brüssow

lich auch Gestühl und Empore im Gotteshaus. 1877 komplettierte eine Grüneberg-Orgel aus der Werkstadt des Stettiner Orgelbaumeisters Barnim Grüneberg die sakrale Einrichtung.

Nahebei sind unter dem Dach eines Ackerbürgerhauses von 1740 die kleine **Touristeninformation** und eine **Heimatstube** untergebracht. Letztere veranschaulicht in Schrift und Bild sowie zahlreichen historischen Gerätschaften die Geschichte von Fürstenwerder. Eine **Badewiese am Großen See** vor der Kulisse der Stadtmauer rundet das Angebot ab. Aber nicht deswegen hat es der kleine Ort zur Berühmtheit gebracht. Fürstenwerder mit seiner jahrhundertealten, vergessenen Geschichte, angesiedelt in einer Landschaft irgendwo im Nirgendwo, gebrochen zwischen zwei deutschen Gesellschaftssystemen und ökonomisch vergleichsweise abgehängt; die Alten sterben, die Jungen gehen weg. Das ist die Folie für Saša Stanišićs Bestseller-Roman ›Vor dem Fest‹, für den er in Fürstenwerder viele Details recherchierte und 2014 dafür den Preis der Leipziger Buchmesse erhielt.

▶ Karte S. 198

Brüssow

Das aufgeräumte 900-Einwohner-Städtchen, ca. 15 Kilometer nordöstlich von Prenzlau, liegt, einen sanften Hügel hinauf und den anderen wieder hinab, in der weiten Ackerlandschaft der nördlichen Uckermark. Es verfügt über ein paar mittelalterliche **Stadtmauerreste** und als kostbarsten Schatz eine **Feldsteinkirche**, deren Ursprünge ins 13. Jahrhundert zurückreichen. Wer etwas über die Geschichte des 1259 erstmalig in Büchern aufgetauchten Orts erfahren möchte, wird im **Heimatmuseum** in der ehemaligen evangelischen Kirche in der Karl-Marx-Straße fündig. Freunde vom Sprung ins kühle Nass kommen in der **Badeanstalt am Brüssower See** auf ihre Kosten. Und wer gerne länger bleiben will: Gleich nebenan ist ein Campingplatz.

Die ganz besondere Adresse, für die Brüssow bei Genießern steht, hat mit überlieferten Rezepten für Kräuterliköre zu tun. In der **Kräuterlikörmanufaktur** nahe dem Brüssower Marktplatz werden die aromatischen Spirituosen nach überlieferten Rezepten von 1500 bis 1945 hergestellt.

Prenzlau und nördliche Uckermark

Vorwahl: 03984
Postleitzahl: 17291
Stadtinformation Prenzlau, Marktberg 2, Tel. 75163, Mai–Sept. Mo–Fr 10–18, Sa/So 10–13 Uhr, Okt.-April Mo–Fr 10–17, Sa 10–12 Uhr. www.prenzlau-tourismus.de
Touristeninformation und Heimatmuseum Fürstenwerder, Ernst-Thälmann-Straße 26, Nordwestuckermark/OT Fürstenwerder, Tel. 039859/202, Mai–Sept. Di–Fr 10–15 Uhr. www.fuerstenwerder-seengebiet.de
Touristeninformation Brüssow, Rudolf-Breitscheid-Str. 32, 17326 Brüssow, Tel. 039742/80360, Mo–Fr 9–11 Uhr. www.tourismus-bruessow.de

Zum Speicher & Alte Brennerei, Nechlin 8, 17337 Uckerland/OT Nechlin, Tel. 039740/299792, DZ/F ab 115 €, DZ/F mit Gemeinschaftsbad 95 €. 15 km nördlich von Prenzlau wurde in der Brennerei des ehemaligen Arnim'schen Gutsdorfs Nechlin von 1887 noch bis 1993 Schnaps destilliert. Sorgfältigst restauriert, eröffnete 2015 in den alten Mauern das stilvolle Hotel ›Alte Brennerei‹. In Zimmern wie Restaurant wird historisches Ziegelmauerwerk elegant mit Hölzern und warmen Farben kombiniert. Im feldsteingemauerten Tonnengewölbe der alten Malztenne werden im Restaurant frische, leichte, kreative Gerichte serviert. Sowohl die Brennerei als auch gegenüber der zugehörige restaurierte historische Kornspeicher werden nachhaltig mit Strom und Wärme aus erneuerbaren Quellen betrieben. www.cafezumspeicher.com
Hotel am Uckersee, Straße am Uckersee 27/30, OT Röpersdorf, Tel. 6748, DZ/F ab 83 €. Freundliches Haus unter einem Walmdach, 4 km südlich von Prenzlau in Röpersdorf, die Zimmer teils mit Wasserbetten; großer Garten, Fahrradverleih; das Restaurant gegenüber vor dem Unteruckerseeschilfgürtel bietet herzhafte Hausmannskost, Schnitzel und Eisbein, leckere Fischgerichte sowie Flammkuchenvariationen. www.schilfland.de
Internationales Gästehaus Uckerwelle, Brüssower Allee 48a, Prenzlau,Tel. 832221, ab 75 € im Mehrbettzimmer als Doppelzimmer, ab drei Nächten 65 €, jede weitere Person 25 €. Modernes, buntes, fröhliches Haus für junge Leute und Junggebliebene, mit vielen Freizeitangeboten, nicht in der schönsten Prenzlauer Gegend, aber nur gut anderthalb Kilometer östlich vom Zentrum gelegen. www.uckerwelle-pz.de

Sonnenkap Camping, Uckerpromenade 85, Prenzlau, Tel. 03984/8629180, April–Okt. Funkelnagelneuer Vier-Sterne-Platz über dem Unteruckersee; mit Bistro, Sauna und Salzgrotte, Glamping, Radlerhütten, Tiny Houses, Mietwohnwagen, in der Nachbarschaft das Restaurant ›Zum Kap‹. www.sonnenkap-camping.de
Kanu & Rad Station Prenzlau, Neustädter Damm 17d, Tel. 0162/3909250 (Übernachtung), Tel. 0174/1802180 (Kanuverleih). Auf dem urigen Rasengelände am Seeufer westlich der Uckerschleuse, direkt am Berlin-Usedom-Radweg, ist alles auf Kanu- und Radwanderer ausgerichtet. Man kann sein Zelt aufschlagen oder in modernen Scubes nächtigen; mit Kanu- und Fahrradverleih. www.solaris-prenzlau.de
Campingplatz am See, Prenzlauer Straße 8, 17326 Brüssow, Tel. 0174/7104804. Weite grüne Wiese mit schattenspendenden Bäumen neben der Badeanstalt.

Seerestaurant Am Kap, Uckerpromenade 84, Prenzlau, Tel. 7180305. Die Traditionsgaststätte am Höhenufer über dem Unter-uckersee gibt es seit 1911. Drinnen und draußen auf der Seeterrasse werden, anders als es der Name erwarten lässt, vor allem herzhafte Fleisch-, aber auch leckere Fischgerichte serviert. Was besonders zählt ist die fantastische Lage über dem See. www.kap-prenzlau.com

Gutshof Kraatz, Schlossstraße 7, Nordwestuckermark/OT Kraatz, Tel. 039859/63976. 2 km östlich von Fürstenwerder werden im Hofladen in den denkmalgeschützten Wirtschaftsgebäuden des ehemaligen Guts Kraatz erlesene Weine und Sekte kredenzt, aus alten Sorten von Äpfeln, Birnen und Quitten gekeltert. Für das leibliche Wohl sorgt die Weinschänke mit kleinen feinen Gerichten aus ökologischem Anbau aus den umliegenden Dörfern. Angeschlossen sind, im eleganten Landhausstil eingerichtet, eine FeWo, ein Ferienhaus sowie für die einmalige Übernachtung zwei Wohnmobilstellplätze. www.gutshof-kraatz.de

Seenfischerei Trellert, Fischereiweg 1, Nordwestuckermark/OT Lindenhagen, Tel. 039856/3118, Mai–Okt. Do–So ab 11 Uhr, Nov.–April Fr/Sa 9–16 Uhr nur Fischverkauf. Unweit vom Dörfchen Lindenhagen liegen Fischerei und Gastlokal in idyllischer Alleinlage am Sternhagener See. Aal, Hecht, Zander, Barsch und Schleie kommen, lecker nach Hausmacherart zubereitet, frisch aus dem See in Topf und Pfanne bzw. in den Räucherofen. Strahlt die Sonne vom Himmel, sind die Plätze auf der Terrasse oder auf der Wiese am Seeufer schnell belegt. Angler können einen Angelschein erwerben und selbst ihr Glück versuchen. Es gibt Ruderboote zu leihen. Einfach frischen Fisch zum Mitnehmen kaufen kann man natürlich auch. www.trellert.de

St. Marienkirche Prenzlau, Mai–Okt. tgl. 10–17 Uhr.
www.marienkirche.com

Museum im Dominikanerkloster Prenzlau, Uckerwiek 813, Tel. 75261, Mai–Sept. Di–So 10–18, sonst Di–So 11–17 Uhr.
www.dominikanerkloster-prenzlau.de

Heimatmuseum Brüssow, Karl-Marx-Straße 6a, 17326 Brüssow; April–Sept. jeden Mi von 9–14 Uhr, ansonsten nach Vereinbarung mit der Touristeninformation Brüssow (s.o.).

Paddelboote und Fahrräder an der **Kanu & Rad Station Prenzlau** (s.o.).

Seebad Prenzlau, Uckerpromenade 46, Mai–Sept. tgl. 10–18, im Hochsommer bis 19 Uhr. Weitläufige Badewiese am Unteruckersee, Steganlage mit extra Nichtschwimmerbereich, Wasserrutsche und Sprungturm. www.seebad-prenzlau.de

Badeanstalt in Brüssow, Prenzlauer Straße 18. Große Liegewiese am Brüssower See, mit Imbiss, Steganlage und abgetrenntem Nichtschwimmerbereich.

Badewiese am Westufer vom Unteruckersee in Röpersdorf, zu erreichen ab Hauptstraße wenige Meter nördlich der Dorfkirche über die ›Straße am Uckersee‹.

Badewiese in Fürstenwerder am Großen See.

Uckerkaas Hofladen, Bandelow 50, 17337 Uckerland/OT Bandelow, Tel. 039740/299069. Im Hofladen der Bauernkäserei Wolter, 10 km nördlich von Prenzlau, kann man nicht nur den hauseigenen bekannten Uckerkaas in allen möglichen Sorten erstehen, sondern auch zahlreiche weitere Spezialitäten der Region; mit angeschlossenem Imbiss (am nördlichen Ortseingang von Bandelow). Infos über www.q-regio.de

Alrich Historische Liköre, Karl-Marx-Straße 16, 17326 Brüssow, Tel. 039742/866642, Ladenzeiten Mi 10–12 Uhr. Mo–Fr von 8 bis 15 Uhr wird in der Manufaktur gearbeitet; dann auf gut Glück an der Ladentür klingeln, oder beim Chef in der Apotheke am Marktplatz nachfragen, oder, wer ganz sicher gehen möchte, vorher telefonisch einen Termin ausmachen. Online bestellen kann man die geistigen Tropfen natürlich auch, unter:
www.alrich.shop, www.alrich.eu

▶ Karte S. 198

Reisetipps von A bis Z

Angeln

Das Angeln in Brandenburg ist ab 8 Jahren erlaubt. Angeln darf, wer eine gültige Fischereiabgabemarke plus eine Angelkarte für das aufgesuchte Gewässer besitzt. Die beiden Dokumente zusammen berechtigen zum Angeln von Friedfischen.

Die **Fischereiabgabemarke** erhält man u.a. beim Landesanglerverband, in Fischereibetrieben, auf Campingplätzen und in vielen Angelgeschäften, außerdem in der Unteren Fischereibehörde der Landkreise und kreisfreien Städte. Sie gilt für ein Kalenderjahr. Eine in anderen Bundesländern erworbene Fischereiabgabe wird anerkannt.

Angelkarten geben die Fischereibetriebe, Angelvereine, Angelgeschäfte und Tourismusinformationen aus, in Form von Tages-, Wochen-, Monats- und Jahreskarten. Wer Raubfische angeln möchte, muss zusätzlich einen gültigen **Fischereischein** vorweisen. Man erhält ihn bei den örtlichen Ordnungsbehörden nach bestandener Prüfung zu Fischkunde, Gewässerpflege und Rechtsvorschriften, insbesondere zu Fischerei-, Tier- und Umweltschutz. **Schonzeiten** und **Mindestmaße** der einzelnen Fischarten müssen selbstverständlich eingehalten werden. Auf der Website des Landesanglerverbands Brandenburg finden sich ein Gewässerverzeichnis und eine Gewässerkarte für die Region, außerdem die Gewässerordnung mit allen Fangbestimmungen sowie die aktuellen Schonzeiten und Mindestmaße. Darüber hinaus kann man die Angelkarten im Onlineshop bestellen.

Landesanglerverband Brandenburg e.V.
Zum Elsbruch 1, 14558 Nuthetal/OT Saarmund, Tel. 033200/523916
www.lavb.de, www.shop.lavb.de

Angeln ist in vielen Gewässern möglich

Ausflug nach Polen

Wer gerne mal beim Nachbarn vorbeischauen möchte, kann das ohne Probleme tun. Wie Deutschland ist das EU-Mitglied Polen ein Schengen-Land, und Grenzkontrollen für Bürger aus der Schengen-Zone finden nicht statt. Zum Identitätsnachweis ist ein gültiger **Personalausweis** oder **Reisepass** notwendig. Dies gilt auch für Kinder, und zwar ab Geburt.

An **Waren** darf alles für den Eigenbedarf hin- und her transportiert werden. Ausnahme: Die Ausfuhr von Tabak ist zollfrei auf 800 Zigaretten pro Person über 18 Jahre beschränkt.

Autofahrer benötigen für die Einreise ihren Führerschein und den Kfz-Schein. Die Grüne Versicherungskarte ist nicht mehr obligatorisch. Dennoch empfiehlt sie sich, da sie erfahrungsgemäß die Abwicklung im Schadensfall erleichtert.

In Polen wird auch tagsüber mit Abblendlicht gefahren. Im PKW mitzuführen sind neben Warndreieck und Verbandskasten außerdem ein Feuerlöscher.

Steuert eine andere Person als der **Kfz-Halter** den Wagen, so braucht sie dazu eine schriftliche Vollmacht des Eigentümers, selbst wenn dieser als Beifahrer mit im Wagen sitzt (bei Mietwagen reicht der Mietvertrag). Ein Musterformular für die **Nutzungsbevollmächtigung** hält das Polnische Fremdenverkehrsamt online parat: www.polen.travel/attachments/article/4893/vollmacht_pkw_polen.pdf

Auf dem Polenmarkt in Osinów Dolny

Deutsch-polnische Grenzübergänge im Gebiet, das dieser Reiseführer beschreibt (von Nord nach Süd):
Mescherin – Gryfino
Schwedt – Krajnik Dolny
Hohenwutzen – Osinów Dolny

Baden

Tausende Seen gibt es in Brandenburg. Viele davon liegen im Barnimer Land und in der Uckermark, wo bald jedes Dorf sein eigenes kleines Badegewässer hat. Über 60 Bademöglichkeiten in der Region sind vom Land Brandenburg offiziell ausgewiesen: als Strandbad, Badestrand, Badewiese, Waldbad oder Badestelle; die einen bewirtschaftet, die anderen nicht, mal handtuchklein, mal riesig groß.

Strandbäder mit weitreichendem Service von Sanitär über Imbiss bis Strandkorb- und Wassersportgeräteverleih sind eintrittspflichtig. Größere frei zugängliche Badestrände und Badewiesen bieten meistens ebenfalls eine Imbissmöglichkeit und WC; manche sind wie die Strandbäder von Rettungsschwimmern bewacht, andere aber auch nicht, und es herrscht ›Baden auf eigene Gefahr‹. Badestellen sind schließlich, wie der Name schon sagt, kleinere Plätze, die in der Regel weder bewacht noch bewirtschaftet sind, und dort heißt es den Picknickkorb mitnehmen.

Die offizielle Badesaison beginnt in der Regel Mitte Mai und endet Mitte September. In dieser Zeit werden vom Landesumweltamt Brandenburg **Gewässerproben** entnommen und auf ihre Güte geprüft. Unter https://badestellen.brandenburg.de findet sich eine Badestellenkarte mit einer jeweiligen Kurzbeschreibung und Informationen zu Ausstattung, Versorgungseinrichtungen und Wasserqualität.

In diesem Reiseführer haben wir die schönsten Bademöglichkeiten jeweils im Info-Anhang zu den Ortsbeschreibungen angegeben.

Für Sommerbadespaß speziell in der deutschen Hauptstadt und im Brandenburger Umland ist im Trescher Verlag außerdem der Titel ›Baden in und um Berlin‹ von Kristine Jaath erschienen.

Bootfahren

Ob mit Segelboot, Paddelboot, Motorboot oder jüngst im Trend Hausboot und Floß – die Vielfalt der sportlichen Möglichkeiten ebenso wie der Wasserlandschaften und Wasserwanderwege ist groß: vom verkrauteten historischen Kanal über Fließe und Flüsse bis hin zu großen Seen. Unter www.lbv.brandenburg.de, Stichwort ›Binnenschifffahrt und -häfen‹, finden Paddler

Bootsverleih Treibholz in Lychen

Der Bahnhof Chorin

und Freizeitkapitäne eine **Karte** der schiffbaren Landesgewässer, Hinweise zu den Geschwindigkeiten und zu den Schleusenzeiten der Kanäle.

Alles Wissenswerte rund um das Thema Wasser, von Angeltipps über Paddeltourenvorschläge, Marinas und Anlegestellen, auf Wasserwanderer spezialisierte Unterkünfte u.v.m. bieten der Tourismusverband Uckermark und der Tourismusverein Naturpark Barnim (→ S. 209) auf ihren Homepages und in ihren Broschüren.

Bootsverleiher vor Ort sind in diesem Reiseführer jeweils im Info-Anhang zu den einzelnen Ortsbeschreibungen angegeben.

Bus und Bahn

Deutsche Bahn, Regionalbahnen, S-Bahnen und Stadtverkehrsgesellschaften in Brandenburg und Berlin sind seit 1999 mit einheitlichem Tarifsystem im **Verkehrsverbund Berlin-Brandenburg** (VBB) zusammengeschlossen. S-Bahnen und Regionalbahnen im Liniennetz des VBB führen, jeweils mit Start in Berlin, in die Region:

RB 27 ›Heidekrautbahn‹ via Wandlitzer Seengebiet in die Schorfheide nach Groß Schönebeck

RB 66 über Bernau, Eberswalde und Angermünde nach Stettin

RE 3 Berlin–Stralsund über Bernau, Angermünde, Wilmersdorf, Warnitz, Seehausen, Prenzlau

RE 3 Berlin–Schwedt über Bernau, Angermünde und Pinnow

RB 12 von Berlin-Ostkreuz nach Templin

RB 25 ab Berlin-Ostkreuz nach Werneuchen

S 2 nach Bernau

Sehr zur Freude der Barnimer und Uckermärker besteht seit 2019 auch wieder eine Querverbindung durchs Land: Die **Schorfheidebahn RB 63** verkehrt tagsüber beinahe stündlich zwischen Eberswalde und Templin, mit Stopps u.a. in Joachimsthal, Friedrichswalde, Ringenwalde und Milmersdorf.

Die **Fahrradmitnahme** ist in allen Zügen des Regionalverkehrs in gekennzeichneten Wagen möglich.

Ticket und Fahrplaninfos erhält man unter der Rufnummer des **VBB-Infocenters** 030/25414141 und im Netz unter www.vbb.de

Auskunft zu Fernzügen der Deutschen Bahn bekommt man unter Tel. 030/2970 und www.bahn.de

Zur Anreise siehe auch: → S. 10

Immer am Wochenende und an Feiertagen verbindet der **Uckermark-Shuttle** die wichtigsten Orte der Uckermark miteinander. Der Ringbus der Uckermärkischen

Verkehrsgesellschaft führt als Kreisverkehr in beide Richtungen über Templin, Prenzlau, Schwedt, Angermünde, Templin. Ab Templin geht ein Abzweig über Lychen nach Fürstenberg/Havel und retour. Zwischen April und Oktober nimmt der Uckermark-Shuttle auf einem Fahrradträger bis zu vier Räder mit, nach Voranmeldung unter Tel. 03332/442615 im Anhänger bis zu 10 Räder. Daneben verbinden zahlreiche reguläre Buslinien der Barnimer Busgesellschaft und der Uckermärkischen Verkehrsbetriebe die Ortschaften in der Region miteinander. Informationen zu Linienverkehr, Fahrplänen, Tarifen u.v.m. gibt es bei der

Barnimer Busgesellschaft
KundenCenter
Friedrich-Ebert-Straße 27d
16225 Eberswalde
Tel. 03334/235003
www.bbg-eberswalde.de

UVG Uckermärkische Verkehrsgesellschaft mbH
Kundencenter
Handelsstraße 3
16303 Schwedt
Tel. 03332/442670
www.uvg-online.com

Feste und Veranstaltungen

Ob Filmfest oder Lesung, ob Theater oder Brettlbühne, ob Klassikkonzert, Rockfestival oder Jazz – das Veranstaltungsangebot im Barnimer Land und in der Uckermark ist vielfältig. In Kirchen und Klosterruinen, Gutshäusern, Scheunen, Ställen und Freilichtbühnen wird aufgespielt, nicht selten von internationalen renommierten Spitzenkünstlern. Hier eine Auswahl:

Über das Jahr

Bernauer Kunst- und Handwerkermarkt, am letzten Sonntag im April und September präsentieren Künstler und Handwerker ihre Erzeugnisse, umrahmt von Musik und Tanz, Infos unter Tel. 03338/365365.
www.bernau-bei-berlin.de

Choriner Musiksommer, vor der malerischen Kulisse des Klosters Chorin gastieren

Schöne Kulisse für den Choriner Musiksommer

Ende Juni bis Ende Aug. das Rundfunkorchester Berlin, der Dresdner Kreuzchor, die Stettiner Philharmonie, die Regensburger Domspatzen, die Staatskapelle Weimar und viele andere hochrangige Chöre und Orchester mehr, Tel. 03334/818472.
www.choriner-musiksommer.de

Glambecker Claviermusiken, Klaviervirtuosen, Instrumental- und Gesangsolisten, Duos, Trios und kleine Ensembles mit einem Programm ernster Musik von Barock bis Romantik in der kleinen Glambecker Dorfkirche in der Schorfheide, Infos unter Tel. 033367/70251.
www.glambecker-claviermusiken.de

Lychener Musik auf dem Floß, Konzertabende auf dem See auf den eigens dafür zum Musikfloß zusammengezimmerten Treibholz-Flößen, von Juni bis Aug. immer mittwochs, Infos bei bei der Firma Treibholz, Tel. 039888/43377.
www.treibholz.com

Odertalfestspiele, Theater und Konzerte der Uckermärkischen Bühnen, von Ende Mai bis Ende Aug. drinnen im Kulturhaus und draußen auf der Odertalbühne an der Hohensaaten-Friedrichsthaler-Wasserstraße, Infos unter Tel. 03332/538111.
www.theater-schwedt.de

Ostern

Ostertage mit Ostermarkt im Kloster Chorin, auf dem bunten Markt auf dem Gelände des Klosters Chorin werden alte Osterbräuche gefeiert und bieten Kunsthandwerker ihre Waren feil, außerdem stehen Kleinkunst, Theater und Konzerte auf dem Programm; Ostersamstag bis Ostermontag. www.kloster-chorin.org

Mai

Festival ›jazz in e.‹, vier Tage Jazz in Eberswalde, um Christi Himmelfahrt. www.mescal.de

Juni

Hussitenfest, immer am zweiten Juniwochenende in Bernau, drei Tage Turniergetümmel, Konzerte, Festspiele, Mittelaltermarkt und am Samstag farbenprächtiger historischer Umzug durch die Bernauer Innenstadt, Tel. 03338/7365365. www.bernau-bei-berlin.de

Juli

Flößerfest Finowfurt, großes Volksfest an einem Wochenende im Juli am Finowkanal, mit traditionellem Flößen, Wettflößen, Baumstammsägen u.v.m. und natürlich Musik und Tanz und Speis' und Trank. www.gemeinde-schorfheide.de

Inselleuchten, internationales Rock-und-Pop-Festival drei Abende an einem Juliwochenende an der Leesenbrücker Schleuse in Marienwerder. Programm-Info unter www.inselleuchten.de

August

Bebersee Festival, Kammermusikfestival fünf Tage Ende August, Anfang September in der Schorfheide, Tel. 03984/833974. www.bebersee.de

Lychener Flößerfest, am ersten Augustwochenende in Lychen an der Oberpfuhlpromenade, mit Flößebauen, Floßfahrten, Drachenbootrennen, Konzerten, Musik und Tanz u.v.m. und samstags später am Abend Feuerwerk, Infos unter Tel. 039888/2992. www.floesserverein-lychen.de

Grimnitzer Glastage, sechs Tage Ende Juli, Anfang August Schauvorführung, Ausstellungen und Veranstaltungen in der Grimnitzer Glashütte in Joachimsthal, Infos in der Touristeninformation Joachimsthal und beim Förderverein ›Grimnitzer Glashütten‹. Tel. 0173/9387737. www.glashuettegrimnitz.de

Uckermärkische Musikwochen, an den Wochenenden im August präsentieren internationale Künstler Alte Musik, klassische und moderne Musik sowie Liederabende in Kirchen, Scheunen, Guthäusern, Speichern, Ställen, Infos unter 0331/9793301. www.uckermaerkische-musikwochen.de

September

UM Festival, ein Wochenende Anfang September zeitgenössische Kunst, Musik und Literatur in den uckermärkischen Dörfern Fergitz, Pinnow und Sternhagen Gut, alle zwei Jahre im Rhythmus 2023, 2025 … www.um-festival.de

Oktober

Eberswalder Filmfest Provinziale, eine Woche ausgesuchte Filmkunst Anfang Oktober in Eberswalde; Tel. 03334/2793334. http://filmfest-eberswalde.de

Informationsstellen

Oberste Informationsstelle für Tourismusangelegenheiten in Brandenburg ist die Tourismus-Marketing Brandenburg GmbH (TMB) mit einem riesigen Angebot für Urlauber und Ausflügler. Ob allgemeine Brandenburg-Informationen, Unterkünfte und Reservierungen, Kunst und Kultur, Naturerlebnisse, Sport- und Freizeitgestaltung, Tourenvorschläge sowie eine Fülle von Broschüren und Prospektmaterialien – dies und vieles mehr kann man wahlweise online, telefonisch oder auf Papier abfragen:

TMB Tourismus-Marketing
Babelsberger Straße 26, 14473 Potsdam
Tel. 0331/2004747
www.reiseland-brandenburg.de
service@reiseland-brandenburg.de

Für das Barnimer Land halten der Tourismusverein Naturpark Barnim und die WITO Barnim, für die Uckermark die Tourismus Marketing Uckermark GmbH Broschüren mit Ausflugstipps, Vorschlägen für Rad-, Wander-, und Wasserwandertouren, Kunst und Kultur, Gastgeberverzeichnisse mit Unterkünften von Luxushotels über Pensionen und FeWos bis Camping mit Möglichkeit zur online-Buchung und vieles mehr bereit.

Tourismusverein Naturpark Barnim e.V.
Bahnhofsplatz 2 (im Bahnhof Wandlitzsee)
16348 Wandlitz
Tel. 033397/67277
https://barnim-tourismus.de und
www.machmalgruen.de

WITO Barnim – Wirtschafts- und Tourismusentwicklungsgesellschaft des Landkreises Barnim
Alfred-Nobel-Straße 1, 16225 Eberswalde
Tel. 03334/59100
www.barnimerland.de

Tourismus Marketing Uckermark GmbH
Stettiner Straße 19, 17291 Prenzlau
Tel. 03984/835883
www.tourismus-uckermark.de

Lokale Touristeninformationen finden sich in jeder größeren Ortschaft. Ihr Angebot reicht von Informationen zu Stadt und Region über Zimmernachweis und Stadtführung bis hin zu Broschüren, Stadtplänen und Wanderkarten sowie Auskünften zu lokalen Fahrrad- und Wassersportgeräte-Verleihern, Reiterhöfen, Ausflugszielen und anderem mehr. Ihre Adressen und Öffnungszeiten finden sich in diesem Reiseführer in den Info-Anhängen zu den einzelnen Orten.

Nicht wirklich geschichtsfest: kleine Kreuzritter beim Bernauer Hussitenfest

Radfahren

Zwei **Radfernwege** führen durch die Region: der **Radweg Berlin–Usedom**, der den Weg über Bernau, den Naturpark Barnim, die Schorfheide, die Uckerseen und Prenzlau zur Ostsee nimmt, sowie der **Oder-Neiße-Radweg** an der Oder entlang durch den Nationalpark Unteres Odertal über Schwedt und Gartz nach Usedom.

Als Ost-West-Verbindung verläuft der **Oder-Havel-Radweg** zwischen Hohensaaten am Oderdeich und westlich Liebenwalde überwiegend am historischen Finowkanal entlang. Der **Uckermärkische Radrundweg** ab Stolpe verbindet die sehenswertesten uckermärkischen Orte miteinander, über Angermünde, Joachimsthal, Templin, Lychen und die Uckerseen bis Prenzlau und durch den Nationalpark Unteres Odertal. Sei es die ›Klostertour‹ von Chorin durch den Grumsiner Forst zum Parsteiner See, sei es die ›Kleine Familientour‹ rund um die Wandlitzer Seen oder die 150 Kilometer lange ›Gutsherrenradtour‹ ab Prenzlau durch die nördliche Uckermark – eine Fülle **Radwandervorschläge** halten parat: der Tourismusverein Naturpark Barnim, die WITO Barnim und die Tourismus Marketing Uckermark, Adressen s.o.

Am Wegesrand hat sich eine gute Versorgungsstruktur etabliert, und auch wer ohne Drahtesel anreist, muss nicht verzichten. Zahlreiche Verleiher sowie viele größere Hotels und Pensionen halten Räder bereit. Das vom ADFC zertifizierte Symbol **Bett+Bike** weist auf eine besonders freundliche, radfahrergerechte Aufnahme hin. ›Bett+Bike‹-Unterkünfte verfügen in der Regel über Radunterstände, Möglichkeiten zum Kleidertrocknen und machen kleinere Reparaturen am Fahrrad möglich. Radfahrerfreundliche Unterkünfte findet man z.B. unter www.bettundbike.de

Auf dem Campingplatz im Mescherin

Ein weiterer bewährter Ansprechpartner für alle Belange rund ums Radeln ist der ADFC:
Allgemeiner Deutscher Fahrrad-Club
Landesverband Brandenburg
Gutenbergstraße 76, 14467 Potsdam
Tel. 0331/2800595
www.brandenburg.adfc.de

Unterkunft

An Unterkünften besteht kein Mangel. Man hat die Wahl zwischen gehobener Hotellerie, zumeist in edel restaurierten Herrenhäusern, schönen Pensionen, B&B sowie einer Fülle von Ferienwohnungen und Privatquartieren, Campingplätzen und Ferienhütten. Die Campingplätze liegen meist malerisch unter Kiefern am See, verfügen über moderne sanitäre Einrichtungen sowie meist über Gaststätte, kleinen Shop, Brötchen-Service, Spiel- und Sportgeräteverleih. Die in diesem Reiseführer aufgeführten Unterkunftstipps geben ungefähre Zimmerpreise als Richtpreis an. Sie beziehen sich, sofern nicht anders erwähnt, auf ein Doppelzimmer für zwei Personen mit Bad und Frühstück bei einer Übernachtung in der Hochsaison. Damit spiegeln sie jeweils den höchstmöglichen Preis und dienen lediglich für die Orientierung. Wechselnde Wochenend-Arrangements und Preisnachlässe für Buchungen mehrerer Nächte, in der Nebensaison oder außerhalb der Saison sind üblich, können hier aus Platzgründen aber keine Berücksichtigung finden - weshalb es sich immer lohnt, einen persönlichen Preisvergleich anzustellen.
Die Hochsaison geht in der Regel von Juni bis September, Frühjahr und Herbst ist Nebensaison, die Wintermonate liegen außerhalb der Saison.
Wer auf der Suche nach seiner bevorzugten Unterkunft in den Katalogen oder auf den Homepages der regionalen Tourismusorganisationen (→ S. 209) noch nicht fündig geworden ist, für den halten die lokalen Tourismusinformationen ein weiteres umfangreiches Angebot bereit. Ihre Anschriften sind in diesem Reiseführer in den Info-Anhängen der jeweiligen Orte angeführt.

Wandern

Unzählige Wanderwege führen durch den Barnim und die Uckermark. Es ist unmöglich sie alle zu nennen. Aber auf die schönsten, idyllischsten oder auch spektakulärsten soll hier zumindest hingewiesen sein.

■ Barnim

Ein Barnimer Klassiker sind Wanderungen durch das **Biesenthaler Becken** (→ S. 78) zwischen Bernau/Lobetal, dem Hellsee bei Lanke und dem namengebenden Städtchen Biesenthal. Das ausgedehnte Naturschutzgebiet ist berühmt für seine landschaftliche Vielfalt mit einer reichen Tier- und Pflanzenwelt auf vergleichsweise kleinem, fast noch unberührten Lebensraum.
Nicht weniger reizvoll sind Wanderungen durch das romantische **Nonnenfließ-Schwärzetal**. Bei Tuchen-Klobbicke (→ S. 79) tritt das Nonnenfließ aus einem Moor hervor und mäandert nordwärts durch die Barnimer Heide. Dabei kerbt sich das kristallklare Flüsschen teils tief in die von Erlen und Buchen bestandenen Hänge ein. Durch dichten Wald, Röhrichte und Feuchtwiesen wandert man über Spechthausen weiter nach Eberswalde (→ S. 88). Dort wartet am Endpunkt der Tour noch der Zoologische Garten Eberswalde auf einen Besuch. Der Nonnenfließ-Wanderweg mit Einstieg in Melchow bei Biesenthal ist Teil des 135

Kilometer langen Wanderwegs **Rund um die Schorfheide**. Auf sieben Etappen führt er mit Start in Eberswalde (→ S. 88) zu den natürlichen und kulturellen Highlights im Naturpark Barnim: über Biesenthal durch das Landschaftsschutzgebiet Finowtal-Pregnitzfließ in die Schorfheide hinein bis Joachimsthal (→ S. 118), von dort, mit einem Abstecher in den Weltnaturerbewald Grumsin (→ S. 159) über das Ökodorf Brodowin (→ S. 108) und Kloster Chorin (→ S. 107) zum Schiffshebewerk Niederfinow (→ S. 97) und nach Eberswalde zurück. 2022 wurde die Mehrtagestour vom ›Wandermagazin‹ als ›Deutschlands Schönster Wanderweg‹ nominiert.
Wer nicht so weit laufen will, kann in der Schorfheide z.B. am Werbellinsee die vom Alter niedergestreckte legendäre **Silkebuche** besuchen (→ S. 114) oder auf dem **Treidelweg am Finowkanal** entlang den Spuren der Industriegeschichte folgen (→ S. 86).

■ Uckermark

Sagenhafte 1200 Kilometer ausgewiesene Wanderwege laden zum Erkunden der Uckermark ein. Ob auf kleinem Ausflug z.B. bei Angermünde **Rund um den Wolletzsee** (→ S. 159) oder auf großer Tour um das **Uckermärkische Meer** herum. Im weiten Bogen führt diese Seentour rund um den schönen **Unteruckersee**. Ab Prenzlau (→ S. 195) geht es über Röpersdorf und Potzlow zum ›Mittelpunkt der Uckermark‹ bei Seehausen und von dort am Ostufer des Unteruckersees in die uckermärkische Hauptstadt zurück.
Majestätisch erscheinen die grünen **Kathedralen des Grumsin** (→ S. 159), des unbestrittenen Königs unter den barnim-uckermärkischen Wäldern. 2011 hat die UNESCO den wertvollen Tieflandbuchenwald zum Weltnaturerbe erklärt. Auf drei markierten Wanderwegen, mit Einstieg beim malerischen Weiler Altkünkendorf (→ S. 160), taucht man in den erhabenen Buchenurwald ein. Eine vierte, etwas kürzere Route startet südlich ab Infozentrum Geopark in GroßZiethen (→ S. 121).
In acht Etappen führt die **Uckermärkische Landrunde** ab Prenzlau auf 155 Kilometern durch den Naturpark Uckermärkische Seen und das Biosphärenreservat Schorfheide-Chorin. Dabei wandert man durch dichten Wald ebenso wie bunte Wiesen und Felder, streift Wasserläufe, große und kleine Seen und idyllische Dörfer mit kopfsteingepflasterten Alleen. Über die Etappenziele Boitzenburg (→ S. 147), Templin (→ S. 132), Ringenwalde (→ S. 192) und Angermünde (→ S. 155) geht es über Biesenbrow (→ S. 163) zum Zielpunkt Seehausen (→ S. 186) am nördlichen Zipfel des Oberuckersees.
Mit Start in Boitzenburg (→ S. 147) umfasst der **Doppelte Boitzenburger** eine kleinere und eine größere Runde um das Städtchen herum. Weil er alle typischen Landschafts- und Kulturformen der Uckermark auf engem Raum selten schön miteinander vereint, wurde die Doppeltour 2009 vom ›Wandermagazin‹ zum ›schönsten Wanderweg Deutschlands‹ gekürt.
Allein 200 Kilometer Spazierwege durchziehen den **Nationalpark Unteres Odertal** (→ S. 169). Mit jeder Jahrezeit wechselt die atemberaubende Flussauenlandschaft ihr natürliches Antlitz, verwandelt sich von einer winterstarren Eislandschaft in eine riesige Wasserfläche im Frühling und schließlich in schilfwogendes saftiges Grünland. Vom Nationalparkhaus in Criewen (→ S. 172) aus bietet der **Weg der Auenblicke** die ganze Palette atemberaubender Nationalparkeindrücke, führt durch Auwald, über Knüppeldämme und die Trockenrasen der Oderhänge zur »Himmelsleiter« nach Stützkow (→ S. 172) und auf dem Deich entlang zurück zum Ausgangspunkt.

■ Weitere Vorschläge

Eine Fülle von Wandervorschlägen auf dem Barnim kann man nachlesen unter:
www.barnimerland.de
Für die Uckermark gibt es zahlreiche weitere Tipps und Anregungen unter:
www.tourismus-uckermark.de
(→ S. 209)

Unterwegs mit Kindern

Baden

Bei Ausflügen oder auch Urlaub im Barnim und in der Uckermark rangiert für Kinder in der schönen Jahreszeit natürlich Baden ganz oben auf der Beliebtheitsskala. Im wasserreichen Nordosten Brandenburgs bietet die große Anzahl an Seen, Flüssen und Kanälen dazu jede Menge Gelegenheit. Meist muss man für die Badewiese einen Picknickkorb packen, und auch Luftmatratze und Sonnenschirm können nicht schaden. Daneben laden zahlreiche Strandbäder mit Serviceeinrichtungen von Bademeister über Imbiss und Wasserrutsche bis hin zum Bootsverleih zum sonnigen Aufenthalt ein. Die schönsten Bademöglichkeiten haben wir in diesem Reiseführer jeweils in den Infoanhängen zu den Ortschaften vermerkt. Das **Strandbad Wandlitz** (→ S. 65) und in Biesenthal das **Strandbad Wukensee** (→ S. 76) gehören zu den Klassikern unter den Barnimer Sommerbädern. In der Uckermark zählen das **Strandbad Wolletzsee** bei Angermünde (→ S. 159), das **Strandbad Lychen** (→ S. 143) oder nördlich das **Prenzlauer Seebad** (→ S. 199) zu den beliebten Adressen. Nur noch getoppt von der riesigen **Badepiste in Ruhlsdorf** (→ S. 82) mit wahlweise bewirtschaften oder unbewirtschafteten Sandstränden am Bernsteinsee und direkt gegenüber am Ruhlesee Wakeboard und Wasserski.

Bei schlechtem Wetter wartet die **Naturtherme Templin** (→ S. 135) mit Sauna und Solebad für die Erwachsenen sowie Erlebnisrutschen und Kleinkinderbad für den Nachwuchs auf. Das Freizeitbad Baff in Eberswalde entschädigt mit Wasserspeier, Strömungskanal und Riesenrutsche für Schlechtwettertage (Freizeitbad Baff, Heegermühler Straße 69a, 16225 Eberswalde, https://baff-bad.de).

Bootfahren

Ob im Kanu, Kajak oder Kanadier: Gut mit der Schwimmweste gesichert, geht es auch für Ungeübte und mit den Kleinsten in die traumhafte Wasserwelt im nordöstlichen Brandenburg. Besonders schön sind die Paddeltouren mit kundiger Naturführung im **Nationalpark Unteres Odertal** (→ S. 173). Zwischen Biberburgen und Froschkonzerten geleiten die Kanuführer durch das Wasserlabyrinth und erzählen, was es mit dem einzigen **Auen-Nationalpark** in Deutschland auf sich hat. Von Mescherin aus (→ S. 182) kann man das stille Zwischenoderland nördlich vom Nationalpark auch auf eigene Faust mit dem Boot erkunden.

Auf wissenschaftliche Fahrt für Groß und Klein sticht das **Forschungsschiff Solar Explorer** von Altenhof (→ S. 115) in den Werbellinsee. Mit 100 Prozent erneuerbarer Energie angetrieben, erfahren die Kids und ihre Erwachsenen Spannendes über die Biodiversität unter Wasser und auch die Bedrohung durch den Klimawandel (www.solar-explorer.de).

Eine erlebnisreiche **Dampferpartie** lässt sich außerdem über die fünf Seen ab Templin (→ S. 117) unternehmen.

Natur und Technik

Nicht nur für technikbegeisterte Kids ist das **Schiffsshebewerk Niederfinow** (→ S. 97) ein Erlebnis. Von 36 Meter Höhe auf dem Barnimplateau geht es auf spektakulärer Fahrt mit dem Schiffsfahrstuhl in die Oderniederung hinab. Wer noch mehr über die Schifffahrt auf Finow- und Oder-Havel-Kanal wissen möchte, wird im **Binnenschifffahrtsmuseum in Oderberg** (→ S. 103) fündig.

Die Faszination einer naturbelassenen Flusslandschaft bringt Groß und Klein das **Nationalparkzentrum Unteres Odertal** (→ S. 172) näher. Höhepunkt dort ist ein riesiges Oder-Aquarium mit über 20 heimischen Fischarten.

Bei Angermünde zeichnet das **NABU-Informationszentrum Blumberger Mühle** (→ S. 159) die Lebensräume im Naturpark Uckermärkische Seen, Biosphärenreservat

Schorfheide-Chorin und Nationalpark Unteres Odertal nach. Vom Kräutergarten über Schilfmoore bis hin zu Tümpeln für die geschützte Europäische Sumpfschildkröte lassen sich dort über Stock und Stein zahlreiche Refugien für Tiere und Pflanzen erkunden.

Spannendes zu Natur und Landwirtschaft präsentiert das **Barnim Panorama** in Wandlitz (→ S. 66). Unter einem Dach zeigen das Besucherzentrum des Naturparks Barnim und das Wandlitzer Agrarmuseum die ganze Vielfalt der hiesigen Kulturlandschaft. Kleine Entdecker wird dabei sicher die Landwirtschaftsmaschinen-Ausstellung interessieren, vom Ochsenpflug über die ersten dampfgetriebenen Vehikel bis zum computergesteuerten High-Tech-Fahrzeug. Für Eisenbahnfans lohnen das **Heidekrautbahn-Museum in Basdorf** (→ S. 67) und in der Uckermark das **Eisenbahnmuseum Gramzow** (→ S. 183) einen Besuch. Alte Loks, Trieb- und Eisenbahnwagen gibt es zu sehen, und zu bestimmten Terminen schnaufen sogar die historischen Stahlrösser wieder über die Gleise.

Tierisches

Kaum eine Naturbeobachtung könnte wohl lärmender sein als die **Singschwantage** im Spätwinter im Nationalpark Unteres Odertal (→ S. 172). Mit gewaltigem Tuten, Trompeten und sogar melodischem Klängen rufen die Singschwäne ihre Auserwählten zur Hochzeit. Vorher kommen ab Ende September die Kraniche zum Zug. Zu vielen Tausenden legen die Glücksvögel einen nicht weniger spektakulären Zwischenstopp auf ihrer Reise nach Afrika im Odertal ein. Komische Vögel bekommen die Familien auf dem **Straußenhof Berkenlatten** (→ S. 190) zu Gesicht. Mitten in der Uckermark staksen Strauße über das Feld. Die größten Vögel der Erde sollte man lieber aus der Ferne betrachten. Aber Führungen über den Hof lassen das stolze Federvolk näherkommen. Die Kids können außerdem mit den Schafen und Gänsen auf dem Hof auf Tuchfühlung gehen.

Im **Zoologischen Garten Eberswalde** (→ S. 93) sind u.a. Äffchen, ein weißer Löwe und sibirische Tiger die Attraktion, während im **Tierpark Angermünde** (→ S. 159) vor allem die putzigen Lemuren die Kinder in ihren Bann ziehen. Ein besonderer Spaß für Kids und ihre Eltern sind außerdem die **Packeseltouren** durch das Untere Odertal und das Biosphärenreservat Schorfheide-Chorin (www.packeseltouren-brandenburg.de).

Im **Wildpark Schorfheide** (→ S. 126) können dagegen auf weiten Wegen alte heimische Haustierrassen sowie Elche, Wisente, Luchse und Wölfe beobachtet werden.

Kultur und Abenteuer

Auf dem Gelände des historischen Eisenwalzwerks und der Hufeisenfabrik gehen im **Familiengarten Eberswalde** (→ S. 93) Technikgeschichte, Gartenkunst, Sport- und Freizeitspaß für Jung und Alt eine Verbindung ein. Ob Tretbootfahren in den unterirdischen ehemaligen Betriebsarchen oder hoch hinaus auf den ›Eberkran‹, ob Altes Walzwerk und Zauberschloss, Gartenwelt oder Riesenflipperbahn – hier lassen sich 300 Jahre Industriegeschichte am Finowkanal spielerisch mit der ganzen Familie erleben.

Kleine Cowboys/girls kommen in der Westernstadt **El Dorado** bei Templin (→ S. 141) auf ihre Kosten. Goldwaschen, Bogenschießen und Reiten auf dem Electric Bull stehen für die hartgesottenen Kids auf dem Programm. Aber natürlich auch Kinderbasteln, Ponyreiten und Streichelzoo. Bei Stuntshows werden Postkutschen gejagt und pfeifen die Kugeln. Und wenn dann der Hunger aufkommt, gibt es im Saloon Grillsteaks und Burger.

Schwindelfreien Kraxelkünstlern bietet der **Kletterwald am Wildpark Schorfheide** ein abenteuerliches Baumrevier (→ S. 126). Und wer mit seinen Lieben lieber im Parkett sitzen mag, für den führen z.B. das **Theater am Wandlitzsee** (→ S. 65) und die **Odertal-Bühne in Schwedt** (→ S. 179) auch Stücke für die Familie auf.

Literatur

Sachbücher

Hans Bentzien, Unterm roten und schwarzen Adler. Geschichte Brandenburg-Preußens für jedermann, Berlin: Volk und Welt 1992. Eine Chronik Brandenburgs und Preußens vom 10. Jahrhundert bis zur Gründung der DDR.

Hans Christian Graf von Krockow, Fahrten durch die Mark Brandenburg, München: DVA 1994. Auf den Spuren Fontanes bereiste der Historiker und profunde Kenner der preußischen Geschichte unmittelbar nach der Wiedervereinigung das Land Brandenburg, berichtet kritisch und doch voller Zärtlichkeit vom Vorgefundenen und dem Verschwundenen, von Personen und Persönlichkeiten Brandenburg-Preußens.

Heinz Ohff, Preußens Könige. München: Piper 2009. Mit hübschen Anekdoten gewürzte populäre Geschichte Preußens, anhand der Biografien seiner neun Könige von Friedrich I. bis Wilhelm II. erzählt.

Belletristik

Theodor Fontane, Wanderungen durch die Mark Brandenburg, Berlin: Aufbau 2005. In fünf Bänden, zwischen 1862 und 1889 erschienen, entführt Fontane seine Leser auf beinahe 2400 Seiten in die Mark Brandenburg. Auch Teile des Barnimer Land wurden von dem Meisterschreiber der Reiseliteratur erwandert; so der Hohe Barnim mit Werbellinsee, nachzulesen im Band ›Oderland‹, oder das Kloster Chorin und Mariensee im Band ›Havelland‹.

Saša Stanišić, Vor dem Fest, München: Luchterhand 2014. Sittengemälde eines uckermärkischen Dorfs. Es gibt eine alte Malerin, einen ehemaligen NVA-Oberst, einen Förster, einen Glöckner und seinen Lehrling, eine Füchsin auf Nahrungssuche und andere mehr, die sich begegnen oder auch nicht, etwas tun oder auch nicht, in der Nacht vor dem Fest. Stanišić hat für seinen Roman in und rund um das real existierende Dorf Fürstenwerder in der nördlichen Uckermark recherchiert.

Ehm Welk, Die Heiden von Kummerow, Rostock: Hinstorff 2008. Erstmals 1937 erschienen, erfreut sich Welks heiter-humorvolle Erzählung über das, was sich zugetragen hat ›an hellen und düsteren Ereignissen, an menschlichen Handlungen der Liebe und des guten Willens, der Schwäche und der Böswilligkeit (...) in Kummerow im Bruch hinterm Berge‹ nach wie vor großer Beliebtheit. Vielen gilt der Roman als deutsches Gegenstück zu Guareschis ›Don Camillo und Peppone‹.

Julie Zeh, Unterleuten, München: Luchterhand 2016. Der irgendwo in einem Dorf in Brandenburg angesiedelte – es könnte auch im Barnim oder in der Uckermark sein – Gesellschaftsroman schildert, wie sich ein idyllisches Dorf mit alteingesessenen Wendegewinnern und alteingesessenen Wendeverlierern sowie aus Berlin zugezogenen Neudörflern in eine Vorhölle verwandeln kann, wenn ein Investor in direkter Nähe einen Windpark bauen will.

Anhang

Die Autorin

Kristine Jaath, 1962 in Würzburg geboren, zog 1981 in den damals noch eingemauerten Westteil Berlins und lebt seitdem bis auf einen Studienaufenthalt in Rom ununterbrochen am grünen Strand der Spree. Sie studierte Germanistik, Religionswissenschaften und Italienisch in Rom und Berlin, arbeitete anschließend beim öffentlich-rechtlichen Radiosender RIAS Berlin (seit 1990 DeutschlandRadio) und widmet sich seit Mitte der 1990er Jahre der Reiseschriftstellerei. Sie veröffentlichte zahlreiche Texte und Bildbände sowie Reiseführer über Deutschland, Italien und Polen. Im Trescher Verlag sind von ihr außerdem die Titel ›Brandenburg‹, ›Potsdam‹, die ›Oder‹, ›Baden in und um Berlin‹ und ›Feldberger Seenlandschaft‹ erschienen.

Register

Bildnachweis

alle Fotos Kristine Jaath, außer:
ArTono/shutterstock.com: 54
Tilo G/shutterstock.com: 107
Konrad Weiss/shutterstock.com: Titel

Kartenregister

Stadtpläne

Übersichtskarten

SURFCENTER WANDLITZ
WINDSURF & STAND UP PADDLE
WWW.SURFCENTER-WANDLITZ.DE
LUST AUF WASSERSPORT?
NUR 35 MIN. VOM ALEX ENTFERNT!
WIR STEHEN AUF WASSER!
Wenn es Euch auch so geht, seid Ihr hier genau richtig: Im Surfcenter Wandlitz, nahe Berlin, ist für jeden Wassersportfan etwas dabei: Kinderkurse, Einsteigerkurse, Aufsteigerkurse, Angebote für Schulklassen, Stand Up Paddle, u.v.m
Prenzlauer Chaussee 150, 16348 Wandlitz
Telefon (033397) 6 04 80 www.surfshop-berlin.de
kontakt@surfcenter-wandlitz.de
FANATIC

TRESCHER VERLAG
MEHR WISSEN. BESSER REISEN.
REISEFÜHRER AUS DEM TRESCHER VERLAG
TRESCHER VERLAG
André Micklitza
SPREEWALD
Zwischen Burg, Lübbenau, Lübben und Schlepzig
Ausflüge nach Cottbus und Bad Muskau
TRESCHER VERLAG
LAUSITZ
Unterwegs zwischen Spreewald und Zittauer Gebirge
André Micklitza